인터넷, 평생학습으로 읽기

정 민 승

교육과학사

책을 내면서

세월이 가면 생각도 낡는다. 참신했던 아이디어도 한번 유통되고 나면 재고품이 된다. 모두가 새로운 생각을 찾아내기 위해 줄달음을 친다. 다들 외친다. "아이디어 한방이면!" 우리사회에서 아이디어는 상품이고, 로또복권이다. 아이디어에 대한 갈급함이 생경하게, 천진하게, 난잡하게 펼쳐진 공간이 인터넷이다. 3초 이상 기다리게 하면 화면을 바꾸는 인터넷의 속성을 따라, 사람들은 더 이상 기다리지 않는다. 머무르지도, 오래 생각하지도 않는다. 세월은 계속 갱신된다.

그렇지만...

세월이 가야 생각이 무르익는다. 좋은 생각은 경험과 그 경험에 대한 성찰이 없이는 나오지 않는다. 생각을 하다보면 걸음이 느려지고, 하던 일을 멈추게 된다. 다른 행동 모두를 정지시키고 오로지 생각에만 전념할 때 새로운 생각이 움튼다. 잠시 머물러 생각 자체를 발전시키지 않으면, 더 이상의 발전은 없다. 생각은 세월의 축적이다.

낡은 생각과 새로운 생각의 거리에 학습이 존재한다. 낡은 생각에서 새로운 생각으로 나아가는 것은 모호하게 알던 것을 명료하게 표현하는 것이고, 익히 알던 것을 다른 방식으로 설명하는 것이며, 외부의 정보를 나의 생각으로 전환시키는 것이다. 머무르고 익히고 발효시키는 동시에 움직이고 경험하고 부딪히는 것. 끈질기게 나의 자리를 고집

하지만 변화하는 세상과 적극적으로 소통하는 것. 그것이 삶이고 삶을 직조하는 행위가 바로 학습이다. 학습은 이제, 학교와 같이 세상에서 분리된 공간이 아니라, '내가 살아가는 이 자리'에서 출발해야 한다. 지금, 여기의 이 상황을 이해하고 변화시키는 과정, 상황과 조응하는 나를 이해하는 과정이 필요하다. 평생학습논의에 의해 촉발된 학습의 개념은 이제 전 삶의 영역으로 확장되고 있다.

인터넷은 우리의 삶을 그야말로 혁명적으로 변화시켰다. 이메일로 아침을 시작해서 인터넷에서 쇼핑을 하고, 인터넷 뉴스를 보고, 인터넷 유머를 사람들과 나누고, 블로그에 하루를 정리하는 일상은 이제 매우 낯익은 장면이다. 그런 이유로, 인터넷에 대한 정치학적·경제학적·문화인류학적·사회학적 진단이 계속 나오고 있고, 뉴스에서는 계속해서 새로운 기술혁신을 소개하고 있다. 기술이 삶의 지형 자체를 변화시켰다는 것, 인터넷을 통해 우리가 이전과는 다르게 세상을 보고 있다는 것이 인터넷에 대한 담론들이 기반하고 있는 전제이다.

하지만 교육학적인 차원에서 인터넷이 수용되는 폭은 대단히 좁은 편이다. 인터넷을 통해 인식이 변화하고 있다는 것은 그자체가 교육학적 주제임에도 불구하고, '인터넷을 이용한 교육'이라는 차원에서 '어떻게 정해진 교육목적을 인터넷을 통해 더 잘 달성할 것인가'만이 교육학적인 문제인 것처럼 다루어지고 있기 때문이다. 인터넷에서 네티즌들은 한편으로는 학습을 거부한 채 자신의 주장을 펴는 데만 급급하기도 하지만, 또 한편으로 적극적인 학습 속에서 자신의 일상을 변화시키고 있다. 인터넷에서는 중요한 교육학적 현상이 진행되고 있는 것이다.

이 책은 '인터넷을 활용하는 방식'을 제공하기 위한 책이 아니라, '인터넷에서 어떤 교육학적 현상이 진행되고 있는가'를 분석하는 책이다. 배움의 현상이 인터넷에서 이미 진행되고 있다고 보고, 이 학습 혹은 반학습의 양상을 한번 교육학적으로 추적해 보자는 것이다. 필자가 2002년 펴냈던 『사이버공간과 평생학습』은 이런 문제의식의 결과물이었고, 이 책은 그 연속선상에 있다. 처음에는 그간 전면적으로 바뀐 인터넷 환경을 고려하여, 정말 수정하지 않을 수 없는 부분만을 최소한으로 수정하여 개정판을 내고자 했다. 그러나 막상 고치다보니, 인터넷에 대한 사람들의 인식과 교육학적 지형의 변화도 담지 않을 수 없어 결국 상당부분을 새로 쓴 글로 교체하거나 수정하게 되었다. 애초에 새로운 책으로 기획했었다면 더 좋은 책을 펴낼 수 있지 않았을까 하는 후회가 뒤늦게 든다. 말끔한 그림 한 폭과 같은 수미일관함이 부족하지만, 그저 필자와 문제의식을 같이 하는 분들이 좀 더 많아지기를 바라는 마음에서 책을 건넨다.

해 아래 새로운 지식은 없다지만, 학습은 늘 새롭다. 배우는 사람은 아이와 같아서, 낡은 지식을 새것으로 만든다. 학습하는 사람에게는 새로운 것을 깨달은 기쁨이 있다. 학습을 통해 지식과 자아가 새로워진다. 구태의연한 지식도 학습이라는 터널을 통과하면 나름의 생기를 얻고, 당연한 관행이나 절차도 누군가의 학습에 녹아들면서 새로운 의미를 획득한다. 학습은 학습자와 분리되어 존재할 수 없다. 인식론이 존재론이 되는 지점인 것이다. 우리는 배우기 때문에 살 수 있고, 배움을 통해 새로운 지식을 만들며, 배움을 위해서 산다. 배움은 사람을 통해서만 이루어지고, 사람은 학습을 통해 새로운 세계를 만든다. 아마도 책은 지식과 학습의 순환이 이루어지는 하나의 작은 시발점일 것이다. 내 학습의 결과물인 이 책이 다른 사람의 학습의 자원이 되어, 세상을 교육의 가치로 바라보는 순환의 작은 고리가 되면 더 바랄 것이 없겠다.

이 책은 크게 5부로 구성되어 있다. 1부는 전자적 소통이 초래한 교육지형의 변화와 인식론의 문제를 다루고 있고, 2부와 3부는 인터넷에서 진행되고 있는 여러 활동에 대한 교육학적 해석을, 4부는 인터넷을 통한 학습공동체가 어떤 의미를 가지고 있는지를, 그리고 마지막으로 5부에서는 인터넷이라는 매체에 대한 교육학적 조망 및 활용을 위한 논의를 전개하고 있다. 각 장은 독립적으로 기술되어 있으므로, 책을 읽는 분들은 차례에 상관없이 관심에 따라 선택해서 읽기를 권한다.

어줍잖은 책이지만, 나오기까지 많은 분들의 도움이 있었다. 학문적으로는 학습주의적 시각의 토대를 닦아주신 김신일 선생님, 교육학의 지형 자체를 비판적으로 바라볼 수 있도록 도움을 주신 장상호 선생님, 그리고 생각이 막힐 때 새로운 숨통을 틔워주신 한숭희 선생님께 감사드린다. 책이 모양을 갖출 수 있도록 도움을 주신 교육과학사 직원들과, 교정과 자료수집 등에 도움을 준 최늘샘, 남춘화, 박지숙 선생에게도 고마움을 전한다. 책을 쓰기 위한 시간은 가사노동을 해야 하는 시간, 아이들과 놀아줘야 하는 시간이기도 하였다. 그 시간을 나눠준 남편과, 엄마의 빈자리를 건강히 채워나간 수영이, 혜진이에게도 감사와 사랑을 전한다.

2010년 1월

병자와 초등학생과 부자와 가내노동자와 예술인과
노숙자가 공존하는, 인터넷을 닮은 대학로에서
저자

차례

PART 01

인터넷의 등장과 교육의 지각변동

컴퓨터와 인터넷의 등장은 기존의 교육지형을 변동시킨다. 컴퓨터는 엄청난 양의 정보축적을 가능하게 해주며, 인터넷은 이런 축적된 정보를 빠른 속도로 이동하게 해준다. 정보의 변조와 복제가 가능하게 됨에 따라 기존의 진리관이나 지식생산방식은 점차 자리를 잃고 있으며, 선택에 따라 다른 내용으로 이동하는 하이퍼텍스트 구조는 선형적인 책의 논리를 대체하고 있다.

*

제1부에서는 학습세계로서의 인터넷을 파악하기에 앞서 인터넷으로 인하여 생겨난 변화를 교육의 차원에서 어떻게 이해할 것인지를 검토한다. 우선 사이버 공간의 등장이 교육에 어떤 파장을 일으키는지를 살펴보고(1장), 이런 변화 속에서 교육학은 어떤 변화를 요청받고 있는지를 인식론적으로 접근하며(2장), 디지털 시대 새로운 교육적 전망으로서의 평생학습에 대해 살펴본다(3장).

chapter

01

인터넷으로 인한 교육지형의 변동

1. 평생교육과 인터넷

교육현장의 지형이 변화하고 있다. 학교의 전유물로 여겨졌던 교육이 '평생'으로 확장되고 있고, 정보의 축적과 재사용이 쉬워짐에 따라 암기식 학습이 쓸모없는 것이 되어가고 있다. 학교는 여전히 산업사회의 노동자층을 길러내기 위한 주입식 대중교육을 실시하고 있고, 입시는 이를 확고히 보증하고 있지만, 아이들은 빠른 속도로 진화하고 있다. 인터넷을 통해 이미 쌍방적 소통에 익숙해진 아이들은 일방적 수업을 거부하기도 하고, 촛불을 들고 거리로 나가기도 하고, 1인 미디어 시대의 주역이 되기도 한다.

어른들도 예전과 다르다. '학습자'라는 범주 외로 분류되던 어른들은 '성인학습자'라는 타이틀을 가지고 교육장면에 등장하였다. '다 배운 사람'이라는 자의식 속에서 배움의 장을 쭈뼛거리며 서성이던 어른들은 평생학습사회라는 시대진단으로 다소 떳떳하게 문해교육으로, 원격대학으로, 학점은행으로 나서기 시작했다. 인터넷 카페를 만들고 띠동갑끼리의 모임에 나가면서 삶의 스타일을 새롭게 편성하고 있다.

평생교육과 인터넷은 전혀 다른 방향에서, 그러나 동일한 의미에서 교육의 문법 자체를 변화시켰다. 평생교육은 '평생에 걸친 학교'를 만들자는 것이 아니다. 학교에 독점되어있던 교육을 해방시켜 학습을 통해 진화하는 사회를 만들자는 일종의 운동이다. 이와 마찬가지로, 인터넷 학습은 학교에 새로운 기술을 도입하자는 것에 그쳐서는 안된다. 쌍방적인 소통으로 일방적 강의에 질식된 교육의 본질을 복원하자는 것이다. 인터넷으로 강의를 진행하거나 유명 온라인 입시교육 사이트의 소위 '인강'은 인터넷 학습의 극히 일부에 불과하다. 평생교육과 인터넷은 무관해 보이지만, 교육의 본질에 접근해 들어갈 작은 창구를 제공한다는 공통점을 가지고 있다. 인터넷이 교육에 대해 전하는 메시지를 들어보기로 하자.

2. 인터넷은 학습혁명을 요청한다!

인터넷 공간의 구성요소와 상호작용방식을 곰곰이 살펴보면, 그 안에는 기존의 교육관의 뿌리를 흔드는 혁명적 잠재력이 내장되어있다. 인터넷에서 정보의 저장방식은 엄청난 양을 저장하고 변조할 수 있는 디지털 방식이기 때문에 아날로그 시대의 교육과는 다른 교육을 요청한다. 또한 인터넷은 하이퍼텍스트 체제로 구성되어 있기 때문에 책의 선형적 논리와는 전혀 다른 방식으로 학습하게 해준다. 상호작용 역시 불특정 다수간의 실험적 소통을 가능하게 함으로써 인터넷에서는 학교교육의 교사-학생간의 일방향적 소통과는 전혀 다른 교육장면이 구성될 수 있게 된다. 인터넷의 이런 특성들은 '잠재적'이기는 하지만 학습혁명적 속성이라 일컬어질 수 있는 것이다. 몇 가지 특징을 정리해 보자.

1) 디지털 정보의 인식론적 특성

인터넷 공간에서 정보는 디지털 정보로 존재한다. 디지털 정보란 기본적으로 0과 1의 반복적 조합에 의해 특정 이미지나 소리를 묘사하는 정보를 의미한다. 이미지의 광학캡처와 화학반응에 의해 얻어진 아날로그의 사진이나 소리의 모사에 의해 얻어진 아날로그 LP판과 달리, 디지털 정보는 숫자에 의해 입력된 내용을 묘사한다. 이런 점에서 디지털 이미지는 이미지가 아니라 정보의 조합이며 우리는 그 조합된 정보가 나타내는 이미지를 보는 것이다. 현실 모사가 아니라 정보의 조합이라는 점에서, 디지털 이미지는 변형이 자유롭다. 사진은 네거티브 필름에서만 수정될 수 있지만, 스캔을 거친 디지털 이미지는 언제든지 쉽게 편집할 수 있다. 같은 나무 사진이라고 해도, 디지털 사진의 색깔이나 잎의 크기는 숫자로 조합된 것이기 때문에 정보처리프로그램만 있으면 손쉽게 수정할 수 있는 것이다.

누구나 이미지와 소리를 수정-복제할 수 있다는 말은 우리가 접하는 내용이 가공 가능한 잠재태로 존재한다는 특징을 갖는다. 이는 간단한 조작에 의해 변조가 가능하므로, '원래의 상태'란 사실상 존재하지 않음을 뜻한다. 이미 모니터로 보이는 것은 정보적으로 가공된 상태이며, 변화가능성이 정보 자체에 이미 내재하고 있기 때문이다.

교육학적으로 보면, 이런 인터넷의 잠재태적 특성은 새로운 진리관으로서의 의미를 가진다. 학교교육 장면을 떠올려 보면, 교사는 이미 정해진 내용을 학생들에게 전달하는 방식으로 교육을 진행한다. 배워야 할 내용이 정해져 있다는 것이다. 이렇게 모든 학습자들이 동일하게 배워야 할 내용이 있다는 말은 누구에게나, 어떤 시대에나 가르쳐야 할 불변의 진리가 따로 존재한다는 인식을 전제로 한다.

디지털 정보는 바로 이런 불변의 진리관에 문제를 제기한다. 디지털 정보는 그 자체로, '보여지는 것이 사실은 숫자에 의한 조합'이라는 사실을 공표함으로써, 우리가 보는 것 자체가 얼마나 허구적인 것인지를 드러내주기 때문이다. '아는 것'의 근거를 형성하는 '보는 행위'에 원형이 따로 존재하지 않는다면, 그런 진리를 배우기 위해 일렬로 서는 일처럼 어리석은 일은 없다. 디지털 정보의 존재방식으로 말미암아 우리는 진리가 어디에나 존재할 수 있으며, 어떤 진리도 객관적으로 불변의 상태로 존재하는 것이 아님을 깨닫게 된다.

또한 인터넷에서는 정보의 축적-복제-변조가 쉬워짐으로 인해, 자료를 소장하거나 암기하는 일은 큰 의미를 가지지 못하게 된다. 웹에서 검색어만 쳐 넣으면 얻을 수 있는 정보를 따로 저장하거나 굳이 암기할 필요는 없다. 산업사회와 달리, 정보는 유통될수록 힘을 가진다. 따라서 정보생산의 입장에서는 자신이 생산한 정보를 얼마나 짜임새 있게 제공하여 널리 알릴 것인가가, 그리고 정보사용의 차원에서는 그런 널려있는 정보를 얼마나 짜임새 있게 구성할 수 있는 능력을 갖추고 있는가가 주요한 과제로 대두된다. 얼마나 독특한 의견을 제시할 수 있는가, 차별적으로 내용을 구성할 수 있는가가 얼마나 많이 알고 있는가보다 중요해지는 것이다. 교육적 인식론과 교육내용의 구성이라는 측면에서, 인터넷은 이전의 교육으로부터의 '혁명'을 요청하고 있다.

2) 인터페이스의 인간지향성

하드웨어의 역사를 보면, 컴퓨터 인터페이스는 끊임없이 인간과 가까워지는 방향으로 진보해 왔다. 정확히 말하자면, 인간의 오감을 보다 적극적으로 동원하기 위한 발달이었다. 1970년대까지만 해도 컴퓨터는 '계산기계' 이상이 아니었고, 사람들은 펀치카드만을 사용하여 컴퓨터를 조작하였다.

마우스나 키보드가 등장한 것은, 인간의 손을 통해 컴퓨터를 조작할 수 있게 되었음을 의미한다. 키보드로 텍스트를 입력하고 컴퓨터에 명령내리는 일이 가능해 진 것이다. 스캐너와 사운드카드는 듣고 보는 인간의 감각을 수용하기 위한 노력의 일환이었으며, 최근에는 터치모니터, 말을 해석할 수 있는 모듈, 신체움직임 자동캡처가 가능한 데이터장갑 등이 계속적으로 출현하여 인간의 감각을 총동원한 소통으로의 변화가 이루어지고 있음을 실감케 한다. 인간의 명령에 의해 개별 컴퓨터가 작동할 수 있도록, 그리고 '가상' 상황을 '현실감' 있게 느낄 수 있도록 하기 위해 지속적인 변모과정이 있었던 것이다.

다른 방식이지만, 이런 인간 지향성은 소프트웨어의 특징인 하이퍼텍스트에서도 잘 드러난다. 컴퓨터 인터페이스[1]는 끊임없이 인간 간 소통과 유사해지는 방향으로 진보해 왔고, 그 핵에 하이퍼텍스트가 있다. 하이퍼텍스트란 선형적 텍스트와 대비되는 개념으로서, 책이 일관된 논리체계에 의해 첫 페이지부터 마지막 페이지까지 구성됨에 비해, 하이퍼텍스트는 관심 주제별 텍스트로 짜인다. 화면에서 관심 주제를 클릭하면 다른 주제가 열리고, 다시 그 주제에서 관심이 가는 내용을 선택하면 다시 내용이 열리는 체계가 바로 하이퍼텍스트 체제이다. 웹이나 멀티미디어 텍스트의 구성은 대개 이런 하이퍼텍스트 체제에 의해 구성된다.

흥미로운 것은, 다소는 산만해 보이는 하이퍼텍스트 체제가

1) 인터페이스란 두 개의 세계가 접하는 상호접속국면으로서, 사이버의 경우 디지털 정보의 세계와 일상적 현실세계 간의 상호작용을 가능하게 하는 모든 장치를 가리킨다. 다른 시스템과 마찬가지로 사이버의 인터페이스도 입력장치와 정보처리장치, 출력 장치 등으로 구분된다. 우리는 키보드, 마우스, 스캐너, 모니터, 사운드카드, 스피커, 프린터 등의 하드웨어적 인터페이스와 익스플로러, 흔글, 워드 등의 다양한 소프트웨어적 인터페이스를 경유하여 소통한다.

인간의 정신활동을 모델로 삼고 있다는 점이다. 하이퍼텍스트를 처음 고안한 바네버 부시는, 정보의 색인 및 조직 체계들이 왜 하나의 항목 아래에만 분류되어 있는지에 대해 문제를 제기한다. 사실상, 인간의 정신은 하나의 항목 아래에서 다른 항목으로 나아가는 선형적인 방식이 아니라 연상에 의해 작용한다. 서로 얽힌 망을 따라 하나의 표상에서 다른 표상으로 건너뛰고, 그런 과정을 통해 복잡한 그물망을 무한히 엮어내는 것이다. 그렇다면 자료의 양식 역시 이런 우리의 지능활동을 모델로 삼을 필요가 있으며, 이런 문제의식 하에 개발된 것이 하이퍼텍스트이다.

교육의 관점에서 보면, 인간의 오감을 총동원하는 하드웨어와 지능의 활동과 유사한 방식으로 구성된 하이퍼텍스트는 면대면(面對面) 교육을 사이버 공간으로 끌어들이는 동시에 면대면 교육의 한계를 보완한다. 기술의 발달은 문자에 의한 소통이 가지는 한계를 극복하여 보고, 듣고, 느낄 수 있는 상호접속 국면을 넓히며, 하이퍼텍스트 체제는 강의식 교육이 가지고 있던 일방적이고 선형적인 전달방식을 극복하게 해 준다.

또한 학습자들은 하이퍼텍스트를 해독할 때에는 인쇄된 텍스트와 다른 방식으로 해독한다. 인쇄된 텍스트는 대개 처음부터 끝까지 순서대로 읽혀짐에 반해, 하이퍼텍스트에서는 여과하거나 문제의식을 중심으로 필요한 정보를 찍어 읽고, 이리저리 건너다니며, 저자의 의도를 별로 궁금해 하지 않고, 자료를 분절화시켜 이해한다. '척 보고' 선별해서 읽는 경우가 대부분인 것이다. 이런 점에서 사이버에서는 읽기(reading) 보다 훑어보기(scanning)가 일반적이며, 학습자가 스스로 자료를 선택하고 선별하는 것을 골간으로 삼기 때문에 강의나 교사에 의한 자료제공과 달리 학습자의 문제의식과 결합한다. 학습의 차원에서 보면, 하이퍼텍스트는 학습내용 간의 관련성 및 관련구조를 명확히 한다는 점에서 학습자에게 유용한 학습자원이지만(Horney, 1993), 학습자들이 길을 잃기 쉽게 한다는 점에서 한계를 가지는 체제이기도 하다. 학습자는 학습의 주체로서 스스로 문제의식을 명확히 하지 않으면 길을 잃을 것이 강제되는 것이다[2).]

3) 인터넷 상호작용의 학습지원적 특성

인터넷의 교육적 잠재력은, 인터넷 공간에서의 상호작용이 새로운 교육양상을 요청한다는 점을 통해 확인할 수 있다. 구체적으로, 인터넷 공간을 구성하는 몇 가지 기술적 특성이 교육에 영향을 미치는 방식을 보자. 우선, 인터넷에서는 익명적 관계가 일반적이기 때문에 내용중심의 교육이 가능해질 수 있다는 가능성을 가지게 된다. 사회적 지위나 나이, 신분 등을 알 수 없으므로, '누가 말했는가'가 아니라 '내용이 얼마나 타당한가'가 문제가 되며, 권위 역시 좋은 내용을 올린 사람 차지가 된다. 인터넷에 접속만 할 수 있다면 그 사람은 자신의 사회적 지위와 관계없이 대화에 참여할 수 있으며, 자신이 알고 있는 정보를 공개할 수 있다는 점에서 정보의 생산자이자 교육자가 된다. 예컨대 단지 컴

2) 물론 이런 특성은 이러닝의 설계 시에 보완사항으로 고려되어야 한다. 예컨대 학습자들은 자료가 '떠도는' 상황 속에서 자신의 학습에 필요한 내용을 선별하는 동시에 길을 잃지 않도록 사전교육을 받아야 하며, 학습의 진행정도 및 내용의 구조나 관련을 분명히 제시해 주는 콘텐츠가 이러닝에서는 필수적이다(Collis, 1991).

퓨터를 좀 더 잘 다룬다는 하나의 이유만으로, 음악을 좀 더 많이 안다는 사실 하나만으로 누구나 그 분야의 권위자, 가르치는 자가 될 수 있다. 가르치는 자-배우는 자의 위치전복이 가능하다.

두 번째로, 불특정 다수가 서로 동시에 소통하는 다방적 소통(multi-way communication) 이 가능하므로, 사람들은 자신의 의견과 상충되는 의견에 대해 언제든지 반박할 수 있다. 이런 특성은 학교교육과는 다른 교육장면을 가능하게 해 준다. 학교교육에서는 '가르칠 내용'이 이미 정해져 있는 경우가 대부분이며, 전달 역시 일방적인 경우가 많다. 또한 이미 보장되어 있는 교사의 제도적 권위로 인해 학습자가 자신의 의견을 표명하는 것이 쉽지 않다. 이에 비해 인터넷에서는 이런 제도적 제약이 상당히 줄어든다는 점에서, 예컨대 '배우고자 하는 내용'을 학습자가 수준별로 요청할 수 있으며, 어떤 메시지에 대해서도 학습자가 반응할 수 있다는 점에서 인터넷은 학습자의 영역을 확장하는 공간이 될 수 있다.

다음으로, 인터넷은 시간과 공간의 제약을 받지 않기 때문에 지역적 편향을 줄이는 문화상대주의적 가치교육을 하는 데 기여할 수 있다. 메시지는 언제나 저장이 가능하므로 송신자와 수신자가 동시에 마주앉아 있을(real-time communication) 필요가 없고, 또한 지역적 제약조건이 없으므로, 사람들은 시-공간적 제약 없이 자신의 관심에 따라 구성된 새로운 집단과 만나면서 새로운 내용을 학습하게 된다. 미국의 한 소년이 아프간의 학생과 인터넷에서 만나 이야기하고 나면, 서로는 자신이 기존에 가지고 있던 문화적 편향을 바라보는 계기를 가지게 될 수도 있는 것이다.

정체성의 실험 역시 자유롭다. 인터넷에서 보이지 않는 사람들과 대화하면서 자신의 소통방식에 대해 의문을 던진다. 면대면 상황에서 거침없이 말하던 사람이 인터넷에서 수줍은 모습을 보이기도 하고, 비사회적인 사람이 이타적인 태도를 나타내기도 한다. 스스로의 정체성을 실험하며, 다양한 정체성 간의 긴장과 경합을 경험하게 되는 것이다. 대여섯 명과의 동시적 채팅을 통해 공간적 한계를 초월하여 여러 장소에 현현하는 체험을 하기도 하고, 누구에게도 할 수 없었던 비밀을 아이디 뒤에 숨어 털어놓으면서 위안을 얻기도 한다. 자신을 객체로서 드러내고, 타인의 지적을 듣는 과정을 통해 사람들은 새로운 교육적 체험을 하게 되는 것이다.

이렇게 보면, 인터넷에서는 시-공간적 제약을 넘어서는 평등하고 실험적이며 메시지 중심적인 소통이 활발하게 이루어질 수 있고, 이런 소통에 근거한 교육이 진행될 수 있다. 기존의 기관중심 교육과 달리, 누구나가 소통의 주체로 등장하며, 따라서 기존의 교육에서 그 목소리를 들을 수 없었던 학습자의 권한이 증대한다는 가설이 가능하다.

4) '학습을 가능하게 하는 학습(enabler-learning)'으로서의 이러닝(e-learning)

이제, 보다 직접적으로 인터넷과 교육을 결합한 영역인 이러닝에 대해 살펴보자. 이러닝은 가르침보다는 배움, 즉 '러닝'을 강조하는 시대적 추세와 맞물려 최근 사이버교육, 웹기반교육, 온라인교육[3] 등을 대표하는 용어로 자리잡아가고 있다. 이런 용어들의 공통된 특징은 컴퓨터의 연결성과 프로토콜을 통한 네트워크에 기초한 상호성이라고 볼 수 있다. 인터넷의 발전과 정보기술의 성장이 교육적으로 꽃핀 것이 바로 이러닝인 것이다.

이러닝은 인터넷, 인트라넷, 엑스트라넷 또는 웹 등 전자적 기반의 접근을 사용하여 학습 및 훈련을 제공하는 것을 의미한다. 따라서 이러닝은 학습의 전자적 기반이 되는 컴퓨터 테크놀로지를 무엇으로 볼 것인지에 따라 다른 범주를 지칭하게 된다. 예컨대 메이어와 클라크(Mayer & Clark, 2003)은 이러닝을 CD-ROM이나 인터넷, 인트라넷 등 컴퓨터를 통해 전달되는 모든 교육으로 정의하여 컴퓨터 테크놀로지의 범위를 비교적 포괄적으로 인식하였다. 반면, 로젠버그(Rogenberg, 2000)는 이러닝에 활용되는 컴퓨터 테크놀로지를 인터넷 테크놀로지로 한정해 설명하고 있다. 즉, 이러닝이라는 것은 지식과 수행을 향상시키는 폭넓은 솔루션들을 인터넷 기술을 사용하여 전달하는 것이라고 정의하면서 이러닝은 정보(information)와 교수(instruction)의 즉각적인 업데이트, 저장, 인출, 보급, 공유가 가능할 수 있도록 네트워크화 되어 있어야 하며 TCP/IP와 같은 표준적인 인터넷 테크놀로지를 활용하고 있어야 한다고 규정한다.

이러한 주장은 슬로만(Sloman, 2002)의 정의와도 유사하다. 그는 이러닝은 연결성의 장점을 활용한 학습 전달체계라고 하면서 이러한 연결성을 활용하지 못한 독립형 컴퓨터에서 이루어지는 CD-ROM과 같은 기술기반훈련 개념과는 차별되는 것이라고

---

3) 사실, 온라인 교육은 오프라인 교육과 대비되어 교육이 일어나는 '공간'에 주목한다는 점에서, 예컨대 다운로드를 받은 내용에 대한 학습은 '오프라인 학습'으로 불리는 등의 혼동을 가져온다는 한계를 갖는다. 또한 웹기반 교육은 인터넷 특히 웹기술을 이용하고 있다는 점에서 기술상의 변화에 따라 유동 가능한 용어라는 제한을 가지고 있다.

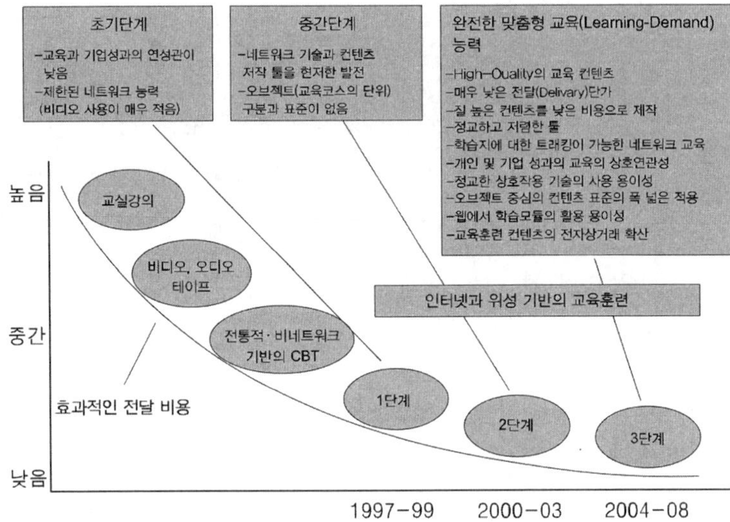

[그림 1-1] IT기술과 교육양식의 변화(자료: SRI 컨설팅사 Learning On Demnnd 그룹)

하고 있다. 즉, 초기의 스탠드얼론 방식으로부터 1990년대 중반에 들어서면서 네트워크 기술이 발전되고 인터넷과 인트라넷이 보급되면서 이러닝은 네트워킹 된 연결성을 강조하는 개념으로 변화되고 있는 것이다. 최근에는 무선으로도 상호연결이 가능한 모바일러닝(m-Learning)이라는 개념이 등장하고 있는 것을 보면, 이런 입장에서 이러닝은 얼마든지 다른 용어로 대체 가능한 '네트워킹된 학습'을 의미한다.

흥미로운 것은 이러닝에서 '러닝(learuing)'을 강조하는 방식이다. 정보나 교육을 전자적으로 전달한다는 매체적인 개념이나 학습 전달 방식의 변화에만 초점을 맞추던 이러닝 도입 초기의 관점은 개인 혹은 조직의 학습과 수행을 향상시킬 수 있는 총체적인 솔루션 개념으로 확장되고 있다. 이는 학습자 중심성의 강조라고 볼 수 있는데, 최근 이러닝의 개념정의에 이런 특징이 두드러지게 드러난다. 초기의 인터넷 교육에 대한 찬사가 "면대면 교육을 단지 웹 기반으로 전환하고 인터넷 기술을 사용한 결과로 보다 많은 사람에게 교육의 수혜가 돌아가는" 효율성에 중점을 두고 있었다면, 이제는 이러닝을 학습을 지원하고 가능케 하는 "enabler"로(김덕중, 2004) 보면서, 인간의 수행을 향상시키고자 하는 다양한 시도들로 파악하고 있는 것이다. 국가적 차원에서도 '수준별 맞춤형 교육'으로 이러닝을 규정하고 있는데(한국교육학술정보원, 2004), 이는 이러닝이 학습자 지원의 상징으로 읽히고 있음을 드러내준다. 즉, 인터넷의 학습지원적 특성이 구현된 교육이 바로 이러닝이라는 것이다.

그러나 이와 같은 이러닝의 개념 변화의 추동력은 학습과 수행(performance)을 결합하여 보는 것이 적합한 해결책으로 경영학적 판단과 연결되어 있다. 예컨대 슬로만(Sloman, 2003)은 정보시대에서 인적자원을 통해 경쟁 우위를 획득하고자 하는 대응 방안으로 활용되고 있는 지식관리, 수행관리, 훈련 간의 경계가 허물어지고 수렴되는 추세를 지적한다. 현재의 인적자원이 가진 능력을 확대하여 생산력이라는 '성과'에 기여하고자 한다는 공통점을 가지게 된다는 것이다. 이러닝은 이들을 실질적으로 통합시킬 수 있는 대안이 되고 있다. 예컨대, 지식관리, 수행관리, 이러닝이 모두 동일한 테크놀로지 플랫폼을 사용하게 되면 프로세스의 효율성 측면에서 보다 유용해진다. 이런 통합성의 결과, 이러닝은 단순히 학습을 넘어서서 경영관리 장치로 설정되고 있는 것이다.

여기서 평생교육적 차원에서의 이러닝의 중요성이 등장한다. 이러닝이 '러닝' 즉, 학습의 일환으로 볼 때, 이러닝은 다른 러닝, 즉 일반적인 학습에 비해 질적으로 다른 특징을 가지고 있다. 평생학습자가 이러닝을 하는 장면을 중심으로 생각해보면, 우선, 학습자는 컴퓨터와 인터넷만 있으면 장소의 구애를 받지 않고 학습을 진행한다. 학습의 편재성이 있다는 말이다. 또한, 이러닝 사이트에서 제공되는 컨텐츠의 경우, 항상적이고 일정한 질이 보장된 내용을 제공한다. 편재적이면서도 일정한 수준에 도달한 '높은 질'의 내용을 학습할 수 있다는 말이다. 이와 더불어 보다 중요하게는, 학습자들은 정해진 내용을 학습하는 것이 아니라 학습자의 시각과 수준에 따라 학습을 진행한다. 이러닝을 컨텐츠를 내려받는 수동적 학습이 아니라 컴퓨터를 통해 정보를 검색하고 지식을 구성하는 평생교육적 시각에서 보면, 이러닝은 학습의 능동성과 개별성을 잘 드러내는 학습인 것이다.

범위를 좁혀서 컨텐츠를 내려받는 것에 국한하더라도, 이러닝은 교육에 대한 보다 분화된 시각을 갖도록 돕는다. 이러닝은 면대면 교육방식에서 하나의 인격 속에 통합되어 있던 가르침에 관련된 여러 요소들을 명확히 분리해 낸다. 내용전문가와 강사, 튜터의 분리라든가 교수설계자와 콘텐츠 제작팀의 분리는 그간 한명의 교육자가 수행했던 역할을 분명히 드러내주는 동시에 전문화 해 나가게 된다. 성찰적으로 수용할 수 있는 토대만 갖추고 있다면 이러닝은 면대면 교육에서 교육자가 수행해야 할 다차원적 역할을 명확히 함으로써 교육변화의 계기를 제공할 수 있게 되는 것이다. 교수자의 분화된 역할이 명료해진다는 것은 실천과 동시에 교육학적 이론이 생성될 수 있는 가능성을 의미한다. 이에 따라 이러닝은 온라인과 면대면 교육을 결합한 블렌디드 러닝(blend- learning) 등, '학습'을 더 잘 해 나갈 수 있는 구체적 방법 모색으로 나아가게 된다.

또한, 이러닝에서는 교육적 강제력이 작동할 수 없기 때문에 학습자에 대한 철저한 분석과 동기부여 전략 수립이 핵심적인 과제로 부상하게 된다. 다양한 비언어적-제도적 강제 속에서 '할 수 없이' 앉아있었던 학습자는 이러닝에서 하나의 표상으로 축소되면서 어려움 없이 교육적 장면에서 사라질 수 있다. 이러닝이 전면화되면 교육의 전제가 '의무'에서 '자발성'으로 전환하게 되는 것이다. 이러닝은 상호작용의 가시화를 통한 학습지원 향상이 가능한 매체인 셈이다. 이 외에도 이러닝은 언어학습능력이나 비판적 사고력을 신장시킨다는 주장, 정보조작과 문제해결, 의사소통과 사고의 재현능력, 그리고 동기와 자신감을 높여준다는 연구들이 제출되어왔다. 전자적 자료의 사용은 학생의 태도와 동기부여에 긍정적 영향을 미친다거나 개별화된 교수법을 통해 학습자의 능력을 향상시킨다는 연구도 이미 공감을 얻고 있다(Harada, 2003). 인터넷을 통한 학습은 학습 그 자체에 주목하면서 능력향상에 도움을 주고 있다는 것이다.

3. 인터넷은 과연 학습혁명을 이끄는가?

디지털 정보저장방식의 무한한 변조가능성, 그리고 하이퍼텍스트로 인한 사용자 선택지의 확장, 인간의 오감을 동원할 수 있는 하드웨어… '지적' 테크놀로지에 의해 구성된 인터넷 공간에서는 모든 사용자가 학습자이며, 학습자 중심의 학습지원을 위한 기술 역시 충분히 발달되어있다. 인터넷은 '학습혁명'의 견인차가 될 만하다. 그러나, 현실을 보면 아직까지 새로운 교육의 개념이 등장했다고 보기는 어렵다. 여전히 인터넷 교육은 '인터넷에서 하는 강의'와 같은 것으로 여겨지고 있으며, 학습은 '배운 것을 암기하는 것'을 넘어서지 못한다. 왜 학습혁명은 여전히 유예되고 있는가? 그 원인은 인간의 시각에서 기술을 전유하지 못하는 데에 있다. 여기서는, 인터넷에 대한 편협한 규정과 교육적 상상력의 부재라는 문제를 교육적 잠재력을 무화시키는 단서로 제시해 보고자 한다. 이런 시도로부터 우리는 학습의 장으로서의 인터넷공간을 이해하고 활용하는 개혁의 단서를 찾을 수 있게 된다.

1) 인터넷에 대한 기술중심적 규정 방식

인터넷에서의 교육을 논의하기 위해서는 인터넷 자체가 우리 사회에서 어떻게 다루어지는 지를 먼저 잠시 생각해 볼 필요가 있다. 인터넷에 대한 지배적인 이미지는 '정보의 바다'나, '정보고속도로'이다. 정보의 바다라는 메타포 속에서, 사용자들은 엄청난 정보의 바다 위에서 한 척의 작은 돛단배를 저어 보고(寶庫)를 길어 올리는 항해사로 규정된다. 정보고속도로라는 메타포는 고속도로를 구축해야 한다는 사명감을 가지고 인터넷을 바라보게 한다. 바다라는 거대한 양과 고속도로라는 빠른 속도감이 인터넷의 가치인 셈이다. 실제로 인터넷은 아고라와 같은 토론 광장, 고해소와 같은 자기고백의 장소로서의 기능을 하지만, 국가사회적 차원에서 이런 이미지는 전면화되지 않는다. 네트워크나 의미생성 등은 후경화되는 셈이다.

따라서 '정보의 공유'보다는 '정보의 소통량과 속도'가 인터넷의 목적이 되고 있으며, 이렇게 인터넷을 기술로 축소하는 사유방식은 효율중심의 세계관과 결합하여 기술의 목적을 망각하게 하고 있다. 즉, 효율중심의 세계관은 '무엇을 위한'이라는 목적을 삭제하고, '더 빨리, 더 많이'라는 과정에서의 생산성만을 강조한다. 어떻게 하면 인터넷에서 정보를 더 빨리 획득할 것인가 라거나, 어떻게 하면 인터넷에서 정보의 유통속도를 확보할 것인가 등만이 관심의 망에 포착되는 것이다.

인터넷에서의 교육/학습 역시 그 이상으로 나아가기는 어렵다. 인터넷에서의 활동을 학습이라는 차원에서 보면, 학습자는 자신의 개별적 목적과 수준 선택, 진도조절을 통해 자기주도적으로 학습하게 되며, 학습자-학습자, 그리고 학습자-교육자의 다양한 소통을 통해 학습자의 문제의식을 한껏 발전시킬 수 있다. 게시판-화상채팅 등을 통해 실시간-비실시간의 교육이 가능하며, 위키위키 등의 기술은 상대의 글을 누구나 수정할 수 있게 하되 신뢰도 점수를 부여함으로써, 의미 있는 지식공유 시스템으로 자리잡아가고 있다. 이런 양상은 인터넷이 산업사회의 대량생산 모델에 맞춰 표준적 학생들을 생산해 내는 학교교육의 규정성을 벗어나 개별 학습자를 지원하는 새로운 교육체제로서의 가능성을 가지고 있음을 의미한다.

기존의 면대면 교육을 더 효율적으로 수행하기 위해 인터넷이라는 기술을 활용하는 것이 중차대할 뿐, 왜 인터넷에서 교육이 필요한지, 인터넷에서의 학습은 본질적으로 어떤 특징이 있는지, 더 나은 교육을 구현하기 위해 인터넷이 어떻게 활용되어야 하는지 등에 대한 질문은 배제되는 것이다. 이렇게 인터넷의 의미론이 배제된 산업사회의 생산중심의 사유방식으로는, 인터넷의 학습혁명적 특성이 살아나기 어렵다. 인터넷의 잠재력을 현실화하려면, '어떻게'를 넘어서서 '왜'라는 문제를 제기해야 한다. 사용자들이 왜 인터넷에 들어오는지, 왜 인터넷에서 교육이 필요한지, 왜 인터넷 환경에 쉽게 적응하지 못하는지를 질문하지 않으면, 인터넷 공간을 이루는 사람들의 필요성에 부합하는 교육은 이루어지기 어렵다.

현재의 상황을 보면, 인터넷에서의 교육은 크게 '인터넷에 대한 교육'과 '인터넷을 통한 교육'으로 구분된다. 전자가 인터넷이 무엇이고, 인터넷에서 어떤 활동을 할 수 있으며, 어떤 윤리적 태도를 취해야 하는가 등 폭넓은 인터넷에 대한 교육을 말한다면, 후자는 인터넷이라는 특성을 십분 살려 이러닝과 같은 새로운 방식의 교육적 소통을 하는 것을 말한다. 문제는, 인터넷에 대한 교육은 곧바로 정보통신기술을 전달하는 것으로, 인터넷을 통한 교육은 유명 온라인 입시교육 사이트의 소위 '인강'과 같이 오프라인의 강의를 매체를 통해 제공하는 것으로 축소되는 현실에 있다. 물론, 첨단기술 자체를 아는 것, 혹은 교육기회가 없었던 아이들이 유명한 강사의 강의를 싼 값에 들을 수 있게 되는 것은 그 자체로 의미가 있다.

그러나, 사회의 소통력과 학습력을 제고할 수 있는 인터넷의 잠재성은 이런 방식으로는 전혀 발휘될 수 없다. 인터넷 기술교육은 일회적이라 기술이 소외계층에게 익숙해질 정도의 시간을 들이고 있지 않으며, 인터넷 윤리교육은 인터넷 범죄라는 문제에 과도하게 초점을 맞추면서 사용자들의 활동과 무관하게, 탈맥락적으로 그리고 일방적으로 등장한다. '문제가 있으면 해결하는 수단'으로서의 교육관으로는 인터넷의 특성을 사회적으로 수용해내는 채널을 만들 수 없다는 것이다. 이런 점에서 오히려 '교육'은 이미 진행되고 있는 사람들의 학습행태에 주목해서 그 과정을 돕는 방식으로 자세를 낮출 필요가 있다. 처방적이고 일방향적인 교육관에서 나오는 교육제안이나 정책은 인터넷의 잠재력을 오히려 축소시키게 되는 것이다.

아직까지 학습자 스스로의 지식구성이나, 학습공동체의 역동, 촉진자로서의 교육자는 그다지 일반화되지 못하고 있는 것이 현실이다. 수많은 교육공학논문에도 불구하고, 이러닝의 본모습은 매우 제한적으로만 현실이 되고 있다. 왜 그런가? 교육장면에 관계하는 사람들, 그러니까 교육자와 학습자가 공히 학교교육적 패러다임을 넘어서고 있지 못하기 때문이다.

원격교육에서 사람들이 '교육'이라는 개념을 다루는 시각은 학교를 크게 넘어서지 못한다. 원격교육이 면대면 교육과 비교하여 열등재이고, '열등'하므로 면대면 교육을 따라가야 한다고 여기기 때문이다. 인터넷교육은 분명히 면대면 교육이 갖는 개별적 지도력을 확보하기 어렵다. 교육적 관계도 형성되기 어렵다. 이런 점에서 열등한 것은 사실이다. 그러나, 다른 한편 인터넷에서의 교육은 자유롭고 창조적이며 탈권위적이고 토론에 개방적일 수 있다. 이런 점에서, 인터넷에서의 교육은 면대면 교육과 '다른' 교육으로 상정되어야 하는 것이지, 열등한 것으로 여겨져서는 안 된다. 열등한 교육으로는 면대면의 학교교육을 지향하고 모방하는 아류 이상이 될 수 없기 때문이다. 이렇게 되어서는 정작 중요한 인터넷의 교육적 잠재력을 현실화 시킬 수 없다. 학습자들은 면대면의 '분위기'를 그래도 전달한 '동영상' 중심의 강의를 선호한다. 교육자 역시 인터넷의 상호작용성을 극대화한 고비용의 콘텐츠보다는 제작비용이 최소화된 저작툴 중심의 동영상 강의를 선택한다. 편하기 때문이다. 그러나 인터넷의 혁명적 특성은 '편하고 빠른' 것이 아니라, 새로운 소통의 방식을 가능하게 한다는 점에 있다. 교육의 본래적 목적과도 연동되는 이 소통에 주목하는 일이 필요한 것이다.

정보가 빛의 속도로 질주하는 고속도로도 좋고 거대한 바다를 갖게 되는 것도 좋지만, 항해지도가 있다고 해도 수없이 섞이는 물살을 읽어내는 능력이 없다면 지속적인 수확을 기대하기는 어렵고, 고속도로가 아무리 완비되어 있어도 사고가 나면 아무 의미가 없다. 뉴만(Neuman, 1995)은 정보의 정교화, 복잡성, 특수성이 지나쳐서 학생의 수준에서 필요한 내용이 전달되지 않는다는 점을 지적하고 있는데, 이는 결국 중요한 것은 학습자임을 말해주는 것이다. 개념적으로 보면, 인터넷은 정보통신기술에 의해 창출된 네트워크/공간의 두뇌중심성을 지칭하는 개념이므로, 인터넷/온라인/가상/디지털에서의 교육을 이야기할 경우, 빠져서는 안 될 영역은 그 공간에 대한 문화적 입문이다. 인터넷에서의 교육을 이야기할 때는 좀더 겸허하게, 인터넷의 특성과 우리 문화의 특성이 갈등하고 조화하는 그 접점에 대한 이해부터 시작할 필요가 있는 것이다.

인터넷이 학습혁명을 예고한다는 말은 정보사회에서는 지식의 존재 방식이 바뀌며, 따라서 교육도 바뀌어야 함을 의미한다. 디지털 정보의 변용가능성과 하이퍼텍스트 체계, 학습자원이 될 수 있는 풍부한 정보축적능력과 누구나 학습자원을 만들 수 있다는 열려진 가능성 등은 인터넷 공간만이 갖추고 있는 교육적 특성이며, 이 공간에서는 학습자 중심의 지식 구성 및 활용이 가능하다. 그런데 그런 가능성을 '교육'이라는 상식과 관습이 억누르고 있는 것이다. 이런 점에서, 면대면 교육에서 실현 불가능한 웹의 특성에 대한 주목과 활용이 이루어지지 않는다면, 인터넷은 면대면 교육을 보완하는 이류 교육에서 벗어나기 어려울 것이다.

2) 학습자 상호작용의 가능성

인터넷이 학습혁명의 잠재력을 가지고 있다면, 그 잠재력을 현실화하기 위한 고리는 어디서 발견될 수 있는가? '인터넷 기술을 위한 수단으로서의 교육'을 넘어서는 '인간을 위한 인터넷 교육'은 존재할 수 없는 것인가? 인간주의적 인터넷의 확장과 시너지를 이루는 교육은 없는가?

우리는 그 하나의 단서를 '클럽', '카페' 등으로 불리는 가상공동체에서 찾을 수 있다. 학교교육적인 의미의 수동적 학습을 벗어나 생각해 보면, 사람들은 이미 인터넷에서도 특정한 맥락을 형성하면서 학습하고 있다는 사실을 쉽게 알 수 있다. 가상공동체는 특정한 주제에 대한 지속적인 정보생성과 교환을 통해 유지되고 있으며, 그 운영진이 촉진자의 역할을 담당한다. 공동체 안에서는 집단 나름대로의 계속적인 상징이 형성되고 구성원들 스스로도 공동의 연대와 유대감을 가지고 있으며, 가입과 탈퇴는 구성원의 자율에 따른다. 블로그 역시 블로그 간 연계를 통해 일종의 변형적 공동체를 지속적으로 생성해내고 있다.

이런 가상공동체에서의 활동은 다음과 같이 학습의 시각에서 설명될 수 있다. 우선, 구성원들은 자신들이 집단을 만들거나 학습집단에 관여하는 행위를 통해 학습을 진행한다. 사람들은 학습자료를 지속적으로 선택하며, 다양한 게시판을 통해 각 학습자의 학습수준에 맞는 차별적인 내용을 학습한다. 구성원들을 학습자로 보면, 이들은 또한 자신에게 적합한 학습속도와 학습량을 선택한다. 즉, 가상공동체는 하나의 학습환경으로서, 학습자의 자발적 선택에 의해 운영-유지되는 순환적 학습조직이다.

또한, 사람들은 서로를 완전히 알지도, 모르지도 않는 적당한 거리 속에서 자기 성찰적인 학습을 해나간다. 대개 익명성은 무책임한 행동을 유발하는 인터넷의 특징으로 거론된다. 익명성 속에서 예절이나 체면이 사라지고 욕망만이 존재하게 될 수 있기 때문이다. 그러나 동일한 아이디의 사용을 전제로 삼는 가상공동체에서의 익명성은 그런 무책임함을 배제한다. 오히려 상대방을 구체적으로 알지 못하기 때문에 체면이나 권위와 무관하게 내용 중심적 소통을 할 수 있게 되며, 자신의 무지를 솔직히 고백할 수 있는 여지가 생겨나기도 한다. '순수한 배움을 위한' 거리가 유지되는 것이다.

다음으로, 사람들은 인터넷과 면대면 공간 모두에서 생활하기 때문에, 인터넷과 면대면의 괴리를 스스로 조정하면서 자신의 학습경험을 확장시킨다. 학습자는 인터넷에서 학습한 것을 면대면의 생활로 확장하는 과정, 그리고 면대면 공간에서 경험한 사실을 인터넷에 해석하여 게시물로 올리는 이중적 과정을 통해 자신의 삶과 세계에 대한 성찰을 강화해간다. 사실 이러한 결합은 추상적인 사고와 구체적 실천을 오가며 진행하는 전형적인 학습의 과정이다.

무엇보다도, 가상공동체에서 학습자는 "개개인들이 인식의 모든 순간에 학습하고, 지식과 기술, 경험 등을 서로 나누어 가지고 서로 도와주는 순간", 즉 공환적 기쁨을 느낀다. 활동의 최대의 보상은 '같이 이야기할 수 있는 친구를 찾아내는 것', 그리고 그 관계를 유지하는 것이다. 구성원들은 매번 인터넷에 접속할 때마다 특정 공동체를 선택하며, 자신이 원하는 게시물을 읽거나 답문을 달며서 때로는 적이 되고 때로는 동료가 되면서 편 가르기를 하며 '논다'. 논쟁과 토론은 적대적 대립이 아니라 이런 저런 생각을 펼쳐보는 실험적 과정이다. 때로는 숨바꼭질을 하듯이 자신의 ID를 숨기기도 하고, 남들이 밝혀주기를 은근히 바라기도 한다. 가면놀이의 가면을 벗었을 때처럼, 오프라인 모임에서 얼굴을 보며 놀라워하기도 한다. 재생산과 생산의 경제적 메타포를 떠나 '그냥 해보는' 놀이를 통한 학습이 존재하는 것이다.

학습혁명은 가르침과 배움의 연동작용의 중심축이 배움에 있음을 주장한다. 배우는 자에 의해 교육목적과 관점, 과정이 편성되고, 가르치는 자는 그 길을 돕는 안내자이다. 그런 전제를 수용할 때, 기존교육의 문제점은 교육이 규율과 교과과정, 전통과 행동에 묶여서 학습의 가능성을 줄여놓았다는 점에서 찾아진다. 그렇다면, 학습자가 어떻게 학습하는지를 세밀하게 밝히고, 그 학습을 지원하거나 보다 집약적으로 전수하는 과정으로서의 교육에 초점을 맞추는 일이 중요하다고 할 수 있다.

인터넷의 일상 속에서 사람들이 스스로 학습하고 있다는 사실을 통해 우리는 가르치는 일을 따로 마련할 것이 아니라, 삶의 맥락에서 학습의 자원을 제공하는 것을 통해 새로운 교육을 만들어가야 한다는 가설을 세워볼 수 있다. 삶의 맥락과 맞닿아 있는 새로운 의미의 인터넷 교육이 가능하다는 것이다. 학교 경험을 중심으로 재편되어 있던 기존 교육의 개념을 벗어나는 것, 그리고 이미 진행되고 있는 일의 교육학적 조명이 오히려 관건이라고 볼 수 있다.

4. 인터넷에 대한 교육적 조망의 의미

우리는 자신의 기획(project)에 의해 자신을 만들어가는 시대에 살고 있다. 신분이나 지위에 의해서가 아니라, 스스로가 자신을 어떻게 바라보는가에 따라 자신의 현재와 미래가 규정된다. 가능성은, 그런 점에서 무한히 열려있다. 누구나 학습을 중시한다. 대개는 더 좋은 학벌이나 더 나은 기술습득을 위해서도 학습을 필수적이라고 여긴다. 그러나 이런 학교중심적 학습관은 인간의 가능성을 열기보다는, 사람을 폐쇄된 서열 안으로 구겨 넣는다.

정작 학습이 중요한 이유는, 자신이 자신을 바라보는 시각 및 자신에게 필요한 정보를 구성하는 능력을 키워주기 때문이다. 생활 속에서 지속적으로 '배우면서 사는', '살면서 배우는' 능력을 키워주어 보다 높은 삶의 질을 구현할 수 있도록 하기 때문이다. 이것이 평생교육의 이념이며, 기존의 교육관과 단절하는 학습혁명의 내용이다.

인터넷은 학습혁명을 요청한다. 인터넷에서는 무한한 정보의 축적이 가능하고, 빛의 속도로 정보가 유통되기 때문에, 인터넷 환경에서 암기중심의 교육이나 전달 중심의 교육은 점차 힘을 잃어가게 된다. 개인의 창발성이나 정보감식력의 증진, 삶과 학습의 결합이 중요한 안건이 된다. 이런 지식의 존재방식의 변화와 더불어서 인터넷은 사람들이 거주하는 새로운 공간을 제공한다. 인터넷은 일상의 공간이되, 사람들 간의 '지적' 연대를 가능하게 해주는 새로운 집이다. 거기에서는 제시되는 정보에 대한 실험적 가공이 허용되고, 이야기가 넘실거린다. 일방적인 지시나 감시가 불가능하며, 자신의 관점에 따른 정보의 변조와 수정이 용이하다.

지금까지의 논의에서는 위와 같은 인터넷의 학습지원적 특성이 부각되지 못했다. 인터넷은 사람들의 지식구성에 엄청난 변화를 가져다 줄 수 있다. 그러나, 정보의 양과 속도에만 지나치게 관심을 기울이는 관행으로 인해, 공간을 구성하는 사람들, 그리고 그 사람들의 성장이라는 문제가 배제되어왔다. 아무리 변화의 잠재력이 있다고 하더라도, 기술의 학습혁명적 잠재력은 사람을 통하지 않고는 현실화되지 않는다. 사람이 기술의 사용방식과 질을 결정한다.

이런 점에서 인터넷에서의 활동을 가르치고 배우는 일로 규정하는 것은 인터넷을 인간의 시각에서 바라보는 첫 단계 사업이다. 카페, 클럽 등의 가상공동체의 힘은 학습이라는 시각으로 볼 때 확연히 살아난다. 가상공동체에서 범죄와 무례한 행위가 자리잡지 못하는 것은 가상공동체에서 배우는 자는 겸허함을 가지며, 가르치는 자는 배려의 미덕을 키우는 학습공동체이기 때문이다. 사회적 지위와 성별 등이 사라진 하나의 ID로 자신이 원하는 내용을 배워나가면서, 사람들은 무절제한 욕망보다는 상호인정과 학습의 욕구를 기르게 된다. 나아가 학습공동체라는 시각은 개개인의 성찰성을 높여 면대면 공간에서의 자기통합성을 증대시키는 것을 뚜렷한 목표로 세우게 할 수 있다. 물론 가르침은 개인마다의 특성이 살아나는 방식으로, 개인경험의 독특성이 반영되도록 하는 학습에 대한 조력과 지원의 과정으로 전환된다.

이렇게 보면, 네티즌들을 학습공동체로 묶어내는 것, 스스로를 학습의 주체로 바라보게 하는 것은 정보사회가 요청하는, 간단치 않은 교육학적 의제이다. 인터넷의 미래는 네티즌 각각이 얼마나 스스로의 활동을 학습의 차원에서 견인해 내는가에 달려 있다고 해도 과언이 아니다.

chapter

02

디지털 시대, 교육학의 자기변모

인터넷의 여파는 단지 교육현장에 기술을 도입하는 데 그치지 않는다. 인터넷이 이끌고 온 '디지털 시대'는 '아날로그'적 교육학의 지형을 변화시키고 있다. 학교의 비효율성에 대한 비판은 물론, 학교 자체가 가지는 비교육적 특성에 대한 비판, 미래사회의 학교체제 구상 등의 논의가 전개되면서 기존의 학교중심 교육학의 틀거리 자체에 대한 재구조화 요청이 이루어지고 있는 것이다. 근대적 학문의 '나눔' 코드를 '융합' 코드로, 인지 중심의 교육내용으로부터 정서 · 신체 · 인지가 통합된 교육과정으로, 분석력에서 창의력으로의 변화는 마치 합의된 사회적 목적인 양

제시되고 있다. 디지털 시대는 근대적 학교교육과 상치되는 개념으로 받아들여지고 있는 셈이다.

이런 상황으로 인하여, 교육학 내에서도 정보사회, 지식기반사회, 디지털 사회 등으로 명명되는 '새로운 사회'에 적합한 인재를 길러내기 위한 방략을 구상하고자 부심하고 있다. 이 장에서는 이런 시대적 변화에 교육학이 어떻게 자기변모를 통해 답해왔는지, 그 의미와 한계는 무엇인지에 대해 정리하고, 교육학의 학문적 자기진화를 위한 조건이 무엇인지를 추출하고자 한다.

1. 교육학 연구경향의 변화 : 1990년대 이후

1) 현장성의 강화

교육학이 학문으로 정착한 이래, 교육학의 기반은 실천지향성에 있다고 믿어져 왔다. 1945년 미국의 교육학이 전격적으로 수입된 이후로 줄곧 '객관식 검사방법'이 해결사처럼 교육현장에서 활용되어 왔으며(정순목, 1975), 교육학의 행동주의 지향성은 학교교육의 제도화와 더불어 교육학의 특성을 형성해 왔다. 그러나 역설적이게도, 이런 교육학의 실천지향성은 학문의 지배적 특성을 형성하지는 못했던 것이 사실이다. 교육학은 그 학문적 속성이 "응용학문, 실천지향적 학문, 종합학문"으로 압축(정원식, 1987)될 정도로 '현장'과의 교감이 강조되어 왔음에도 불구하고 현장에 대한 설명력도 그리 크게 제고해 오지 못했던 것이다. 이돈희 교수의 말을 들어보자(이돈희, 1983: 360).

> 교육학자들이 개발하고 소개하는 교육이론들은 현장의 사정에 비추어볼 때 현실성이 없는 원리들이라는 것이다. 한국의 교육학은 현실적 문제의 해결을 통한 경험에 기초하여 발전한 것이 아니라, 서구적 이론의 도입과 평론에 의해서 발전되어왔다. ... (따라서)... 실천현장과의 관계를 뜻하는 현실성의 관점에서 보면 이론의 빈곤을 극복하지 못한 셈이기도 하다.

현장에 대한 강조에도 불구하고, '우리나라의 교육 현장'에 대한 제대로 된 분석은 진행하지 못하였다는 말이다. 1964년부터 2008년 사이 '교육현장연구'로 검색되는 학술지 논문은 총 2,244편이다. 시기별 연구 현황을 살펴보기 위해 연대별 분석을 해 보았다. 구체적인 교육 '현장'을 대상으로 진행된 연구가 그리 많지 않은 셈이다. 위 인용문이 씌어진 1983년까지를 합해도 현장연구는 단 71편(3%)에 불과하다. 좀더 학문적인 차원에서 조망한 '교육학 현장연구'로 검색하는 경우에도 유사한 결과가 나온다. 총 681편 가운데 1990년 이전의 연구는 "초등학교 교장 교감 직무에 대한 고찰"(문인원, 1970)을 비롯하여 단 40편(5.9%)에 불과하며, 위 글이 쓰인 1983년 이전의 경우로 제한하면, 단 11편의 논문만이 검색대상으로 추출된다.

검색된 논문의 현장성도 그리 높다고 보기는 어렵다. 당시로서는 상당한 문제의식을 가지고 집필된 논문임에도 불구하고, 그 주제 역시 "미국사설 산업기술 초급 고등기관의 교육과정 행태"(이성호, 1981), "수업현장의 교육과 민주주의"(오기형, 1980)

등과 같이 실천을 위한 구체적인 대안을 제시하는 것과는 일정한 거리를 가지고 있다. 다시 말해, 1980년대까지 교육학은 실천을 지향해야 한다는 당위성은 가지고 있었으나, 실천에 대해 어떤 방식으로 이론이 작동해야 하는지에 대해서는 스스로 답하지 못하는 상황에 처해 있었던 것이다.

이런 상황은 1990년대에 들어서서 서서히 개선되어 2000년대를 넘어서면 교육학 연구는 상당한 정도로 정교화된 실천이론으로서의 위상을 가지게 된다고 볼 수 있다. 구체적으로, '교육현장 연구'로 검색되는 편수는 2001년 이후로만 제한해도 932편으로 총 논문 수의 42%에 해당하며, 교육학현장연구는 419편(69%)에 이르고 있다.[1)]

연구의 주제 역시 다양화되고 정교화되어, "한국인의 유교적 마음의 구성에 대한 분석과 이에 기초한 청소년 예교육 모델 개발"(유권종, 2005), "통합교실에서 또래 대화상대자 훈련이 장애유아의 의사소통에 미치는 영향"(이명희-박은혜, 2004)과 같이 구체화된 모델의 개발을 지향하고 있으며, "교실수업 공개와 참관을 통한 두 국어교사의 변화와 성장의 체험"(엄훈, 2004)이나 "초등학교 과학연극 수업 사례 연구"(윤혜경 외, 2004)와 같은 현장에 대한 질적 연구 역시 강화되고 있다.

즉, 교육학연구의 전반적 경향은 각론의 수준에서 현장성을 획득하고 있으며, 다양한 모형개발과 실태분석을 통해 실천에

1) 이하 분석은 한국교육학술정보원의 학술정보검색엔진을 이용하여 서명과 키워드를 중심으로 진행되었다. 따라서 자료입력방식상의 오류로 인한 한계가 작용할 수 있으나, 연구의 대략적인 경향을 파악하는 데는 무리가 없다고 보인다. 다만, 제목 중심의 분류이므로 본 논문에서 심층적 내용분석이 이루어지지 못한다는 한계는 명확하다.

필요한 내용을 제공하고 있다. 이런 점에서, 초기 교육학자들의 문제의식은 2000년 이후에야 비로소 관철되기 시작하였다고 볼 수 있을 것이다.

2) 패러다임의 전환

현장성의 획득과 더불어 교육학 연구 흐름에서 감지되는 상당히 중요한 변화는 교육학이 이전의 교육학 연구관행과의 단절을 지향하게 되었다는 점이다. 1980년대부터 시작된 교육학의 자체 반성은 교육학의 현장지향성뿐 아니라 행동주의적 교육학 자체에 대한 비판으로까지 이어져, 1990년대가 되면 본격적으로 패러다임 교체의 논의로 나아가게 된다.

구체적으로, 이런 변화는 '교육학 패러다임'이라는 검색어를 통해 보다 선명하게 감지된다. '패러다임'이라는 용어는 교육학에서 1990년대 이전에는 전혀 나타나지 않다가, 1991년에 처음으로 "교육공학연구의 사회적 함의"(김희배, 1991)라는 연구에서 출현하게 된다. 이는 아마도 정보통신기술의 급속한 발달에 가장 근접한 학문에서부터 패러다임적 전환의 필요성이 제기된 것으로 해석할 수 있을 것이다. 다른 한편으로 패러다임 논의는 '제2기 교육학'을 선포한 장상호(1991)의 논의 및 평생교육론을 주창한 김신일(1990)의 논의에서도 제기되어, 급속히 확산되기 시작한다. 201건의 패러다임관련 논문 편수를 시기별로 보면, 교육학 분야에서 패러다임이라는 용어는 1991년 처음 주제어로 등장한 이후 1995년까지 11편의 논문에서 다루어지는 등 서서히 확산되다가, 1990년대 중반부터 시대적 용어가 되면서 1995년부터 2000년까지 86편(43%)의 논문의 주제어를 구성하게 된다. 2001년 이후로는 현재까지 104편(52%)의 논문이 패러다임의 문제를 다루고 있어, 지속적으로 관심이 확장되고 있음을 알 수 있다.

이는 추상적인 수준에서 교육학의 과제를 모색하든지, 외국 교육학자나 외국의 교육사례를 보고하는 초기 단계의 연구관행과, 행동주의적 모델개발이나 효과분석에 몰입하는 '적용적 교육학'의 수준을 넘어서서 하나의 이론으로서의 교육학을 정립하고자 하는 학문적 노력이라고 볼 수 있다. 기업교육의 패러다임 전환이나 학력에 대한 평생교육적 접근, 환경경영에 따른 지속가능발전 효용의 개념, 새로운 경제교육의 방향 모색 등(장원섭, 2005; 허정무, 2005; 김오우 외, 2004; 최병모 외, 2003)은 전면적으로 교육학의 문제 지형을 교체함으로써 교육학의 수준을 한층 끌어올리고자 하는 시도라고 볼 수 있다.

패러다임에 대한 문제의식은 동시에 연구방법론에 대한 관점 전환을 수반한다. 1957년 이승익의 「교육학연구의 방법」을 시작으로 발표된 연구방법에 대한 3,303편의 논문 가운데 1980년대 이전의 연구는 55편으로 전체의 1.6%에 불과한 반면, 29%에 해당하는 959편의 논문은 2001년 이후의 논문으로, 2000년대 들어서서의 연구는 연구방법론 차원에서도 우선적으로는 양적 발전을 이루었음을 알 수 있다.

방법론의 다양화라는 차원에서도 일정한 성과가 포착된다. 여전히 실태조사를 중심으로 한 양적 연구가 지배적이기는 하지만, 앞서 살펴본 교육학 현장연구의 경우, 681편 가운데 61편이질적 연구로 분류되었으며, 정책연구 및 연구에 대한 연구인 메타 연구 역시 꾸준히 증대하고 있어 양적 연구를 과학적 연구로 등치했던 학문적 관행이 변화하고 있음을 알 수 있다. 교육학은 독자적 방법론과 개념망을 가지지 못한 채 '불완전한 학문'으로 비판받고 있지만(이용남, 1997; 최성욱, 2005), 1950년대 이후의 변화의 흐름을 잘 살펴보면 학문의 분화 및 발전이라는 전형적인 발전도상에 있다고 볼 수 있는 것이다.

3) 교육학 본위의 시각 찾기

1967년 행동주의 교육의 개념화를 통해 발전교육론의 토대를 제시했던 정범모 교수는 1993년에 이르러 '교육의 본연'을 찾는 일이 교육학자들의 본분임을 명시하게 된다(정범모 외, 1993). 정범모 교수의 이러한 '입장전환'은 상징적인 것이다. 교육학이 수단으로서의 교육을 잘 활용하기 위한 실천학문으로서의 규정성에서 벗어나, 교육이 무엇인가를 밝히는 학문으로서 조망되어야 한다는 점에 사회적 동의가 이루어지고 있음을 보여주기 때문이다. 이런 추세 속에서 1990년대 이후로 등장한 주목할 만한 이론적 경향 가운데 하나는 '교육이 무엇인가'라는 교육학의 학문적 독자성을 밝히고자 하는 교육본위론이다.

교육본위론은 교육이 학교태(學校態, schooling)로 환원되는 기존의 교육학을 제1기 교육학이라 명명하면서, 이와 단절된 '제2기 교육학'이 필요함을 역설하는 새로운 교육학의 조류이다. 교육본위론은 장상호 교수의 이론에 터하여 학문적으로 재생산되고 있으며, 자율적 개념체제로서의 교육세계를 구명하는 것을 소명으로 삼는다(최성욱, 2005).

교육개념/교육세계의 독자성은 다른 개념/다른 세계와의 관계를 통해 정립되는 만큼, 교육본위론에서는 생활세계를 이론적으로 세속계, 수도계, 교육계로 나누고 교육계는 생존이나 초월과는 구분되는 '품위향상' 자체를 목적으로 삼는 세계로 규정한다. 품위는 수도계의 수준을 인간적인 측면에서 나타낸 개념으로, 체험구조에 따라 다른 품위를 가지게 된다. 교육은 좀더 높은 품위를 가진 선진과 그보다 낮은 품위를 가진 후진이 나선형적으로 결합하여 지속적으로 상승하는 세계로, 낮은 품위에서 높은 품위로 나아가는 상구(上求; 배움)와 낮은 품위의 타자에게 문을 열어주는 하화(下化; 가르침)의 두 행위로 구분된다. 교육계는 "위대성의 수준보다는 위대성에 이르는 과정과 활동"(장상호, 1991: 8)으로, 그 과정 자체가 세계인 특징을 갖는다.

상구와 하화는 '교육의 수레바퀴 모형'에서 서로 대립하는 쌍을 통해 연결되며 서로 보완하고 자극하면서 또 하나의 상위구조로 나아간다고 파악된다. 구체적으로 상구는 자리, 혁신, 존현, 순차, 자조, 자증으로, 하화는 이타, 보수, 존우, 역차, 원조, 타증으로 나아가며 상구와 하화는 동기, 변형의 방향, 품차의 수용, 단계의 배열, 협동 활동의 형식, 품위의 가치증명이라는 6가지 하위요소를 가지고 결합되는 상의관계와, 그 각각의 것이 서로 상반된 것으로 대각선으로 연결된 대립관계로 나타난다(장상호, 2001). 즉 가르치는 행위와 배우는 행위의 관계양식을 분석하여 진정한 교육의 조건이 제시되고 있는 것이다.

교육본위론은 또한 지금까지의 교육학이 정치나 경제, 문화나 종교의 전파수단으로 사용되어 왔던 학문적 관행을 비판하면서 교육을 '본위'로 삼을 것을 주장한다. 정치나 경제, 심리나 종교, 문화, 법 등은 교육의 관점에서 보면 하나의 환경인 것이며, 인간의 삶의 양상에 해당하는 이런 환경들이 상호자율적인 관계 속에서 어떻게 공존할 것인가가 주요한 문제로 대두된다. 디지털 사회 역시 크게 다르지 않다. 디지털 시대는 교육에 순기능적, 역기능적 역할을 하는 일종의 물리적-사회적 환경이다.

'용병학문'이라 칭해지는 여러 분과학문의 학교접합적 성격 역시 '새로운 탐구영역'으로 대체된다. 교육 고유의 구조와 가치, 소재와 활동, 교육의 환경과 공간, 평가 등 교육현상을 설명하기 위한 탐구영역이 제시될 수 있으며, 이는 교육학적 관점에서만 접근 가능하다는 것이다. 예컨대 교육적인 평가는 졸업생 수나 취업률이 아니라 학습자가 얼마나 교육적으로 성장했는가를 측정할 수 있는 평가로 전환될 필요가 있게 된다.

교육본위론은 또한 총체적 인간으로서의 학습자와 교육자가 만나 품위가 상승하는 과정을 풍부하게 고찰한다. 예컨대, 교사-학생의 역할을 떠나 상호적으로 결합되기 위한 조건을 탐색한다거나, 기존의 교육학에서 배제되어 왔던 암묵지(tacit knowledge)나 개인적 지식(personal knowledge)을 중심주제로 제시하고 있는 것, 언어와 언어 외 소통을 결합한 '교육언어'나, 교육자와 학습자의 만남의 방식을 주목한 '교육관계'의 문제 등은 근대적 인식이 간과한 정서-비언어-관계 등의 범주를 다루고 있는 것이다.

개괄적으로 보더라도 교육본위론은 1990년대 이후 교육학의 이론적 진전에 큰 역할을 하고 있다고 볼 수 있다. 그러나 우려되는 점이 없는 것은 아니다. 대표적으로, 교육본위론의 학문적 생산방식의 문제를 지적할 수 있다. 교육본위론은 장상호 교수 개인의 학문적 업적이라고 보아도 좋을 정도로 개인의 사상에 근거하고 있으며, 후학들의 연구는 장상호 교수의 저작을 토대로 현장을 접목하는 방식을 취하고 있는데, 이런 논의의 방식은 패러다임적 저작의 계승발전이라기보다는 행동주의적 이론의 전파와 유사한 방식을 띠고 있다는 점이 문제로 지적될 수 있다. 예컨대, 학회지 『교육원리연구』에는 대개 장상호 교수가 해석학적 순환을 거쳐 생산한 교육의 구조, 구획되어 있는 연구범주 및 그 원리를 현장에 접목시키거나 문헌연구를 통해 확대시켜 좀더 상세한 방식의 논의를 전개하는 연구가 주로 수록되고 있는 것이다.

이는 교육본위론의 '이론중심성'에 대한 강조와도 맞물리는 문제로서, 현장의 문제제기를 담아내지 못하는 담론의 폐쇄적 순환이 될 수 있다는 위험성을 가진다. 기존의 교육학이 현장을 추수하는 방식으로 연구를 진행하는 것을 비판하면서 교육본위론은 교육개념의 독자성을 천명하고 이론화를 진행해나가고 있으나, 자체 진화를 위한 방법론을 여전히 현상학에서 찾고 있으며, 이는 시대적 특징까지 포괄할 수 있는 교육본위의 시각으로 나아가지는 못하게 하는 한계로 작용한다고 볼 수 있다. 이런 점에서, 이론의 오류가능성을 수용할 수 있는 논의구조를 통해 교육본위론은 교육을 개별적 · 고립적 · 정태적 자아로 환원시키는 순환구조를 제어할 필요가 있다.

2. 디지털 시대 교육학의 대응과 한계

지금까지 살펴본 교육학의 변화 흐름은 근본적인 수준에서 시대적 변화와 무관하지 않다. 사회의 분화와 학문적 담론의 발전이 분과학문의 발전으로 이어지는 자연스런 발전의 흐름이 교육학에도 나타난 것이라 볼 수 있기 때문이다. 여기서 조금 더 나아가, 시대의 '특징'을 중심으로 보면, 교육학의 연구경향 가운데 몇 가지 주목할 만한 지류가 발견된다. 다시 말해, '디지털 시대'를 염두에 두고 보면, 디지털시대에 적합한 인간상에 대한 연구라든가, 디지털화의 직접적 확장영역으로서의 이러닝, 정보화로 인한 평생학습론의 등장 등이 교육학의 연구영역 가운데 두드러진 것으로 등장한다는 것이다.

사실, '디지털 시대'라는 시대규정은 지나치게 기술중심적 시대규정이며 명료성이 떨어진다는 점에서 학문적 규정성을 가진다고 보기 어렵지만, 그럼에도 불구하고 디지털이 '시대'진단의 코드로 읽히는 이유는 디지털 기술로 인하여 정보와 지식의 위상과 성격이 바뀌면서 세계적 차원에서 삶의 양상이 변화하였기 때문이다. 20세기 초에 발명된 정보통신 기술에 1980년대 후반 디지털기술이 접목되면서 정보의 전송능력, 연산능력, 네트워크 등의 차원에서 혁명적 변화가 초래되었고, 이어서 1990년대에 인터넷이 결합되면서 교육을 포함한 사회일반에서 전면적 지각변동이 진행되었다. 과거에 지식이 노동에 투여됨으로써 부가가치가 창출되었다면, 이제는 지식이 지식에 투여되는 것을 통해 자본이 축적되고 있다(Drucker, 2003). 지식이 가치를 생산하게 되는 근본조건이며, 기호와 상징의 끊임없는 복제가 창조적으로 진행됨에 따라 저작권이나 정보의 축적, 지식 생산 등의 문제가 전면적인 논의대상으로 부상한 것이다. 이런 점에서, '디지털 융합'에 내장된 사회변혁적 속성은 학문적으로도 주목할 만하다.[2)]

교육학에서 이런 디지털 시대에 대한 적극적인 대응 양상은 크게 세 흐름으로 정리될 수 있다. 하나는 변화된 사회 혹은 인간상을 교육학적으로 탐색하는 '과제연구'로서, 시대적 변화상을 가장 직접적으로 반영한 교육학의 변모방식이다. 두 번째는 정보통신기술의 발달을 조명하고자 하는 '기술연구'들이며, 세 번째는 디지털 기술혁명을 지식 차원에서 수렴하면서 평생학습시대에 적합한 교육학을 제시하고자 하는 '평생교육학의 논의'이다. 세 연구경향의 특징과 한계를 간략히 살펴보자.

1) 새로운 교육적 인간상 찾기

사회변화에 대하여 인문사회과학이 답하는 일반화된 방식은 '변화된 사회에 적합한 인간상'을 제시하는 것이다. 해방 이후 급속한 근대화의 과정 속에서 학문은 정치-경제적 국가건설을 위한 실천에 복무해 왔고, 교육학도 예외가 아니었다(이학주,

---

2) '디지털 시대'라는 말은 '디지털'이 '시대'를 주도한다는 점에서 기술결정론적 시각을 내포하고 있다. 인터넷이라는 통신수단이 인간의 감수성을 변화시키고 그 인간이 다시 통신수단을 혁신시켜 생산력이 향상되고 이어서 생산관계의 틀까지 다시 짜는 상태(Steiner, 1979: 266)가 생겨난다는 순차적 변화가 디지털 시대를 구성하기 때문이다. 물론 이런 시대규정은 매체를 사회와 무관한 기술로 규정하는 시각보다는 설명력을 가지고 있다. 그러나 통신수단이 그 자체로 시대적으로 의미심장한 변화를 일으킬 수는 없다. 이 글에서는 '맥락 속에서의 기술'을 읽어낸다는 기본 입장 속에서 논의를 전개하기로 한다.

2003). 미래사회가 요구하는 '산업역군', '근대화역군', '건설역군'을 어떻게 길러내는 것이 필요한가에 학문적 관심의 핵심이 있어왔던 것이다. 이는 시대적 과업이 있고 그것을 수행하는 교육이 있으니, 교육이 담당해야 할 과제를 찾아보자는 식의 논리를 전제로 삼아왔다.

이런 '수단적 교육'의 대표격이 1960년대에 전개된 발전교육론이다. 주지하듯이, 발전교육론은 국가 발전에 이바지하기 위한 교육을 주창한 이론으로, 국가의 경제, 정치, 사회 각 부분의 발전을 자극하고 촉진시키기 위해 교육의 양과 질을 계획적으로 조절해야 함을 역설하였다.

발전교육론에 대해서는 인본주의나 실존주의 입장에 근거하여 다양한 비판이 전개되어 왔으며, 경제나 정치적인 차원에 교육이 직접적으로 공헌하는 것은 아니라는 연구결과가 제출되면서 1970년대 후반부터는 힘을 잃어 왔다.

문제는, 이런 비판 가운데에도 '미래사회를 대비하기 위한 수단으로서의 교육'이라는 분석의 시각 자체는 다양한 비판 속에서도 여전히 위력적이라는 점이다. '정보사회', '지식기반사회'에 이어 '디지털 시대'에 이르기까지 다양한 시대 규정의 용어와 시대규정이 등장하였으며, 이는 학문적 틀 일반의 변화를 촉구하는 단초로 이해되고 있지만(이상오, 1995; 박도순, 2002), 이런 변화는 교육학의 짜임이나 문제의식 자체를 변전시키는 것으로 보이지는 않는다. 다시 말해, '디지털적' 문제제기는 있으나, 교육학은 여전히 근대적 패러다임 속에서 '새로운 사회'를 발전시키기 위한 인간을 어떻게 교육시킬 것인가에 주된 관심을 두고 있는 것이다.

이를테면, '디지털시대의 인재상과 미래교육의 방향'이라는 논문에서는 디지털 시대가 요구하는 인재상을 "창조적 기질과 아이디어, 도전정신으로 무장된 인재, 유연한 사고와 창의력을 가진 인재, 지속적으로 학습하는 인재" 등으로 정리하고, 이런 인재를 키우기 위한 교육의 과제를 추출하는 방식으로 진행되고 있는데(허운나, 2001), 이는 산업사회에 필요한 근면하고 애국적인 "역군"을 양성하기 위한 교육론의 전개와 동일한 패턴이라 볼 수 있다. 따라서 이 논문에서 디지털 인재상은 "무한한 아이디어와 상상력을 발휘하여 독창적 가치를 창조하는... 정신과 자세가 어느 때보다도 필요하다"는 당연한 결론으로 마무리된다.

이렇게 시대의 특성으로부터 직접적으로 교육현장의 과제를 이끌어내는 논의방식은 낯설지 않다. 예컨대 손미(2001)는 '교육정보화 확산을 위한 교육현장의 과제와 발전방안'이라는 논문에서 현장의 목소리를 잘 대변하고 있음에도 불구하고, 교육정보화를 우선적인 가치를 가지는 과제로 설정하고, 그 과제의 수행에 장애요인으로 분석되는 영역에서 직접 교육적 과제를 도출하고 있으며, 김종우(2000: 39)는 "(컴퓨터) 교육의 본질은 컴퓨터를 매체로 하여 기존의 학습방법에 비하여 보다 효율적으로" 교육하는 것이라는 언명을 통해 효율적 교육의 중요성을 강조하고 있다. 이런 방식의 분석은 경제교육이나 미술교육, 상업교육 등에도 공히 적용될 수 있는 것으로(황연주, 2001; 김병구, 남병탁, 2000; 노직수, 2000), 단선화된 시대특성-과제의 논의방식이라 할 수 있겠다.

물론, 시대의 특징을 진단하고 시대적 특징이 각 학문분야에 어떤 영향을 미치며, 역으로 학문적 조망을 통해 시대를 어떻게 전유해나갈 것인가를 고민하는 '과제설정적' 문제의식은 전향적인 것이라 볼 수 있다. 그러나, 시대의 특징으로부터 교육의 과제가 단선적으로 설정되는 것은 현장에 대한 풍부한 연구가 부족하다는 사실을 반증하는 논의의 전개방식이라 볼 수 있다. 시대와 학문과의 교감이 상승적이기 위해서는 학문의 고유한 담론과 시각 정립이 선행되어야 한다. 그렇지 않을 경우, 학문은 체질화된 시대추수적 실천지침을 전달하는 일 이상의 성과를 거두기 어려울 것이기 때문이다. 현장에 대한 천착과 깊은 문제의식에도 불구하고, '교육학의 과제'를 추출하는 상당수의 교육학 논의는 시대에 대한 민감성에 비해 학문적 전유의 힘이 부족했고, 그 결과 표피적 시대특징을 교육학의 과제로 등치시키는 한계 속에 머무르고 말았다고 볼 수 있다.

2) 시대적 변화에 대한 교육적 전유 : 평생학습

이에 비해, 평생교육론은 디지털시대를 '평생학습시대'로 규정함으로써 시대규정을 기술로부터 학습으로 전환시킨다. 기술의 최종적인 목적이 인간의 삶의 질 향상이라는 점을 고려하면, 최종적 가치로서의 학습을 전면에 세운 시대 규정은 그 자체로서 의미 있는 것이라 볼 수 있다.

물론 평생교육에 대한 논의는 시대규정에 의해 힘을 얻은 것은 아니다. 학교교육을 중심으로 하는 교육학 논의가 한계에 부딪히게 되면서 국가경쟁력 담론과 결합된 평생학습 논의는 정책적 차원에서 힘을 얻게 되었고, 일상적 차원에서 평생에 걸친 학습이 미래사회의 필요조건이라는 사실이 전사회적 동의를 얻으면서 평생교육론이 부상한 것이라고 볼 수 있다. 평생교육론은 "아동과 청소년에 대한 교육뿐 아니라 모든 성인의 학습활동에 관련된 교육조직과 시설을 교육체계의 개념에 포함"(김신일, 2000: 7)시키는 시대적 변화를 수용한 교육 지형 전반의 변화를 지향한다.

디지털 기술에 의해 열린 사회, 지식과 정보가 가치창출의 원천이 되는 사회에서 학령기를 중심으로 하는 국민교육제도는 더 이상 유효하지 않으며 국제경쟁력을 위해서도 학교는 전체 평생교육체제에 편입되어야 한다는 것이다. 디지털이 '융합'을 전면에 내세우고 있는 것과 유사하게, 평생교육론은 '통합(integration)'을 기치로 내건다. 초기 평생교육론자들이 교육의 수평적-수직적 통합을 강조한 것에서 드러나듯이 평생교육은 일과 학습의 통합, 학교와 학교 아닌 것의 통합, 여가와 교육의 통합을 중심테마로 삼고 있다. 평생교육의 하위개념에 해당하는 순환교육이나 계속교육, 재교육 등은 인간의 일상 영역에서의 지나친 분화가 만들어낸 비효율성을 제거하고자 하는 정책이념인 것이다.

문제는 평생교육이 개인의 무형식학습에서 제도교육에 이르는 전 영역을 포괄함으로 인해서, 대안적 교육학으로서의 성격이 희석될 수밖에 없다는 점이다. 이미 학교의 교육에 대한 지배력이 강고하고, 학교의 도구주의적 교육관이 개인의 일상적 교육관을 식민화하는 상황 속에서, '학습의 평생화'는 학교의 전사회화가 될 수 있기 때문이다. 웨인의 평생교육 개념정의를 보자(한숭희, 2005 : 148 재인용).

> 평생교육이란 교육이 평생에 걸친 과정이라는 원리에 충실하도록 교육전체를 총괄적으로 재개념화하려는 프로그램을 말한다. 이것을 통해서 우리가 교육에 관하여 사고하는 방식을 개조하고, 교육철학을 수립하며 일련의 행동강령을 설정할 필요가 있다. 그것은 일종의 마스터 콘셉트로서 모든 종류의 교육기획, 정책수립, 실천의 인도자로 작동할 것이다.

이런 규정은 용어상으로는 학교를 넘어서는 새로운 개념규정으로 보이지만, 엄밀한 의미에서 보자면 학교에 대하여 교육학이 해왔던 역할을 사회 전체로 확대해 놓은 것과 다르지 않다. '아이들을 어떤 사람으로건 만들 수 있다'는 학교교육의 의지는 '평생에 걸친... 실천의 인도자로서의 마스터 콘셉트'로 나아간다. 이런 점에서, '평생교육'은 학교교육이 수명을 다한 지식기반사회의 교육에 대한 재명명화방식으로, 학교교육학이 학교교육에 대하여 해왔던 일을 이제 전 사회에 대하여 할 것을 요청하는 입장으로 받아들여질 수도 있다. 초기 평생교육 이론이 체제설계를 위한 모형제시에 치중해 있었던 것은(한국교육학회, 1991), 학교교육이 더 이상 설득력을 갖지 못하는 사회에서 평생교육론이 정책적 대안으로서의 기능을 해왔음을 의미하는 것이다.

따라서 평생교육론은 기존의 교육학이 학교를 위해 복무해왔던 것처럼, 디지털 기술에 의해 열린 지식기반사회를 위해 '실용적'인 지침을 제시하는 이론으로서 활용되는 측면이 있다고 할 수 있다. 엄밀하게 보자면 평생교육은 명목적인 차원에서는 '평생학습사회'를 지향하지만, 평생학습사회가 학교와 단절하는 교육개념의 복원을 자동적으로 보장하지는 않는다는 점에서 내용은 얼마든지 '평생에 걸친' 교육, 즉 학교교육의 평생화, 학교교육의 전 사회화를 의미할 수 있게 되어 있는 것이다. 평생교육은 학교교육에 대한 대안적 담론일 수도 있지만 허울 좋은 명목적 정책구호일 수도 있고, 학교교육의 효율성 논리가 극대화된 신자유주의적 담론의 일환일 수도 있다. 평생교육은 여러 입장이 교차되어 생산되는 논쟁적 성격을 가지고 있는 개념인 것이다(한숭희, 2000).

이런 상황에서, 평생교육에 대한 국가적 관심의 주축은 인적자원개발론이 되고 있다. 2000년경부터 확산되기 시작한 인적자원개발론은 일과 학습의 결합이 필요하다는 시대적 요청에 따라 출현한 논의라고 볼 수 있다. 지식기반사회에서는 학력 자체보다는 그것을 통해 취득된 실제 능력이 필요하며, '실제 능력'이란 현장에서 활용될 수 있는 능력, 즉 직업능력을 일컫기 때문이다. 인적자원개발의 교육학과의 접목은 직업능력개발이 '자아실현'과 같은 애매한 용어가 아니라 '자본축적'의 관점에서 해석되기에 이르렀음을 의미하는 것이다. 이는 한편으로 '정치적-경제적 국가 구성원의 재생산'을 위한 학교교육의 집합적 성격을 해체하고, 민족이념과 결합된 공동체성을 자유주의적 개인의 권한으로 이양한다는 점에서 학교교육과 다른 패러다임을 지향한다. 예컨대 '역량(competence)' 중심의 학습지원체제는 교육의 목적을 관찰 가능한 진술로 축소하는 방식으로의 교육의 틀 재편을 의미하는 것이기 때문이다.

이런 효율적 역량 개발론은 개개인 학습자의 권익을 신장시킨다는 점에서 학교교육론에 비해 고무적이다. 경제력이 삶의 질의 기반이고, 그 경제력을 지탱하는 힘이 학습에서 나오는 지식기반사회에서, 평생학습의 체제를 구축하는 일은 최종적으로 학습자를 위한 일일 수 있다. 이런 점에서 OECD 등에서 사회적 적합성을 위해 산문문해, 문서문해, 수량문해로 구성되던 성인문해능력에 문제해결능력과 정보통신기술활용능력을 추가하였고(OECD, 1996), 경험학습, 전환학습, 우연적 학습, 상황학습 등의 개념을 국가적 사업의 이론적 근거로 적극 수용하고 있다는 점은 교육적으로 볼 때도 분명한 진전이다.

그러나 인적자원개발의 논의를 따라가다 보면, 결국 교육이 국가의 인적자원개발에 복무하고, 교육의 과정이 '자본의 축적'이라는 상징적 과정으로 치환된다는 점에서 교육의 가치는 상실되며, '지극히 효율화한 학교'만이 남게 된다. 극단적으로 말하자면 인적자원개발과 교육의 등치는 '성장'의 애매한 인간지향성을 버리고, '자본'의 명확한 목적에 복무하는 수단으로서의 교육개념을 명료화하고 있는 것이다.

이런 점에서 '학습자의 학습권'에 대한 논의는 상당히 중요한 의미를 갖는다. 즉, 시대적 변화의 결과 생겨난 '평생경쟁'의 시스템에 적응하기 위한 '자원의 관리'로서의 교육이 아니라, 근대적 주체의 재생산고리로서의 학교중심적 관점으로부터 학습자를 해방시키기 위한 교육에 대한 접근이 필요한 것이다. 비판적 전통을 중심으로 하는 이런 류의 평생교육론은 프레이리, 일리치 등의 학교비판론자들의 시각의 연장선상에서 교육에 대한 체계-제도적 통제를 학습자의 자생적 학습활동을 통해 해체하고자 하는 입장을 수용한다.

어느 사회에서나 학습을 관리하는 장치를 발전시켰다. 구성원들이 무엇을 학습하고 무엇을 학습하지 않느냐가 사회의 존속과 발전을 좌우하였기 때문에 모든 사회는 구성원들의 학습을 방치해 두지 않고 철저히 관리하였다. ...학습패러다임은 학습자를 주체로 인식한다. 학습자는 교수활동에 단지 순응만 하는 수동적 객체가 아니다. ... 학습자를 주체로 복원시킬 때 비로소 교육에 대한 올바른 이해가 가능해진다(김신일-박부권, 2005: 84-95)

일찍이 일리치가 관료적 교육기관으로부터 학습자들의 자발적인 '학습망(learning web)'을 건설할 것을 제안한 것과 프레이리가 문해교육을 위해 빈민지역 학습자들의 생활세계로부터 교육 내용을 추출해 낸 것의 공통점은 국가나 자본과 같은 체제(system)의 힘이 아니라, 민중 개개인의 삶에서 시작되는 자발적 학습에 교육의 핵심이 있다고 보았다는 점이다. 이런 시각의 연장선상에서 일군의 평생교육론자들은 '시장의 논리'에 '교육의 논리'가 잠식될 것을 우려하면서 평생교육과 인적자원개발이 융합하는 것의 위험을 지적한다(한숭희, 2005; 박성정, 2001; 손준종, 2001; 정민승, 2001). 학습자는, 설혹 아무리 제도교육 연한이 낮다 하더라도 '세계를 읽는 눈'을 자생적으로 형성할 수 있는 교육의 주체이다. 학습자는 암묵적이라 하더라도 '이미 알고 있는 존재'로서, 스스로를 성찰적으로 돌아보면서 자신의 세계관까지도 바꿀 수 있는 '전환적 학습'의 주체이며, 상황 속에서 지속적으로 학습해 가는 맥락적 존재이다(Mezirow, 1991).

이런 시각에서 제시된 '학습자중심의 패러다임'은 현재까지의 학교교육적 패러다임을 '교육주의'로 규정하면서, 학습자가 주체가 되어 학습활동의 전인격성을 복원하는 운동으로서의 '학습주의'를 제창한다. 학교로 이월된 학습자 개인의 권리를 되찾아와야 한다는 것이다(김신일·박부권, 2005). 이는 현실적으로는 복잡한 과제를 수반한다. '학습자 중심성'은 학습자의 권리만을 대변하는 것이 아니라 '교육상품 소비자로서의 학습자 고려'라는 치밀한 교육주의적 관심과도 결합하기 때문이다. 스스로 의미를 생성해 내는 주체가 사라지고 소비적 자본주의의 호명만이 남은 사회, 디지털의 반짝임이 시대의 희망처럼 여겨지는 사회 속에서, 다양한, 그러나 정해져 있는 교육 아이템을 소비할 수 있는 권한만이 학습자에게 주어진다면, 학습자의 '능동적' 선택은 불가능하다. 이런 차원에서 학습주의는 이미 체질화되어 있는 우리 안의 '학교주의'와 '자본주의'를 인식하고 여기에서 벗어나는 의미망의 변혁작업과 결합할 경우에만 공허한 이론이 되지 않을 수 있다.

3. 디지털 시대가 갖는 교육학적 의미

0과 1의 정보 조합에 의해 세상을 재현하는 디지털 방식은 무엇이 진짜이고 무엇이 삶인지, 무엇이 경험이고 무엇이 배울 만한 것인지에 대해 구성원에게 총체적인 질문을 던지며, 혼돈과 융합의 상태 속으로 구성원을 밀어 넣는다. 인터넷의 급속한 확산 과정과 이로 인한 소통의 증대는 공식적 지식과 비공식적 지식, 학교와 일상이 섞인 새로운 지적 영역을 창조하며, 이것이 또 다른 교육학을 요청하고 있는 것이다.

이런 점에서, 디지털 시대에 인간-사회를 대상으로 하는 학문의 지각변동은 자연스러운 것이다. 교육학은 지식의 가치가 상대화되고 인식론과 존재론이 통합되는 '디지털'의 상황 속에서 학문적 정체성 자체에 대한 총체적 의문에 직면하게 된다. 학교가 사라지고 암기가 필요 없으며 규율이 무가치화되는 상황, 즉 '교육'의 본질이 변화하는 상황 속에서 교육학은 과연 필요한 학문이라고 볼 수 있는가?

이런 질문에 대하여, 우리는 '사회와 인간의 공진화'라는 디지털적 주제를 설명하는 틀을 제공할 수 있는 이론이 바로 교육학이라고 답할 수 있다. 메타포로서의 디지털은 분할된 내용의 창조적 통합의 필요성을 제시하며, 이는 이분적 사고를 가로지를 수 있는 이론적 도구를 필요로 한다. 학습과 교육은 과정적 개념으로 '인격적 성장'이라는 인간적 가치를 중심으로 동적 주체로서의 개인을 사회와 결합시킬 수 있다는 점에서 사회과학적 차원에서 주목해 볼만한 개념이다.

앞에서 논의한 바와 같이, 2000년 이후 교육학의 주된 흐름은 학교를 넘어서 교육현상 일반으로 나아가고 있으며, 디지털 시대의 메시지를 적극적으로 수용하고 있다고 볼 수 있다. 그러나 여전히 근대적 시각에 기초한 '수단으로서의 교육'을 상정하는 관성은 쉽게 변화하기 어려웠던 것으로 보인다. 이런 문제의식 속에서 몇 가지 제안을 해보면 다음과 같다.

첫째, 시대가 학문에게 주는 메시지를 적극적으로 수용하기 위한 교육학의 틀 전환이 필요하다. 행동주의적 교육이론에 대한 비판은 현재 교육학의 일반적 양상으로 보이지만, 근대사회에서 학교교육이 교사의 효율적 교수방법을 위한 행동주의적 교육이론을 발달시켜온 것은 어쩌면 시대의 요구에 대한 자연스러운 학문의 대응이었다. 오히려 문제는 시발점이 아니라 이론의 발달과정에 자기성찰적 학문의 개입이 이루어지지 못했다는 점에 있다. 이론이 어떤 역할을 담당하고 있는지에 대한 메타적 연구가 진행되지 않았기 때문에 교육학은 동일한 틀의 재생산에 머물렀던 것이다. 그렇다면, 혹 구성주의나 학습자중심성은 현재의 사회가 요청하는 또 다른 인간상에 대한 요구는 아닌가? 그렇다면, 그런 이론으로 인해 생길 수 있는 문제점은 없는가? 시대와 학문의 교섭(transaction)에 대한 논의가 이후 학문의 자기진화를 위해서는 필수적인 것이다.

둘째, 학습인으로서의 인간의 성장 전반에 대한 연구이다. 지금까지 상당수의 교육학연구는 가치중립적인 설계를 통해 정해진 목적을 효율적으로 달성하는 방법을 찾아내는 것을 중심적 과제로 삼았다고 할 수 있다. 이는 교육현장에도 그대로 적용되어 '전인교육'조차 교육목표분류학에 의거하여 달성될 목적으로 분할-전환되었다.

그런데, 역설적이게도 디지털 환경은 이런 '성과지향'이 결국은 교육적으로 무력하다는 사실을 알려주고 있다. 디지털 기술은 놀라운 속도로 효율성을 보장하지만, 그것이 학습자의 지난한 노력과 연동되지 않으면 인간의 지식은 한 발짝도 성장하지 못하며, 지식화되지 않은 정보는 아무리 인터넷에 흘러넘치더라도 사회적으로는 무의미하다. 게다가 디지털 시대가 요구하는 인간은 수많은 디지털적 정보를 취합하고 창조적 지식으로 전환시킬 수 있는 아날로그적 인간이다. 아무리 속도감 있는 감각적 정보를 제공하더라도 인간은 경험의 총체성 속에서 이해하고 성장해간다.

교육학은 인간의 학문으로서 총체적 관점에서 상호관련-상호의존-상호침투하는 세계를 조망할 필요가 있는 것이다. 이런 점에서 최근 시스템적-생태적-영성적 시각(Clark, 1991; 한승희, 2001; Nakagawa, 2000)이라든가 정서에 대한 체계적인 분석(Ben-Ze'ev, 2000)은 새로운 교육이론으로서의 가능성을 내포하고 있다. 경험은 교육적으로 어떤 의미를 가지며, 어떻게 활용해야 하는가? 교육에서의 심미적-정서적 과정은 지적 성장과 어떻게 연관되는가? 관계 속에서의 교육, 상황 속에서의 학습은 어떻게 조망될 수 있는가? 기존의 교육학적 분할을 거슬러 평생학습적 존재론에 근거한 인간의 성장을 조망할 수 있는 이론적 접근이 필요한 것이다.

셋째, 교육적 관계망 분석이다. 대개 디지털 시대의 교육은 곧 디지털 기술을 이용한 교육, 즉 이러닝으로 등치되곤 한다. 사실 이러닝은 기존의 면대면 교육의 다양한 속성을 넘어서는 양상을 보여준다는 점에서 탐색할 환경영역임에 틀림없다. 그러나 매체융합이 일반화되는 디지털 시대에, 이러닝이 학습의 한 분야에 불과하리라는 것은 자명하다. 이미 온-오프라인(on-off line) 교육의 결합인 블렌디드 러닝(blended learning)이 효과적인 교육방식으로 자리잡았고, 유비쿼터스 네트워크에 기초한 u-시티 사업 역시 본궤도에 올라 있기 때문이다(김정미, 2005; 정민승, 2005).

따라서 기술의 발달에 따른 새로운 교육현장을 분석할 때 보다 중요한 관점은 그것을 '관계'의 차원에서 바라보는 일이다. '기술을 익히는 개인'이 아니라, '기술을 공유하는 사람들의 망'을 초점으로 놓고 교육현상을 바라보는 것이 어느 때보다도 요청되는 것이다. 이런 점에서 상황학습이나 관계적 자아 등에 대한 관심은 우리에게 중요한 시사를 던진다고 할 수 있다.

에드워즈는 이미 10년 전에 교육의 과제로 '탈분화'를 꼽았다(Edwards, 1997: 79). 그는 다양한 형식교육 제공기관들 사이의 경계 허물기, 형식교육과 비형식 교육의 경계 허물기, 프로그램으로 제공되는 학습과 학습자 스스로 구성한 학습 사이의 경계 허물기, 의도된 학습과 우연적 학습의 경계 허물기 등을 그 예로 제시한다. 모든 사람이 학습자로서 지원받고 교육자로서 자신의 자원을 공유하기 위해서는 근대적 경계 안에 머무르는 근대적 학문-근대적 실천에서 벗어나야 한다. 기존의 이론을 배출한 입장을 다시 보는 시선. 이것이 인터넷이 근대적 삶의 지형을 바꾸고 있는 디지털 시대에 우리가 택할 수 있는 출발점이 아닌가 싶다.

chapter 03

새로운 분석틀로서의 평생학습

인터넷을 평생학습의 차원에서 조명한다는 말은 평생학습 고유의 시각을 전제로 한다. 연극공연이 경제학적 분석단위가 될 수 있는 것과 마찬가지로, 인터넷은 교육학적 분석의 단위가 될 수 있다. 문제는 교육학적 시각이라는 것이 지나칠 정도로 학교에 국한되어버려, 인터넷을 교육학적으로 본다고 하면, 사람들이 곧바로 인터넷 학교와 같은 프로그램을 떠올린다는 점이다. 용어가 용어에 붙박인 대상에서 벗어나지 못하는 상황에서는 전혀 다른 용어를 사용하는 것이 새로운 담론의 시작이 될 수 있다. 평생학습은 가르치고 배우는 과정이 진행되는 공간으로 인터넷을 볼 수 있는 여지를 쉽게 열어준다.

평생학습 차원에서 인터넷을 본다는 것은 그러므로, 정해진 교사나 학생을 벗어나 배움과 가르침이라는 현상을 중심으로 인터넷의 여러 양상들을 분석한다는 의미이다. 평생학습적 조명은 이미 정립된 학습이라는 개념을 가지고 일상을 보는 것이 아니라, 일상을 면밀히 검토함으로써 그 안에 붙박인 학습을 가려내는 일에서 시작된다. '배움'이라는 말이 사용되는 큰 틀로 일상을 재단해 내면서, 보다 정교해진 학습의 개념을 도출하고 그 개념을 가지고 다시 일상을 조명하는 해석학적 순환을 통해, 인터넷에 대한 조명과 동시에 평생학습에 대한 개념도를 도출하는 과정이 평생학습적 읽기라 할 수 있다. 예컨대, 자신의 경험이 넓어지고 깊어지는 체험이 인터넷 상에서 어떻게 일어나는지, 경험에 대한 의미부여가 어떻게 변화하는지 등을 찬찬히 따져봄으로써, 학습의 정교화와 인터넷에 대한 새로운 해석을 동시적으로 수행할 수 있게 되는 것이다.

사실 성인교육의 역사를 포괄하는 평생학습의 시각에서 보자면, 인터넷은 사람 사이의 거리를 좁히는 '원격'기술로서, 우편에서 시작되는 원격교육의 연장선상에 있다. 지금 인터넷은 마치 자연처럼 우리 삶의 배경으로 존재하지만, 학습의 차원에서 보자면, 인터넷은 교육자와 학습자의 원거리를 메워줄 수 있는 최첨단 매체로 등장한다. 학교의 틀에서는 정해진 내용을 좀더 효율적으로 전달하기 위한 기술 혹은 매체지만, 평생학습의 차원에서는 배움과 가르침의 거리를 좁히고 배움의 기회를 공평하게 만들어내는 일에 종사해왔던 원격교육의 흐름 위에서 조명되는 것이다. 학교학습과 비교해 볼 때, 평생학습은 학습자를 중심으로 삼으며, 의무로서의 학습을 벗어나고, 학습주체를 개인으로 환원하는 시각을 탈피한다. 19세기 노동자들은 주체적 학습자로서 우편을 통한 원격교육을 대학에 요청하였고, 학교교육의 일방향적-제도적-의무적 특성을 벗어났으며, 스스로의 성장을 지속적으로 도모하였다. 평생학습은 이런 역사로부터 길어 올려진 시각이며, 이런 시각위에서 현재의 인터넷 공간에 대한 분석 역시 가능한 것이다. 이 장에서는 '평생학습'이라는 조망점의 특징을 정리해보기로 하자.

1. 중심축의 이동 : 교육자에서 학습자로

학교학습과 비교해 볼 때 평생학습이 가지는 가장 큰 특징은 학습의 능동적 특성에 주목하며, 교육을 부분집합으로 본다는 점이다. 평생학습은 '학습자'라는 주체가 성장하는 과정을 기본축으로 놓고, 그 배움의 과정에 반드시 필요한, 다양한 도움이나 촉진, 지식전수 등이 체계적으로 이루어지는 과정을 교육으로 본다. 다시 말해, 평생학습은 가르치는 활동으로서의 교육을 자연권으로서의 학습을 도와주는 일로 보고, 학습자에 대한 철저한 탐구를 교육학의 중핵적 과제로 삼는다(김신일, 1995: 24). 그렇다면 이런 학습자에 대한 강조는 어떤 의미를 갖는가.

우선 학교교실을 떠올려보자. 운동장과 복도, 양쪽으로 창문이 난 교실에서는 한 명의 교사가 선 채로 무엇인가를 이야기하고 있고, 다수의 학생이 꼼짝 않고 앉아서 듣는 장면이 떠오를 것이다. 교사는 평가하고, 학생은 평가받는 하나의 사례로 축소된다. 때로 학생이 돌아다니거나 떠드는 교실이 없는 것은 아니지만, 그런 교실은 '붕괴'된 교실이라고 진단된다. 교실에는 전달하는 교사와 받아들이는 학생이 있어야 하는 법이다. 마치 라디오와 텔레비전 등의 매스미디어가 익명의 대중에게 전파를 보내듯이, 교사는 학생의 성향이나 차이에 관계없이 내용을 '전달'한다. 암암리에 학생은 '질문 안하기'를 배운다. 학교에서 학습자는 교육자가 이끌어 가는대로 따라가는 수동적인 존재로, 전달되는 내용을 수동적으로 수용하는 자이다.

이렇게 교육이 일방적인 소통을 의미하는 것으로 왜곡되어 받아들여짐에 따라 교육자와 학습자를 매개하는 방식, 즉 교육소재와 교육방식은 전달-수용이라는 모델을 따라 발전하게 된다. 이런 모델에서는 '전달자'가 중요하다. 포장이 잘 열리기만 한다면, 그리고 내용물이 괜찮은 수준이라면, 교육의 질은 보장될 것이기 때문이다. 사실, 물건을 꺼내는 데 실패할 가능성은 거의 없다. 물건의 품질이 형편없다면, 그것은 그 내용물을 넣은 사람의 책임이다. 따라서 그간의 교육이론에서는 교수자 측에서 어떤 교수상의 조치를 투입하면 될 것인가에 주된 관심을 기울였다. 교육자가 관심의 핵이었던 것이다.

문제는, 학생들이 전달내용을 그대로 흡수하는 스펀지가 아니라는 점이다. 전달-수용모델이 옳다면, 학습자 간의 차이는 설명될 수 없다. 무수한 정보와 생각이 떠다니는 인터넷에 접속만 하면, 누구나 지적으로 성숙해야 한다. 그러나 현실은 그렇지 않다. 학습자의 노력이 들어가지 않으면, 어떤 정보도 인지도식에 편입될 수 없다. 지식은 다른 지식과의 연관 속에서 존재하기 때문에 낯선 지식은, 학습자의 내적 구조가 바뀌지 않으면 습득되지 않는다. 이런 점에서, 교육은 전달과 수용으로 설명될 수 없다. 가르치는 자 중심의 사고방식은 일상에 편재해 있다. 저명한 기호학자 에코의 매뉴얼에 대한 불평을 들어보자.

> 매뉴얼을 참고하려고 펼쳐드는 순간부터 골치가 아파질 것이다.... 프로그램의 매뉴얼을 어렵사리 꺼내보면, 꽤나 두툼한 책자들을 마주하게 되는데, ... 어느 걸 먼저 읽어야 할 지 알 수 없게 되어있다. 가학 취미가 비교적 덜한 회사에서는 대개 두 권으로 된 매뉴얼을 제공하지만, 변태적인 회사는 네 권을 주기도 한다... 이런 문제를 해결하는 합리적 방법은 하나밖에 없다. 책자를 해제해서, 문헌학자의 지도를 받아 여섯 달 동안 연구한 뒤에 네 장의 파일카드에 요약한 다음 원본을 폐기하는 것이다. (Eco, 1995: 97-98)

제공하는 측 중심의 편성으로 인하여, 사용자-학습자는 매뉴얼을 사용조차 하기가 어렵다는 것이다. 오히려 가장 좋은 정보는 박스 겉면에 있는 그림인 경우가 많다. 이런 이유로, 교육중심축은 교육자에서 '학습자'로 이동해야 한다는 주장에 힘이 실리게 된다. 학습은 학습자에 의해 구성되고 창조되는 의미에 기초하기 때문이다. 컴퓨터 교육을 예로 들면, 교육자와 학습자는 다음 그림과 같이 대립적 시각을 가지고 있다.

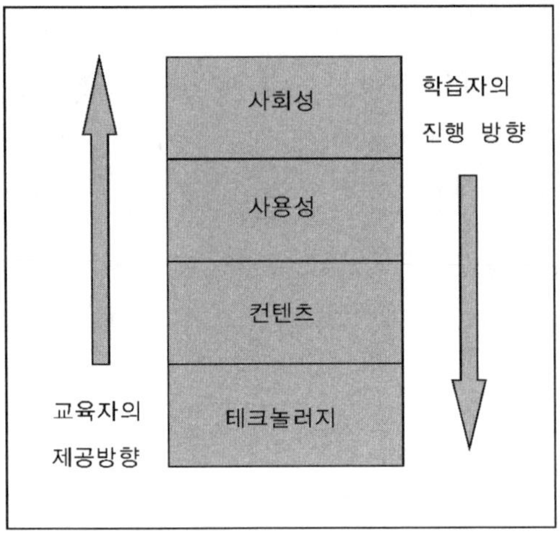

[그림 3-1] 교육자와 학습자의 수행방향

교육자의 시각에서 보면, 논리적 계열은 아래에서 위로 진행된다. 컴퓨터 네트워크의 기술적 기반, 즉 테크놀로지 위에 콘텐츠가 앉혀지고, 그 콘텐츠를 사람들이 사용하며, 사용은 사회적 효과를 낳는다. 그러므로, 테크놀로지가 활동의 장을 마련하고, 그 안에 콘텐츠가 의미망을 구축하며, 콘텐츠에 따라 사람들이 사용을 하며, 사용방식에 사회적 맥락이 결합한다는 것이 인터넷을 보는 태도인 것이다. 따라서 '가르쳐야 할 내용'은 테크놀로지-콘텐츠-사용자의 일반적 사용방식-사회적 효과의 순이 된다.

그러나 학습자의 입장에서 보면, 사람들이 인터넷에 다가가는 방식은 사회성으로부터 테크놀로지로 향한다. 즉, 사회적-문화적 맥락의 요청에 따라 개별 행위자의 사용이 이루어지며, 콘텐츠는 사용자의 목적에 따른다. 테크놀로지는 활동 방식을 최종적으로 결정하지만, 그것은 동시에 사용자의 뇌리에 늘 박혀 있어야 하는 내용은 아니다. 이는 공부하는 내용을 알기 위해 교실에 가는 법을 늘 숙지해야 할 필요가 없는 것과 같다. 이렇게 볼 때, 제공자의 계열적 사고를 중심으로 학습지원을 할 경우, 비효율적인 것은 물론 무의미하게 될 가능성조차 있는 것이다. 이런 점에서, 학습자가 어떻게 학습에 임하게 되는지를 찬찬히 따져 나가는 일이 교육에 앞서 수행되어야 한다.

따라서, 평생학습에서 강조하는 학습자는 교실에 수동적으로 앉아있는 학생이 아니라 능동적인 생활인이다. 신분이 학생일 경우에도, 그 학생은 교실이라는 폐쇄된 공간에 격리되어있는 존재가 아니라 대중문화를 즐기며 친구관계를 능동적으로 엮어나가는 학습자로 상정된다. 학습자가 속해 있는 맥락과 관련하여 이해하면서 '창조'의 존재로 상정하는 것은 새로운 학습이해를 위해 필수적이다.

이런 시각은 2000년대 이후로 유행처럼 번지고 있는 구성주의와 맥을 같이한다. 구성주의는 기본적으로 '의미는 학습자가 구성하는 것이다'라는 교육관을 피력한다. 지식이 인지주체에 의해 적극적으로 형성되는 것이라고 보는 이유는, 단위 유기체 간의 교류가 사실은 상당히 어려운 일이라고 보기 때문이다. 구성주의는 생존의 전제를 유기체가 정보적으로는 폐쇄되어 있고 에너지적으로는 개방되어 있다는 점에서 찾는다. 생존을 위해서는 끊임없이 외부의 에너지가 유입되어 들어와야 하지만, 동시에 한 유기체를 다른 유기체와 구분하기 위해서는 유기체마다의 정보구조가 닫혀 있어야 한다는 것이다(Maturana & Varella, 1998).

그러나 정보구조가 완벽히 차단되어 있는 것은 아니다. 에너지가 유입되기 위한 최소한의 개방성으로부터, 유기체는 환경에 적응하는 방식을 마련하게 된다. 특정한 환경에서 지속적으로 적응을 시도한 유기체는 환경에 따라 일정한 정보적 변형을 겪게 되는데, 이를 구조접속이라고 부른다. 구조접속은 안정적인 상호작용에 기반하여 유기체 자체의 변형까지도 초래하는 현상을 말한다. 유기체는 정보적으로 폐쇄된 자신의 구조를 환경에 따른 생존의 필요에 따라 변형하는 '구성'의 과정을 거쳐 발달하게 된다.

따라서, 구성주의의 시각에서 교육사태를 보면, 아무리 잘 짜여지고 정교한 지식을 전달한다고 하더라도 그것이 '구성하는 주체', 즉 학습자를 고려하지 않은 교육내용이라면 전혀 쓸모없는 것이 된다. 접속이 되지 않을 것이기 때문이다. 교육의 중요한 과제는 교육내용이 학습자와 구조접속을 하도록 하는 일이다. 정해진 내용을 '전달'하는 것이 아니라, 학습자와의 상호작용 및 학습이 일어나는 환경 설계를 잘 만들어 내는 것이 교육의 과제가 되는 것이다. 이런 점에서, 구성주의 이론과 평생학습론은 친화력을 가지며, 기존의 교육실천 전반에 대한 비판을 전개하게 된다. 대단한 전환처럼 보이지만, 사실은 교육 장면에서 이루어지는 '현실'을 그대로 보자는 것 이상이 아니다.

2. 학습에 대한 재개념화

평생학습이 서 있는 또 하나의 관점은 학습자를 학습의 맥락 속에서 본다는 것이다. 전통적인 학교의 실천관행을 보면, 학습은 개인의 내면에서 일어나는 행위이며, 폐쇄된 교실 상황 안에서 진행되는 것으로 상정된다. 학습이론이란, 교사가 더 잘 가르치기 위해 필요한 학습자 심리파악에 도움이 되는 이론으로 받아들여지고 있는 것이다. 학습이론은 학생이 어떤 경우에 더 주목을 하는지, 어떤 방식으로 내용을 습득하는지, 집중시간은 얼마인지, 어떤 유형의 학습태도가 나타나는지 등에 대해 체계적 정보를 제공해줌으로써 교사에게 도움을 준다.

문제는, 학습이론이 이미 행동주의적 틀을 벗어나, 뇌과학으로, 상황인지이론으로 발전하고 있음에도 불구하고, 여전히 교육현장은 행동주의적 틀을 고수하는 경향이 뚜렷하다는 점이다. 학교에서 배우는 일은 고립적으로 일어나는 심리내적-보편적 과정으로 상정되고 있다. 학습은 학습자의 내면에서 일어나는 과정이며, 이 사실은 모든 인간에게 적용가능하다. 이런 점에서, 학생 한명에 대한 관점이 교실 전체를 관리하는 관점과 동일하게 작동한다. 예컨대, "벌을 주면 특정행동을 안하게 된다"라거나 "인간은 점 몇 개를 제시하면 그것을 이어서 볼 수 있는 인지도식을 가지고 있다"는 명제는 핵심적 교육 팁으로 작용하고 있다.

또한, 학습자는 기본적으로 백지상태로 전제되는 경향이 농후하다. 교육현장에서 잘 가르친다는 말은 좋은 성적을 받도록 만들어낸다는 의미로 통용된다. 학습자 개개인의 능력을 발휘하도록 돕는 것이 아니라, 이미 정해진 국가적 교육목표에 무리없이 도달하도록 교실을 관리하는 것이 교사의 의무인 것이다. 이런 학교상황에서, 교사의 '경험과 감각'이 최고의 노하우였고, 학생은 노련한 교사가 시키는 대로 학습하면 되는 수동적인 존재가 될 수밖에 없었다. 학생이 어떤 맥락을 '개별적'으로 가지고 교실에 들어오는지에 대한 관심과 연구, 그리고 그에 기초한 교수법의 개발은 이루어지지 않은 것이다. 실질적으로 학습자에 대한 배려와 지도를 위해 교사가 학습이론에 의거하는 경우는 우리 현장에서 불가능하다고 해도 과언이 아닌 것이다.

이런 점에서, 성인학습이론을 보다 적극적으로 수용하고 '학습'에 대한 새로운 개념화를 진전하는 일이 필요하다. 배움만을 고립시켜 바라보면서 어떤 인지적-행동적 반응이 있는지를 검토하는 정태적 심리 내적 학습관이 아니라, 배움과 가르침의 역동적인 과정 속에서 일어나는 시너지로서의 학습관을 통해, 학습이론은 비로소 교육학적으로 전환될 수 있게 된다. 평생학습의 시각이 유용한 것은, 학습을 생활세계의 맥락에서 이해한다는 점이다. 맥락적으로 일어나는 학습은 언제나 가르침과 배움이 결합된 역동적 상태로 존재한다. 이는 교육을 교수와 학습으로 나누고, 교수란 제도적으로 가르치는 역할을 담당하는 교사가 특정한 교육내용을 전달하는 일로, 학습이란 의무적으로 배우도록 되어있는 학생이 그 내용을 받아들이는 일로 규정하는 개념의 왜곡에서 벗어나게 해준다.

새로운 학습관은 학습을 고립되고 단절적인 행위로서 바라보는 것이 아니라, 관련적이고 순환적인 행위로 바라본다. 배움과 가르침은 순환하며 개입한다. 주체와 환경은 상호작용 속에 발전한다. 평생학습은 씨앗에 모든 잠재력이 있다거나 환경이 없으면 씨앗이 죽는 이분법적 논리를 벗어나, 씨앗이 가진 가능성이 일정한 한계 속에서 펼쳐지는 자연의 과정을 학습으로 본다.

> 씨앗에서 뿌리가 나오고, 그리고 싹이 나오기 시작한다. 싹이 자라 묘목이 되고, 묘목에서 줄기가 뻗어난다. 줄기 주위로 가지가 솟고, 그리고는 맨 위에 꽃이 핀다. 이러한 성장을 가져오게 한 것은 씨앗도 아니고, 그렇다고 대지도 아니다. 성장의 가능성은 신비한 기(氣)의 형태로 씨앗 안에 놓여 있다. 바르게 키워짐으로써 이 기(氣)가 일정한 형식으로 표현되는 것. 그것이 성장이라고 말할 수 있을 것이다. (Richards, 1992: 15)

평생학습이 교실이라는 폐쇄적 공간을 벗어날 것을 강조하는 이유는 교실공간 안에서는 교육자가 행위자이며, 결정자이고, 주체이기 때문이다. 학습자는 아무 활동도 하지 않으며, 교육자의 수업의 진행 이후에 비로소 활동하기 시작한다. 이런 맥락 속에서 학습자의 주체성을 기대하는 것은 무리이다. 교육자의 개입과 때때로의 폭력은 행위하지 않는 자를 행위하도록 하기 위한, 혹은 맥락에 맞지 않게 행위하는 자를 행위하지 않도록 하기 위한 필연적 요소이다.

생활현장은 정확히 반대이다. 활동의 주체는 학습자이다. 교육자는 개입할 수 없을 뿐 아니라 무리해서 다가갈 수 없다. 교육적 자극을 '인류 보편'에게 행하는 것이 아니라, 생활과 결합된 학습이 진행되는 가운데 개개의 학습자에게 교육적 조치를 취한다. 따라서 문제는 학습자들의 자연상황(natural setting)에서의 학습을 적극적으로 규명하지 못한 학문적 담론이라고 볼 수 있다(한숭희, 1997).

'상황학습(situated learning)'을 전면에 내세우는 레이브(Lave,

1991)나 레즈닉(Resnick, 1996) 등은 심리내적 과정에서 벗어나, "상황화된 사회적 실천이 곧 학습이다"라고 규정한다. 실천에 참여하는 과정 자체가 다음 실천을 준비하는 구조의 변화를 야기한다는 것이다. 이렇게 보면 생활에서의 긴장의 다양한 형식과 2-3중의 결합기제를 밝히는 것을 통해 우리는 학습에 접근할 수 있다. "사회적 실천의 생생한 특성"(Lave, 1991: 81)으로서의 학습에 접근할 수 있는 것이다. 학습은 경험된 세계, 삶이 이루어지는 세계 안에서, 진행 중인 사회적 실천에 대한 참여를 통해 구성되는 것이다.

평생학습은, 가르침과 배움의 순환과 더불어 생활과 배움의 순환을 강조한다. 학교중심적 교육관이 가지는 문제는 생활에 대한 '성찰로서의 학습'을 폐기하고 생존경쟁을 위한 '도구로서의 학습'을 강조한다는 점이다. 생활과 생활에 대한 성찰은 인간이 살아나가는 최소한의 조건이며, 지식의 원천이다. 예컨대 환각제를 복용하는 사람은, 자신이 환각제를 먹고 있다는 사실을 알기 때문에 환각의 쾌락을 느낄 수 있다(Bateson, 1989). 만약 환각제를 먹었다는 사실을 모르는 상태에서 환각의 상태가 찾아오면, 이루 말할 수 없는 공포가 밀려오게 마련이다. 누군가가 나를 죽이려고 하는가? 내가 잠자는 사이 누가 주사를 놓았는가? 내가 병이 든 것인가? 즉, 환각제를 먹은 사실을 성찰할 때에만 쾌락조차 가능하다는 것이다.

이런 성찰이 사회를 향할 때 사회학이 되고, 경제현상을 향할 때 경제학이 되며, 예술을 향할 때 미학이 된다. 성찰은 삶과의 일정한 거리를 가지는 메타인식이며, 지식의 원천이고, 생활의 충전지인 것이다. 생활과 생활에 대한 성찰, 즉 생활과 학습의 순환적 과정을 통해 인간은 자기 삶의 지평을 넓힌다. 이것이 평생학습이 보는 학습의 존재론이다.

학교교육 패러다임은 이런 순환을 용인하지 않는다. 학습은 생활과의 관련 속에서 존재하는 것이 아니라 시험을 잘 보거나 자격이나 학위를 취득하기 위해 존재한다. 특정한 목적, 즉 생존경쟁에서의 승리를 위한 수단으로 학습이 존재하는 것이다. 유의해서 보아야 할 것은 생존경쟁이 생존은 아니라는 사실이다. 생존경쟁은 근대적 인식론이 정당화한 경쟁의 일반화 명제이다. 사실상, 생존만을 위해서라면 경쟁은 필요 없다. 물론 학교와 같은 교육을 통한 경쟁도 필요 없다. 교육뿐 아니라 수렵, 사냥 등 태고적부터 진행되어온 생존을 위한 행위가 존재하지만, 경쟁을 전제로 한 것이 아니었다. 생존을 위해 필연적으로 경쟁이 필요한 것은 아니라는 말이다. 이미 1875년에 엥겔스는 다음과 같이 다윈의 생존경쟁의 이데올로기적 특성을 비판한다.

> 생존경쟁이란 다윈의 학설은, 홉스의 '만인의 만인에 대한 전쟁'론과 경쟁이라는 부르주아 경제이론을 맬더스의 인구론처럼 사회로부터 살아있는 자연으로 옮겨놓은 것에 지나지 않는다. 이 마술사의 술책이 실행되면, ... 그 이론들은 다시 유기적인 자연으로부터 역사로 옮겨져서, 이제는 인간사회의 영원한 법칙으로서의 타당성이 입증된 것처럼 주장된다.

놀랍게도, 거의 대부분의 사람들이 경쟁의 연쇄 고리에 들어서면, 목적이 무엇인지는 잊은 채 경쟁에 몰두한다. 게임이 시작되면 게임의 규칙 자체에 대해서는 생각하지 않는 것과 마찬가지이다. 따라서 대부분의 학생들은 이미 정해져 있는 학교의 법칙, 즉 '단지 등수 안에 들기 위해' 공부한다. 경쟁에서 이기는 것 자체가 목적이 되었기 때문에 왜 자신이 정신없이 달리고 있는지는 보지 못한다. 이 과정에서 1등에서 꼴찌까지를 가려내는 학교의 등급화 구조는 단지 구조적인 차원에 머무르지 않고 개인의 심리 안으로 파고든다. 이기는 것 자체, 뒤처지지 않는 것 자체를 중시하는 마음의 구조가 생기게 되는 것이다.

근본적인 문제는 바로 여기에 있다. 경쟁은 한편으로는 더 강한 동기를 갖게 하는 계기가 될 수 있다. 그러나 경쟁 자체가 삶의 조직원리가 되어 버리면, 경쟁으로 통해 도달하고자 하는 목적은 사라진 채, 경쟁의 늪에 빠져 인간성을 상실하게 되기 때문이다. "과정은 어떠하건 결과에서만 이기면 된다"는 지나친 결과중심적 사고방식이라든가, 진급이나 승진, 출세에 대한 강박으로 인해 성취에 만족하지 못한 채 끊임없는 갈증 상태에 놓여있는 모습 등은, 제도적 경쟁의 메커니즘을 지나치게 내면화한 결과 자신의 욕망까지도 경쟁의 연쇄 안에 묶여있음을 드러내 주는 것이다(Alpicon, 1995).

이런 교육은, 내용적으로 정신과 의사의 약물과 같은 것이다. 정신과 의사에게 약물은 1) 명확한 목표가 설정되어 있는 상황에서 2) 거기에 이르는 지름길을 찾다가 얻어진 3) 그 어떤 것으로써의 해결책이다(建夫-康夫: 1996). 마음의 병을 얻게 된 다양한 과거의 길들을 하나씩 짚어가면서 문제의 연원을 찾아내거나, 스스로 찾아 그것을 고침으로써 징후를 해결해 가는 노력 대신, 약물은 시간이 걸리는 과정을 생략하고 결과만을 얻도록 해준다. 단기적 처방은 효과적이지만, 약이 떨어졌을 때 환자의 독립성을 전혀 보장해 주지 못한다.

다시 원론으로 돌아가 보면, 역사적으로 교육에서 추구하는 본질적 가치는 효율성을 넘어선 것들이었다. 덕, 성장, 교양 등은 생물학적-사회적 생존과 관계가 없다. 인간 자신이 성장함과 동시에 새로운 욕구와 새로운 능력을 개발하는 그것이 '인간됨'이며 이것이 교육의 목적이었다. 즉, 목표를 설정하고, 거기에 이르는 지름길을 모색하고자 하는 생존경쟁의 의식 상태는 생존에는 도움이 될 수 있으나 인간을 인간이게 하는 인간 고유의 특질과는 무관한 것이라는 점이다.

평생학습의 시각에서 보면, 인간은 자신을 넘어서서 자신을 볼 수 있는 메타인식(meta-cognition)을 가진 존재이며, 이로써 인간임을 증명한다. 인간은 개별적-구체적인 것을 둘러싼 맥락으로부터 그 위의 맥락으로 밟아 올라가면서 보다 큰 전체가 만들어낸 패턴에 대응해 가면서 성장한다. 자신의 인식의 한계를 볼 줄 아는 유일한 생명체, 자신의 행위를 성찰하여 변화시킬 줄 아는 유일한 유기체가 인간이다. 이런 점에서 학교교육의 시각이 전제로 삼는 학습관을 넘어서는 것은 단지 이론적 차원의 문제가 아니라 피폐화되는 인간내면을 재건설하기 위한 실천적 기획이다.

고립적 학습으로부터 순환적 학습으로의 시각 변화는 학습의 존재론의 전환을 말한다. 학습이 어떤 방식으로 존재하는가에 대한 질문에 대하여 학교교육이 "고립적이고 정태적이며 의무로서"라고 대답했다면, 평생학습은 "관계적이고 순환적이며 풍부함으로서"라고 답한다. 수단으로 회귀되지 않는 목적으로서의 학습이 평생학습의 존재방식이다. 이 관점이 평생학습의 현실을 길어 올리기 위한 두 번째 개념 지반이다.

3. 학습분석의 단위 : 학습공동체

다음으로, 평생학습이 기반하는 또 하나의 지점은 '학습공동체'이다. 위에서 말한 대로, 학교교육적 관점은 교실이라는 공간을 교육단위로 삼고 있는 것처럼 보이지만, 정작 교실에서 일어나는 역동에는 관심이 없다. 교사도 학생 개인을 평가하고, 아이들은 개별적으로 수업에 참여한다. 사실, 수업시간 중에도 아이들의 보이지 않는 물밑관계 – 째려보고, 쪽지 보내고, 제스처로 욕하고, 미소 짓는 – 는 지속되지만, 이런 행위는 '교육'이라는 그물로 엮어 올려지지는 않는다. 이런 개인중심성은 '교육학'이라는 학문 담론에도 그대로 적용된다. 학습자는 추상화되고 합리적이며 계산적인 자아를 가지고 있는 인격체로 상정된다. 학습자는 독립적인 존재이며, 고립적인 분투를 통해 성숙으로 나아가는 존재이다. 이런 자아관은 사회나 집단을 고려하지 않는다. 사회적 맥락이 사상된 초연한 자아가 학습의 주체인 것이다.

평생학습의 관점은 이런 고립적인 자아에서 벗어날 것을 촉구한다. 학습은 고립적인 개인의 주체적 결단에 의해 시작되는 것이 아니라, 상황 속에서의 필요와 결합하여 일어나는 것이므로, '어떠한 개인이 학습하는가' 보다는 학습자가 어떤 상황에서 누구와 함께 학습하는가가 중요하다. 예컨대, 학교를 다니지 않은 택시 기사는, 교재나 시험이 아니라 모방과 도제, 그리고 사회적 네트워크를 통해 유능한 기사가 되는데(Breier, 1997), 그 과정은 택시기사의 일상, 즉 택시기사가 생업을 꾸려가는 상황에 대한 분석을 통해 추적할 수 있는 것이다. 초보 택시 기사는 다른 사람이 어떻게 손님을 대하는지를 보고, 다른 기사들과 네트워크를 맺으며, 특정한 선배 기사에게 물어가면서 택시기사로서의 능력을 키워간다. 즉, 학습자 스스로의 의미생성과 자기 확장에 초점을 맞추어 의미의 생성과 개별적 전유의 과정을 추적하는 것이 필요하다는 것이다. 회사 측에서의 연수 프로그램이 가지는 주된 문제점은 배움의 맥락이 사상된다는 점이다. 연수에서 배움의 과정과 가르침의 설정 사이의 간극이 발생하는 것은 당연하다. 이런 점에서, 학습자가 속한 공동체를 분석단위로 삼는 것은 평생학습적 조명을 위해서는 필수적이다.

> 사용자의 요구분석을 위한 전통적인 접근으로는 불충분하다. 실천 공동체에 붙박인 지식과 지배적인 담론이 점차적으로 핵심적이 되어가고 있으며, 이는 타깃 집단에 침잠할 것을 요청한다. 일반화와 보편적 해결책에 대한 선호는 주변적 실천에 기반한 지식과 공동체기반의 지식재현 스키마타의 창조로 대체되고 있다(Cronin, 1998: 48).

학습자의 해당 공동체가 요청하는 지식과 집단마다의 담론에 주목하는 것이 무엇보다 필요하다는 말이다. 학습자는 맥락 속에서 배우며, 커뮤니티의 형성을 통해 문제를 해소해 나가고 있는 것이다.

여기서 '집단'이나 '단체'가 아니라 '공동체'라는 말을 사용하는 이유는 학습자가 스스로 그 구성원임을 수용할 때 학습이 이루어진다는 점을 명확히 하기 위해서이다. 공동체는 'we-feeling', 즉 '우리'라는 동질감을 전제로 한다. 이질적인 집단을 관조적으로 바라보는 제3자의 시각이 아니라, 그 맥락으로 들어가 자신을 녹여내는 집단성이 바로 공동체성이며, 그런 공동체성이야말로 학습이 최적화된 상태를 말해주는 것이다.

이런 차원에서, 실천의 공동체가 작동하는 단위를 우리는 '학습공동체'라고 명명할 수 있을 것이다. 공동체적인 실천이 이루어지고, 실천을 통해 공동체가 생성되는 과정을 반복하는 그 기제를 가리켜 학습공동체라 부른다는 말이다. 그러나 현실적으로 보면, '학습'이라는 말 자체가 외부의 지식이나 정보를 내면화하는 개별자의 인지적 과정으로 받아들여지고 있으며, 이런 차원에서 보면, '학습공동체'는 특정한 학습을 하기 위해 모인 친밀한 모임이라고 해석된다. '학습공동체'는 학습을 위한 집단 이상의 의미를 가지고 있지 않은 것이다.

다시 말해 학습공동체는 공동체적 실천을 가능하게 하는 이념적 단위로부터 특정한 학습을 함께 하는 현실의 실천단위에 이르는 다양한 의미를 내포한다. 모임이 이루어진 자연발생성 여부와 사람들의 가입탈퇴가 가지는 특성, 그리고 학습이 차지하는 위치를 중심으로 구분해보면 학습공동체의 복잡한 지형은 좀 더 분명하게 드러난다.

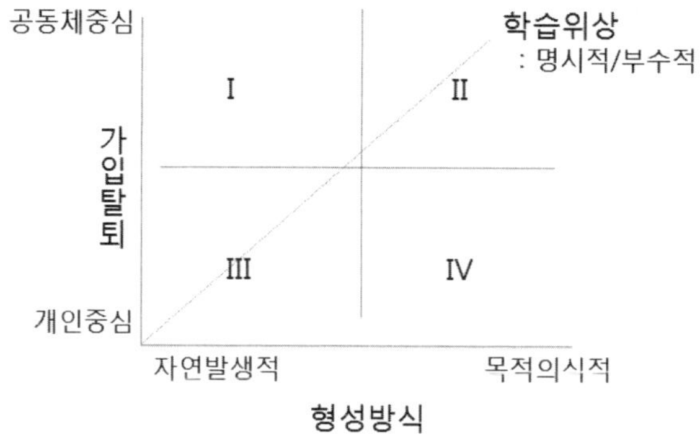

[그림 3-2] 학습공동체의 유형

우선 '공동체'의 유형을 중심으로 보면, 공동체는 개인의 가입과 탈퇴가 자유로운 자발적 결사체로부터 혈연이나 지연에 의해 묶인 폐쇄적 결사체에 이르는 다양한 조직의 유형을 포괄한다. 또한 공동체의 형성방식은 동문회와 같은 자연발생적인 집단으로부터 특정한 기능을 연마하기 위해 모인 목적의식적인 집단으로 구분할 수 있다. 이렇게 두 차원에서 구분하면, 공동체는 네 가지 유형으로 구분될 수 있다. I은 자연발생적으로 생성된 집단이면서 가입과 탈퇴가 공동체의 결정을 전제로 삼는 집단으로, 종친회와 같은 집단이 대표적이라고 할 수 있다. II는 가입과 탈퇴는 공동체의 승인을 전제로 삼지만, 목적의식적인 집단으로 상류계층의 폐쇄클럽을 쉽게 떠올릴 수 있다. 이에 비해, III은 자연발생적이면서 개인의 선택에 의해 자유롭게 가입과 탈퇴를 할 수 있는 집단으로, 동호회를 그 예로 들 수 있으며, IV는 목적의식적인 자발적 결사체로, 정당 등 다양한 이익집단이 그 예에 해당한다. 앞서 말한 대로, 각 유형은 어떤 경우에도 실천에 의해 공동체성을 유지한다는 점에서 넓은 의미에서 학습공동체라고 볼 수 있다.

여기에 '학습'을 주된 변수로 고려할 경우, '학습'이 전면에 나서는 경우와 활동의 부수적인 기제로 작동하는 경우로 구분해 볼 수 있다. 예컨대 '다문화 한글동아리'는 한글을 배운다는 학습을 전면에 내 건 외국인 여성들의 공동체지만, '스키동호회'는 스키를 즐기는 사람들이 모여 취미를 함께하되, 그 가운데 더 나은 스키어가 되기 위한 학습이 일어나는 공동체이다. 전자가 학습을 전경화한다면 후자는 학습이 후경화되며, 전자가 학습이 공동체를 이끌어가는 방식이라면 후자는 공동체의 유지에 학습이 관여하는 방식으로 모임이 진행된다. 즉, 후자는 활동이 학습이라는 부대효과를 낳는 경우에 해당한다.

	명시적 학습	부수적 학습
1. 자연발생적/ 공동체구속력	–	o
2. 목적의식적/ 공동체구속력	o	oo
3.자연발생적/ 개인의 자율성	ooo	ooo
4.목적의식적/ 개인의 자율성	oo	oo

구체적으로 보면, 1은 가족이나 종친회 등을 떠올리면 쉽게 알 수 있듯이, 명시적으로는 학습을 진행하지 않지만, 암묵적으로는 학습이 진행될 경우 그 결합도가 높아진다고 볼 수 있다. 2는 가입과 탈퇴를 공동체에 의해 승인받지만 조직 자체는 목적의

식적인 경우로서, 자신이 그 공동체의 일원으로 참여하기 위해 학습을 진행하며, 명시적으로도 공동체의 유지와 발전을 위해 학습을 부분적으로 도입하는 경우이다. 이에 비해 3은 동호회와 같이 가입과 탈퇴가 자유롭기 때문에 학습은 명시적으로나 암묵적-부수적으로 전면적으로 진행되는 것이 조직의 질 유지에 필수적이다. 그렇지 않을 경우 구성원은 손쉽게 탈퇴할 것이기 때문이다. 4는 3에 비해 개인의 이익과 같은 목적의식이 강하기 때문에 학습을 명시적으로 진행할 필요는 높지 않으나, 공동체의 유지발전을 위해 개인 나름의 학습은 필요로 된다. 학습은 공동체 전체의 활동이 학습을 수반하는 경우와, 개인의 학습으로 나뉘어질 수 있는데, 4의 경우에는 개인의 학습이 높게 나타나게 된다는 것이다.

이렇게 보면, '학습'을 분석하는 단위를 개인을 넘어선 학습공동체로 상정하는 것은 사람들이 살아가고 있는 맥락을 분석의 단위로 고려하며, 행위와 학습의 역동을 고찰할 수 있도록 하는 장점을 가진다. 이러한 설명은 사회화로 교육을 바라보는 시각에 비해서도, 그리고 부가적으로 사회를 동원하는 정의공동체에 의한 설명에 비해서도 설득력이 있다. 일방적인 교화나 공동체 가치의 우선성이 아니라 개인의 공동체 입문과정을 체계적으로 드러내고 있기 때문이다.

공동체가 공유된 의미를 창조한다는 것은 개인의 차원에서는 새로운 정체성을 형성해나감을 의미하는 것인 동시에 집단의 거듭남을 의미하는 것이다. 기존의 공동체가 가지고 있는 전통의 단순한 재생산이 아니라 공유된 의미에 의해 새로운 집단적 정체성이 창출된다. 공동체가 정태적으로 존재하며, 개인은 여기에 입문하는 과정을 통해 성원이 되는 것이 아니라, 개인들의 참여와 상호작용의 과정 속에 변형, 발전해 가는 공동체가 상정된다. 학습공동체는 전통의 계속적인 개선을 내적으로 보증하는 공동체인 것이다.

이런 점에서, 평생학습마을 만들기나 학습도시를 구축하기 위해 '학습공동체' 개념에 기대는 것은 매우 적절한 것으로 평가할 수 있다. 학습공동체를 준거로 삼으면, 흔히 빠지는 '교육'의 오류, 즉 마을이나 기관에서 교육프로그램을 운영하기만 하면 된다는 오류에서 벗어나 개인의 정체성 재구성을 지속적으로 도모하는 집단의 끊임없는 갱신이라는 '혁신'에 도달할 수 있을 것이기 때문이다.

정리하면, 평생학습의 시각은 1) 학습자에게 무게중심을 두고 2) 생활과 성찰의 순환 속에서 경험 및 의미지평이 넓어지는 과정을 학습이라고 파악하며 3) 분석의 단위를 개인이 아니라 학습공동체로 설정한다. 이런 시각으로 인터넷을 보면, 인터넷이라는 공간은 언어적 상호작용을 통해 구성되는 생활세계로서, 면대면 공간의 개인이 변화의 계기를 맞이할 수 있는 새로운 소통기술에 의해 창출된 학습환경이라고 볼 수 있다.

PART 02

인터넷 카페, 평생학습의 장

인터넷에서 우리는 많은 것을 배우고 있다. "정보의 보고(寶庫)"라고 불리는 인터넷 공간에서 얻는 것이 없다면, 그것은 사용자 탓이라고 보는 이들도 있을 것이다. 그러나 엄밀히 말하면, 정보 찾기와 학습은 다르다. 정보를 내려받는 일은 정보의 수집일 뿐, 학습자의 인지구조를 변화시키거나 확장시키는 데까지 이르지 못한다. 학습은 학습자의 주체적인 노력에 의해서만 성취되는, 존재의 변화를 동반하는 개념이다. 정보사회의 도래로 정보의 축적과 순환은 가속화되고 있지만, 그것이 학습능력을 보장하지는 않는다. 오히려 정보의 홍수로 인하여, 무엇을 어떻게 배우는지에 대해서 이전 시대보다 더 모르고 있다고 해도 과언이 아니다.

*

네티즌들이 '어떤 방식으로' 인터넷에서 배우고 있는지에 대해 살펴보기 위해, 2부에서는 클럽 · 동호회 · 카페 · 커뮤니티 등으로 명명되는 인터넷 공동체를 조명해보고자 한다. 인터넷 공동체를 대상으로 삼은 것은 크게 두 가지 이유에서이다. 하나는 학습이 타인과의 관계 속에서 진행되는 과정이므로, 인터넷에서의 학습을 보기 위해서는 타인과의 만남이 잘 조직화되어있는 활동을 볼 필요가 있기 때문이다. 또 하나는 인터넷에서의 특징적인 학습이, 상호승인의 체계가 잘 발달해 있는 인터넷 공동체에서 전형적으로 드러난다고 보기 때문이다. 이런 양상을 보다 면밀하게 고찰하기 위해, 2부에서는 무의도적/의식적 학습이 활발하게 일어나는 곳인 '여성주의 의식'을 주제로 삼고 있는 인터넷 공동체를 중심으로 살펴보도록 하겠다.

chapter

04

전자 텍스트의 읽기/쓰기를 통한 배움

사람들이 인터넷에서 가장 많이 하는 활동은 쓰기와 읽기로, 활동만으로 보면 학교에서의 주된 활동과 그 요목이 같다. 물론 차이가 없는 것은 아니다. 학교의 물리적 공간을 벗어난 전자적 소통으로 인해, 기존의 읽고 쓰기의 방식은 전혀 다른 질성을 가지게 되기 때문이다. 인터넷에서 비교적 '닫힌 집단'의 특성을 가지고 있는 카페는 학교교육에서의 읽고 쓰기와 사뭇 다른 인터넷 학습의 방식을 잘 보여준다. 다른 많은 카페들과 마찬가지로, '언니네'에 대한 소개는 카페가 이미 학습의 장으로서 기능하고 있음을 말해주고 있다.

언니네 홈페이지는 지식놀이터, 광장, 자기만의 방, 살롱 등으로 구성되어 있습니다.
지식놀이터에서는 질문과 답변이 활발히 이루어지고 있고,
광장에는 성명서/보도자료/논평/ 기타 카페 글들이 있습니다.
자기만의 방은 일종의 블로그로, 여기에서는 자신이 쓴 글을 다른 사람들과 공유할 수 있습니다.
살롱에는 각 카페들이 링크되어 있습니다.

여성주의 카페이기 때문에 성명서나 논평 등이 추가되어 있지만, 여타 취미카페의 경우에도 질문과 답변, 지식공유의 공간, 취미관련 새소식 등은 주된 메뉴로 선택된다. 읽기와 쓰기를 면대면 상황과 비교해보면, 카페에서의 게시물 읽기는 유사성을 토대로 공감을 창출하면서 진행되며, 쓰기는 인쇄매체에서의 쓰기와 달리 상호적이며 정체성을 재창출하는 기능을 한다. 또한 토론은 집단적 정체성을 보다 공고히 하는 방향으로 진행된다. 이러한 학습방법들은 공히 모두 집단의 구성 과정의 일환이다. 유사성에 터한 공감, 집단성원의 영향을 받는 지속적인 정체성 형성, 그리고 집단의 결합력을 확인하는 과정이 없이는 계속적인 활동에 의해서만 유지될 수 있는 인터넷 카페는 존립이 불가능하기 때문이다.

1. 공감적 읽기

읽기는 인터넷의 가장 보편적인 활동이자 학습 방법이다. 인

터넷에서 읽기만 하는 사람은 언제나 "쓰기도 하는 사람"을 상회한다. 세상이 어떻게 돌아가는지, 사람들이 무슨 생각을 하고 사는 지가 궁금한 대다수의 사람들은 읽기만으로 인터넷에서 생활한다. 그렇다면 카페에서의 읽기가 가지는 특수성은 무엇인가?

쉽게 눈에 띄는 특징은 네티즌들이 다양한 소재를 다룬 메시지를 연이어 읽는다는 점이다. 일관된 논지를 따라가는 책 읽기가 가지는 흐름이 게시물 읽기에서는 사라진다. 논리적 연관이나 체계성의 자리에 "의외의 사건들의 모듬"이 들어선다. 자신이 몰랐던 사건들, 다양한 주제에 대한 상이한 의견들에 대한 모자이크식 읽기가 게시물 읽기의 일반적 특징인 것이다. 이러한 특성은 게시물이 길어야 A4용지로 1-2쪽으로 매우 작은 분량이고, 소재 역시 다양한 자신의 경험이나 개인적 생각을 주 대상으로 하고 있다는 사실에서 비롯된다.

카페의 경우, 다양한 게시물간에는 일정한 유사성이 존재한다. 각 게시판은 성격에 따라 구분되어 있지만, 자료실의 게시물을 제외하면 대개의 게시물은 카페의 주제를 생활과 접목하여 다루고 있다는 공통점을 가진다. 개인의 지식 및 경험과, 세상에 대한 자신의 생각 조각을 드러내는 공간이 게시판이다. 이렇게 보면 이런 게시물에 대한 읽기는 기존의 읽기와는 달리, 다른 사람의 세계를 엿본다는 특성을 가진다고 볼 수 있다. 인쇄매체를 읽는 일이 새로운 정보와 지식을 추구하는 것을 주된 목적으로 한다면, 게시물 읽기는 타인과의 소통을 그 주된 방향으로 설정한다.

따라서 네티즌들은 현학적이라거나 전문적인 글보다는 주로 살아오면서 의미 깊었던 경험, 즉 인식의 망에 걸리는 경험을 서술한 게시물에 관심을 돌린다. 좋은 글 역시 그러한 맥락에서 평가된다. 자신의 경험과 상대의 경험에서 유사성을 발견할 때, 혹은 상대의 해석에서 자신의 경험이 가진 의미를 발견할 때 그 글은 좋은 글로 분류된다.

> "저는 논리적인 글보다는 그냥 쉬운 글이랄까, 그런 게 좋아요. 좋은 글은 저랑 비슷한 경험을 잘 써놓은, 뭐 좀 분개하게 써놓았달까, 그런 글이라고 봐요. 깨비님의 글이었다고 생각되는데... 전화박스에서 앞의 남자가 아무리 기다려도 나오지 않아서 좀 빨리 끊자고 하니까 뭐라 하다가 결국 뺨까지 맞았대요. 사실 여자가 아니었음 손까지 댔겠냐는 거죠. 참 설득력이 있었어요. 우리, 그런 비슷한 일 많이 보잖아요?"

내가 흔히 겪기도 하는 일, 그런 일에 대한 감정과 해석 등이 공감을 일으킬 때 사람들은 글을 계속 읽게 된다. 사실, 모니터로 무엇인가를 읽는 일은 쉬운 일이 아니다. "웬만해서는 게시물을 꼼꼼히 모두 읽기는 어려운 것이 현실"이다. "줄치며 읽는" 책읽기와 달리, 게시물은 "건성으로 읽게"된다는 것이다. 따라서 일반적으로 네티즌들은 쉽게 읽을 수 있고, 현장감 있는 글을 선호한다.

카페에서, 쉽고 현장감 있는 글은 공감할 수 있는 글로 나아가면서 집단의 결속력을 높인다. 같은 처지에 공감하는 사람들의 이야기, 그 체험과 해석의 교류가 글 읽기의 추동력이다. 회원들은 다른 사람과의 소통의 채널로 글 읽기를 선택하는 것이며, 글을 읽을 때 공감을 기대하고 짙은 공감을 얻은 글에 대해 존경을 표시한다. 따라서 카페에서의 좋은 글이라는 개념은 평론가의 비평과는 다른, '공감'이라는 독자의 감수성과 결합하면서 형성되는 것이라고 볼 수 있다. 곧 카페에서의 글 읽기는 유사한 경험 혹은 생각에 근거를 둔 읽기라고 볼 수 있다.

교육학적으로 보면, 공감적 읽기는 학습의 필요조건이다. 공감은 대상에 대한 특정한 우호적인 감정을 야기한다는 점에서 그 자체가 정서적인 변화를 의미하는데, 정서적 변화가 특정한 관점, 혹은 세계관의 기초임(Jagger, 1996)을 생각하면, 공감은 그 자체로 변화가 일어나고 있음을 의미기 때문이다. 공감은 학습을 일으키며, 학습과 함께 강화되는 감정적 상태인 것이다.

구체적으로, 학습이 일어나지 않는 상황은 대개 습관(presumption), 거부(rejection), 그리고 교육내용과의 교감실패(nonconsideration)로 나뉘어진다(Jarvis, 1992, ch. 5). 너무나 일상화되어 의식의 영역에 포착되지 않는 많은 습관적인 행동의 경우, 기존의 관념이 새로운 학습내용을 거부할 경우, 그리고 시간이 너무 없거나 전달된 내용에서 어떤 흥미도 느낄 수 없었을 때 사람들은 학습하지 않는다. 즉, 학습은 시간적 여유와 전달된 내용에 대한 흥미, 그리고 관례적이지 않은 소재와 수용적 감수성 위에서 가능한 것이라고 볼 수 있는데, 이러한 조건이 형성된 상태란 바로 학습자가 공감하고 있는 상태를 의미한다.

공감적 태도를 가지게 되면, 새로운 해석에 대한 수용 폭이 넓어진다. 공감은 무관심에서 벗어나 애정을 가지고 바라보는 상태이므로, 공감대상에 대해 개방적 자세를 가지게 되고, 따라서 다른 입장이라도 한 걸음 물러서서 바라볼 수 있기 때문이다. 즉, 공감은 차이가 있을 때 그 차이를 메우고자 하는 인식 상의 작동을 가능토록 해 준다.

현재 많은 카페가, 객관적으로 보기에는 그다지 중요하지 않은 정보를 담고 있으면서도 유지되는 이유는, 게시물에 대한 공감적 읽기가 지속되고 있기 때문이다. 다른 사람의 입을 통해 자신의 이야기를 듣고 싶기 때문이며, 다른 사람에 의해 확장된 자신의 관심을 보고 싶기 때문이다. 게시물의 형태를 띤 수많은 쪽글들은 동일한 문제의식을 가진 사람들의 것이라는 믿음 속에서 공감을 불러일으키며, 별 거부감 없이 받아들여지면서 카페의 지반을 다진다. 회원들은 본문으로 들어가기 위해 제목을 누르면서 쪽글들을 카페 전체로 확장시킨다. 게시물에 얹혀진 생각은 공감적 읽기를 통하여 공유의 과정으로 나아가게 되는 것이다.

2. 과정으로서의 쓰기

면대면 공간과 마찬가지로 인터넷에서도 쓰기는 읽기에 비해 현저히 적은 활동에 속한다. 적극적 활동의사가 있어야 가입을 허락하는 카페의 경우에도, 쓰는 사람은 읽는 사람의 1/5에 지나지 않는다. 인터넷에서 글을 써본 경험이 있는 회원들은 한마디 툭 내뱉는 것 같은 쓰기도 인터넷문화에 익숙하지 않은 사람에게는 그리 쉬운 일이 아니며, 독자 입장에서의 좋은 글과 저자의 글쓰기 자세가 사실은 다르다는 점을 지적한다. 읽을 때는 글이 얼마나 친근감이 드는지, 새로운 지를 중심으로 평가하게 되지만 막상 쓰는 입장에서 서게 되면 '좋은 글'을 넘어서서 자신의 글이 얼마나 눈에 띌 것인지, 공격받지 않을 만큼 논리적인지등을 염려하게 된다. 좋은 글보다는 튀는 글, 공격당하지 않는 글을 선호하게 된다는 것이다.

> "글을 쓸 때 제일 신경을 쓰는 거요... 뭔가 근거가 있어야 한다는 거죠. 사실 내 글 읽고 누가 반박하면 어쩌나, 그런 걱정이 좀 되거든요. 그래서 글 올리고 나면 늘 들어와서 조회수 보고 좀 가슴도 졸이고 그래요. 논리성이 높으면 좀 든든한 거죠. 글 쓸 땐 사실 내 글이 얼마나 논리적인가, 그런 기준에 신경이 쓰여요."

사실 쓰기는 오래 전부터 인간의 사고에 영향을 미치는 학습 방법으로 인식되어 왔다. 글은 "경험과 세계를 포착하는 작업을 통해 정확성과 복잡성, 안정성과 합리성을 부여"(Egan, 1992: 138)하기 때문에, 글을 쓰는 일은 개인의 다양한 사고를 열어주며 변혁적 힘의 생성으로 나아갈 수 있는 통로로 간주되어 왔다. 민중들을 대상으로 한 19세기의 교회학교, 그리고 산업혁명 이후 등장한 학교들에서는 읽기만을 가르쳤을 뿐 쓰기는 금지하였다는 사실 역시 쓰기가 갖는 힘을 드러내 준다. 쓰기란 지배의 대상으로 남아 있어야 할 대중들이 기존의 질서에 대해 개별적 해석을 할 수 있게 되는 것을 의미하였고, 이는 지배계급에 대하여 저항에 나설 수 있는 가능성을 알리는 것이었기 때문이다(우메네 사토루, 1990).

인터넷에서의 글쓰기 역시 글쓰기가 가지는 이러한 '일반적' 의미를 담고 있다. 글을 써나가는 사람은 글을 써나가면서 정합적인지의 여부를 따지고, 다른 글과의 차별성을 가지고 있는지에 고심한다. 아무리 짧은 글이라도 글은 글이며, 따라서 되새김질을 요구하는 것이다.

다른 한편으로, 인터넷에서의 글쓰기는 '특수성'을 가지는 것이기도 하다. 사실, 컴퓨터를 통한 글쓰기는 펜으로 하는 전통적 글쓰기와는 다른 속성을 가지고 있다. 그것은 word-in-process, 즉 글에 사용되는 용어들이 늘 과정 중에 있다는 특징으로 정리될 수 있다. 전통적 글쓰기의 경우, 쓴 내용은 이미 종이에 쓰여진 객체라는 점에서 쉽게 고칠 수 없고, 따라서 쓰는 일은 사고 후의 과정이 된다. 내용은 주체에 의해 완전히 장악되어 있어야 하며, 따라서 주체는 자신이 마주하는 객체의 세계를 그 세계 외부에서 명석하게 인식할 수 있어야 한다.

그러나 컴퓨터 글쓰기의 경우, 컴퓨터 화면에 나타나는 글자는 쉽게 지울 수 있고 인쇄되기 전까지는 물질화되어 있는 상태가 아니다. 정신의 눈(mind's eye)과 육체의 눈은 서로 바라보며 동시적으로 작업한다. 전자적 글쓰기는 "공간적으로 가변적이며 시간적으로 동시적이라는 의미에서 정신의 내용과 아주 유사한 재현물"을 접한다는 의미로 다가오기 때문이다(Poster, 1994: 211). 따라서 글을 쓰는 주체와 쓰인 내용은 동시에 자기 나름의 정체성을 추구하게 된다. 완성되지 않은 상태로 쓰여진 것은 나름의 논리를 가지고 써나가는 사람의 정체성 형성 과정에 개입하게 되는 것이다.

카페 회원의 글쓰기는 집단적 차원에서 전개되는 컴퓨터 글쓰기, 즉 words-in-group이다. 카페에 참여한 사람들은 카페를 완성성의 구도를 가지고 쓰여진 책으로 여기지 않는다. 그것은 "끝나지 않는 책"이며, "내가 그 안의 한 장을 차지하는 책"이다. 개인의 생각은 컴퓨터의 화소처럼 일시적으로 그 글을 읽는 사람들에게 영향을 미치며, 동시에 개인의 생각도 심화된다. 개인은 그러한 연쇄의 한 고리로서 존재하는 것이다.

따라서 카페 회원들은 공동의 책을 함께 만들기 위해 타인과의 조율을 전제로 하는 글쓰기 전략을 택한다. 게시자의 표정이나 복장, 사회적 지위에 의해 창출되는 맥락이 없이 순수하게 게시물 자체로 맥락이 창출되기 때문에 게시물은 대개의 경우 다른 게시물을 준거로 삼고 있다. 한 회원이 글을 쓸 때, 그/그녀는 기존 회원의 글을 읽고, 그 지향성을 짐작하며, 길이나 표현 형식을 파악하고, 그에 크게 벗어나지 않도록 글을 쓴다. 카페의 규율이 작동하는 것이다.

> "사람들이 대개 생각을 공유하니까, 나도 거기서 많이 벗어나는 글을 쓴다든가 하는 것은 안 되지요. 그런 글 쓸거면 아예 가입도 안했구요. 가끔 그런 글 쓰는 회원 보면 정말 제명했으면 싶을 때도 있어요."

회원은 가공적으로 규범화된 인격체를 상정하고, 그들의 글쓰기의 특징과 경향을 존중하면서 글을 쓴다. 이 과정은 카페의 준거가 개별 회원의 글쓰기를 통해 회원에게 내면화되는 과정이라고 볼 수 있다. 곧 카페 전체의 글쓰기 경향을 존중하고, 그에 준하는 글을 올리고, 평가하는 과정을 통해 특정 집단은 일정한 경향성을 지속적으로 유지하게 되는 것이다. 완전히 자신의 생각 혹은 주장을 표현한 것이라고 보이는 게시물의 경우에도 정작 그 글을 쓴 사람은 타인의 반응에 매우 민감한 모습을 보인다.

"게시물 써서 올리고 나면 긴장이 되요. 초기에는 더 그렇구요. 뭐냐하면... 그러니까 내가 쓴 글에 누군가 뭐라고 하지 않을까, 그런 기대 같은 거랄까요? 저번에 쓴 글에 **님이 맞다, 나도 그렇게 생각한다라고 글을 올리니까 너무 기분이 좋더라구요. 아무 반응이 없어도 조회수를 언제나 보지요. 그래서 조회수가 높으면 괜히 신나고, 그래요."

대개의 회원은 "글을 올리고 난 후 조회수를 신경써서 보게 되었"던 체험을 가지고 있으며, 잘 읽었다는 쪽지나 좋았다는 게시물이 올라온 경우 매우 즐거웠다고 고백한다. 또한 회원들은 질문에 대한 답을 해주었을 경우 "남을 도운 것 같은 뿌듯한 기분"을 느끼게 된다. 이러한 양상은 회원들이 다른 회원들을 중요한 타자(significant others)로 받아들이는 것으로 해석될 수 있다. 자신과 아무런 관련이 없는 타인이 아니라, 타자의 행위 자체가 의미가 되고 준거가 되는 그러한 타자들로 인식되기 때문에, 회원들은 다른 회원들이 자신의 글을 읽었는지, 글이 어떤 평판을 받고 있는지에 민감하게 반응하면서 글을 쓰는 것이라고 볼 수 있다. 타자의 몸짓이나 목소리를 들을 수 없는 원거리에서도 의미있는 타자와의 교섭이 이루어질 수 있다는 견해(Antikainen, 1996)가 설득력을 얻는 장면인 것이다.

이러한 교감의 장면은 책이 갖는 주-객모델에 기초한 글쓰기의 논리가 작동을 멈추는 지점이라고 볼 수 있다. 책이 기초하고 있는 저자와 독자의 구분, 그리고 독자를 대상으로 하는 글쓰기 논리가 상호 동등한 교섭 속에서 변형되기 때문이다. 이렇게 볼 때, 카페 회원들은 글을 쓰는 경우에도 언제나 과정 중에 있는 존재(person-in-process)로서, 타인의 인정의 과정을 거치면서 자신의 정체성을 형성하는 순환에 들어서 있는 사람들이라고 볼 수 있을 것이다.

다른 한편, 완성될 수 없는 책의 한 조각을 쓴다는 점에서 회원들이 쓰는 글은 임시적인 특성을 가진다. 2년이 지나면 삭제될 것이라는 점에서, 그리고 인터넷 공간의 관행상 과거의 것은 거의 읽히지 않는다는 점에서 글은 일시적인 자기기록이라는 성격을 가진다. 언젠가는 사라질 글, 그런 조각 생각을 게시물에 올리는 것이다. 누구나 글을 올릴 것이 격려되는 분위기, 손쉽게 올리는 글에 관용적인 태도는 인터넷 글쓰기가 갖는 임시성에 근거한다.

따라서 인터넷에서의 글쓰기는 때로는 실험적 기획으로 연결된다. 사람들은 "객기를 부리는" 심정으로 글을 올려보기도 하고, 자신의 내면, 혹은 속내 이야기를 "한번 과감하게" 해본다. 이러한 시도는 그러나, 단순한 객기를 넘어선다. 실험이 가설을 입증 혹은 반증하듯이 글쓰기는 자신의 모습을 새롭게 보는 계기가 된다. "아마 내 친구가 봤으면 기절을 했을" 글을 써봄으로서, 내면의 다양성을 확인하고, 자신을 다시 보게 된다는 것이다. 때로는 분열적 자아를 느끼기도 하고, 자신의 욕망에 솔직해지기도 한다.

이러한 실험은 의도적이고 부분적인 자기 변형이라는 의미를 갖는다. 특정한 글을 올린 사람은 그 글을 쓰기 이전의 사람과는 특정한 의미에서 다른 사람이다. 자신의 생각이 표현되고 나면, 그것은 역으로 그런 생각을 하는 사람이라는 규정을 가능하게 한다. 이런 점에서 표현은 표현물로 인해 다시 자아가 구성된다는 점에서 자아의 변화라는 학습을 열어나가는 과정이다.

그러나 이런 표현물은 "한 번 써본 것"에 불과하다는 점에서, 자아에 대하여 충만한 의미를 갖는 것은 아니다. 어느 정도는 균질적이고 안정적인 태도 안으로 통합될 수 있는 선상에서 이루어지는 실험이다. 즉, 표현과 자아의 순환이 작동하고 있지만, 그것은 부분적이며, 실험적이라고 볼 수 있다.

이렇게 보면, 인터넷에서의 글쓰기는 성원들의 생각을 논리적으로 정교화할 수 있는 기회를 제공한다는 점에서 전통적인 글쓰기가 가지는 교육적 특성을 부분적으로 가지는 동시에, 비교적 자유로운 자기 표현을 통해 집단 속에서 새로운 정체성을 시험할 수 있도록 해준다는 복합적인 성격을 가지고 있다고 할 수 있다.

3. 의견교환과 대립 : 토론과 논박

인터넷에서 텍스트는 대개 개별적인 생각을 공공의 장에 띄우는 형태를 취하며, 그 공공의 장은 일정한 지향성을 가진 사람들에 의해 창출된다. 따라서 기본적으로 게시물은 타인과의 합의 혹은 대립을 지향한다. 쓰기는 타인의 입장과의 교환, 즉 토론을 지향한다.

> 나는 왜 영화를 보고 글을 쓰려고 하는가. 분명, 이 작업은 나에게 어떤 의미의 쾌락을 보상해 줄 터이고, 그것이 나로 하여금 ... 이 작업을 하게 하는 것이다. 누군가가 쓰는 글에는 세상을 이해하는 입장이 담겨

있다. ... 나는 너희와 이렇게 다르다. 그래서 만약 나의 글을 읽는 누군가가 나와 같은 입장이라면 이 글로 자신의 동지 한 명을 더 확인하게 되었음 좋겠고, 나와 다르다면 분기탱천하면서 부르르 떨게 되기를 내심 바라고 있다.

영화평을 자주 올리는 이 게시자는 게시물이 자신의 단순한 이해의 방식 이상의 의미를 가지게 되길 바란다. 게시물이란 바로 누군가가 반응할 것을 기다리는 글이다. 동지 한 명이든 적대자든 게시물은 읽을 것을 전제로 올려지며, 따라서 글을 쓰는 과정은 소통을 위한 입장 표명의 과정이 된다. 카페에서는 이러한 특성이 명백히 드러나는 장면이 종종 발견되는데, 이것이 개별적 쓰기와 구분되는 토론이다.

토론은 하나의 주제에 대한 다양한 견해의 청취라는 방식의 논의와, 입장의 대립과 논박이 오가는 논쟁으로 구분된다. 논의의 경우 모두가 관심이 있을 법한 사안에 대하여 한 회원이 "이야기해 보자"라거나 "어떻게 생각하는가"라는 제안 게시물을 올리면, 그 주제에 대하여 관심이 있는 회원들이 릴레이식으로 게시물을 올리는 방식으로 진행된다. 예컨대 동성애에 대한 제안 게시물은 자신의 의견을 반박할 것을 제안한다.

진화론에서도 인간은 분명히 남자와 여자로 나뉘어 진화되어왔다. 그리고 그 둘의 섹스를 통해 새로운 세대를 탄생시켰다. 나에게 동성연애를 정당화할 수 있는 근거를 제시해달라. 상황윤리, 다원주의에 입각한 논리가.아니라 성경적이거나 아니면 생물학적인 명백한 증거를 제시해달라.

이러한 제안이 충분히 진지할 경우, 답글이 게시된다. 제안자는 그러한 체험들과 자신의 체험을 비교하고, 이전에는 생각하지 못했던 새로운 생각을 가지게 된다. 예컨대 원조교제에 대한 논의가 있은 후, 윤리학이나 정치경제학적 차원에서 원조교제를 분석한 게시물을 읽고 난 사람들은 “원조교제가 그렇게 복잡한 이데올로기적 지형을 가지고 있는 줄은 몰랐다”거나 “사소한 사건도 그렇게 다양하게 분석될 수 있다”는 사실을 깨달으면서 많이 배웠음을 고백한다. 해당 주제에 대한 지식이 늘었다는 것이다.

이러한 집중적 논의는 사회적으로 민감한 사안은 물론 일상적인 문제에 대해서도 이루어진다. 회원들은 이러한 토론을 “의미 있는 체험”으로 기억한다. 집중적인 논의를 통해 특정 주제에 대한 정리된 입장을 가지게 될 수 있기 때문이다. 예컨대 여성학카페의 경우, 한 회원이 원조교제에 대해서 어떻게 볼 수 있는지 알고 싶다는 의견을 올리자 3일 동안 11명의 회원이 그에 대한 게시물을 올렸다. 정치경제학적 시각에서 윤리학적 시각에 이르기까지 다양한 논의가 전개되었으며, 때로는 서로의 견해에 대한 비판도 이루어졌다.

또한 “여자가 반항하면 강간은 이루어질 수 없다고 하는 한 선배의 주장에 대해 어떻게 반박해야 좋을지 모르겠다”는 게시물이 오르자, 4명의 회원이 그에 대한 반박의 논리를 담은 게시물을 연이어 올렸다. 강간을 화간으로 돌리려는 시각에 대한 비판이 조목조목 논의되고, “설득 전에 우선 야구방망이로 두들겨주겠다”는 감정 섞인 게시물도 오르고 나서, 결국 질문자는 만족할 만한 답을 얻게 되었다는 감사의 글로 논의를 마무리하였다.

이러한 논의의 진행과정 속에서 사람들은 다양한 사람들의 목소리를 들으면서 원조교제 혹은 강간이라는 문제를 다시 한 번 생각해 볼 기회를 가지게 된다. 특정한 주제가 자연스럽게 설정됨에 따라 회원들은 "그전에는 별 관심 없었던" 주제에 대하여 새로운 시각에서 생각해 보게 된다. 더불어 회원들은 다른 사람들의 다양한 견해를 읽으면서 자신이 가지고 있었던 기존의 견해를 수정하고 타인과 조율하여 보다 발달된 견해에 도달하는 학습 체험을 하게 된다. 생각해 볼만한 주제와, 생각하는 방식을 새롭게 접하게 되는 것이다.

이러한 사례는 집단적 소통의 과정을 통해 지식을 얻는 모습을 잘 드러내 준다. 카페에서 사람들은 특정 주제에 대한 의견을 묻거나 그에 대해 답하는 게시물을 통해 서로 상호작용하는 가운데 세상을 보는 새로운 시각이나 새로운 영역의 지식을 획득하고 있다는 것이다.

이와 다른 성격의 토론으로는 논박(debate)이 있다. 주로 논박은 단체의 정체성에 대한 회원들의 비아냥거림에서 비롯된다. 동성애자는, 여성은, 사회운동은 이러이러 해야 한다는 규범적 주장을 담고 있는 논박성의 게시물은 사실상 답신을 기대하는 것이 아니다. 오히려 자신의 불만을 표출하고자 한다.

> 하지만 진정한 이성에 대한 사랑을 겪어 보지 못한 사람이...
> 동성에 대한 사랑을 어떠케 알고...하시는지..^^;;
> 저로서는 이해가 안 가네엽..^^;;
> 그러니깐..서로 중립적인 입장에 서서..뭐 하나만이 옳다고 우기지 말고..
> 그냥 잘 사라 가라는 그런 말이에엽..

동성애자 님들두..한번쯤은..이성에 대한 슬픈 사랑을 함 해보세엽..
그럼 혹시 이성애자가 될수더 이써엽...뭐..되기 싫으면 말구엽.

도발적인 비난성 게시물이 오르면 대개 카페는 시끄러워진다. 게시물을 둘러싼 논쟁이 시작되기 때문이다. 반박게시물은 논리적인 질문 게시물에 대해서는 조목조목 따지는 방식을 취하며, 감정적 게시물에 대해서는 감정적으로 반응한다. 때로, 감정적 비난의 게시물을 보다 진지하게 다루면서 카페의 도덕적 우월성을 과시하기도 한다. 어떤 경우이건, 논쟁이 지속되는 것은 이러한 반박게시물에 대하여 처음 글을 올린 사람이 계속해서 자신의 입장을 고집하기 때문이다. 사안에 따라 논쟁은 다양한 양상으로 번지지만, 10-15일 동안 지속되는 경우도 많다.

결과적으로 논박은 "서로의 입장을 굳히는" 효과를 가지고 있다. 대립적 양상으로 진행되기 때문에 논박은 논의와 달리 합의창출적이지 않다. 2년 차의 한 회원은 카페에 비난성 게시물이 오를 때마다 누군가가 시원한 비판을 해주기를 바라지만, 굳이 나서지는 않는 관망적 태도를 가지기도 한다. 성과없이 피곤하기만 하기 때문이다.

그러나 이러한 서로의 입장을 굳히는 논박이 무의미한 것은 아니다. 사람들은 논박을 통해 해당 문제에 대하여 정교하게 사고하게 되고, 다른 구성원의 생각을 확인하며 신뢰를 가지게 되기도 한다. 집단적 차원에서 보면 이러한 논박의 효과는 카페 식구들 간의 응집성을 강화한다는 점에서 찾아진다.

논박의 과정에서 사람들은 타인이 논리를 전개하는 과정 속에서 자신의 논지가 명쾌해지는 느낌을 받는데, 그것은 곧 무엇인가를 학습하고 싶다는 욕구의 발현이다. 그리고 그러한 욕구가 적합하게 충족될 때, 또는 새로운 비판의 축을 접하게 될 때, 회원들은 오래도록 기억에 남는 내용을 배우게 된다. 자신이 행할 수 없는 시원한 비판을 기대하고, 그 기대가 언어로 현실화되는 과정을 보면서, 자신의 '막연한 사고'를 언설화하는 방법을 배우게 되는 것이다.

사실 인터넷 상에서는 즉각적으로 반응하지 않아도 되기 때문에 한 의견에 대해 충분히 숙고할 시간이 있다. 이런 점에서 인터넷 토론은 면대면 토론에 비해 의미있는 논의를 생산할 수 있는 가능성을 가지고 있다. 논의는 논의대로, 논박은 논박대로 상대방에게 무엇인가 도움을 주기 위해 혹은 반박하기 위해 숙고의 시간을 필요로 하며, 이는 보다 정교한 사고나 견고한 견해로 이어진다. 비아냥거림을 탈피한 진지함만 있다면, 토론은 본래적 의미에서의 학습과정인 것이다.

4. 표현양식 : '말글'의 사용

인터넷에서의 상호작용을 아우르는 형식은 '말글'이라는 용어로 압축할 수 있다. 인터넷에서의 표현양식 상의 특징은 발음대로 표기가 이루어지며, 비문도 많다는 점에서 문어(文語)이되 문어가 아닌 '말글'이라고 부를 수 있다.

게시물은 '글'의 형식으로 등록되지만 내용적으로는 한마디 던지고 지나가는 말에 가까우며, 이런 현상은 채팅의 경우 보다 강화된다. 텍스트들은 말처럼, 소리나는 그대로 쓰이는 경우가 많다. 보편적인 맞춤법은 독특한 말투에 자리를 내어주고, 맞춤법의 질서는 발화의 방식으로 재편된다. 복잡한 받침이나 어미는 생략되는 경우가 대부분이다. "많아요, 처음, 너무 좋다"라는 말이 "마나요, 첨, 넘 조타"라고 쓰는 것은 일반적이기까지 하다.

구체적으로 보면, 인터넷 용어는 깔이(여자친구), 쏭방(노래방), 담탱이(담임선생님) 등의 은어와, "하숍(하세요)", "고딩(고등학생)"과 같이 줄여 쓴 단축어, 그리고 "안냐세요?", "그랬어여" 등 인터넷에서만 쓰는 인터넷사투리로 구분될 수 있다. 속도감을 중시하다 보니, 비문은 비일비재하게 나타난다. 이렇게 기존의 언어관행을 거스르는 인터넷 용어가 사용되는 것은 그것이 생생함을 담고 있기 때문이다. 소리나는 대로 쓰는 일은 상대방이 말하는 것처럼 느끼게 해주는 행위이며, 문자의 탈맥락성이 가지는 비인격성으로부터 말하는 자의 개체성을 보장해주는 전형적인 방법이다. 사람에 따라서는 자신만의 스타일을 전달하기 위해서 새로운 언어사용을 시도하기도 한다. "안녕히 가세요"보다는 "빠이"가 자신의 이미지에 맞는다는 것이다. 네티즌들은 자신의 목소리가 상대방에게 육화된 음성으로 전달되기를 바라며, 따라서 인터넷에 접속한 지 얼마 지나지 않은 경우에도 손쉽게 인터넷 사투리를 쓰게 되는 것이다.

국어학적으로 보자면 이런 인터넷 용어는 맞춤법 자체를 파괴하는 문화를 만들어낸다는 부정적 측면을 갖는다. 인터넷 용어는 명백히 우리의 언어를 훼손하는 문제라고 평가되기도 한다. 사실, 초등학생의 경우 표준어법을 모르는 상태에서 인터넷 용어를 먼저 익히게 되는 경우가 다반사이고, 이렇게 언어사회화가 이루어질 경우, 국어훼손은 작은 문제가 아니다.

교육학적으로 보면, 인터넷의 비문, 은어는 기본적으로 '곰곰이 무엇인가를 생각하는' 일과 상충된다. 생각하기 위해서는 모든 행동을 정지하고, 생각 자체에 몰입하는 시간적 여유가 필요하다. 급하게 무슨 일인가를 행하는 동시에 무엇인가를 골똘히 생각할 수는 없다는 것이다. 빠르게 걸어가다가 갑자기 어떤 생각을 하게 된 경우를 생각해 보자. 대개는 그 걸음이 느려진다. 생각하기는 어느 정도는 행동의 정지를 요청하는 것이다(Kundera, 1995).

인터넷에서의 '속도전'은 생각이 개입할 틈을 주지 않는다. 인터넷의 사이트가 5초 내에 뜨지 않으면 일반적인 네티즌들은 다른 사이트로 이동한다. 채팅에서 느리게 대화하면 보조를 맞추지 못해 '왕따'가 된다. 오타나 축어 등을 허용하는 문화는 이런 빠름에 대한 선호의 결과라고 볼 수 있으며, 이는 결국 네티즌들이 생각할 시간 자체를 덜 가지게 된다는 것을 의미한다. 자신과 세계에 대하여 가진 생각을 발전시킬, 다소는 지루한 생각의 시간이, 인터넷에서는 쉽게 주어지지 않는다는 것이다. 다음은 인터넷에서 새로운 정보를 획득할 수는 있지만, 사고를 발전시킬 수 있는 기회를 가지기는 어렵다는 사실을 잘 드러내 준다.

> "느낌대로 쓰는 거죠, 뭐. 상대가 야, 그러면 나도 야, 하고 그렇게요. 특히 채팅은요. 인터넷을 하면서 그렇게 뭘 생각한 적은 없어요. 욕도 그래서 아무렇지도 않게 써요. 그냥 기분 나쁘면 욕을 하는 거죠."

색다르고 튀는 언어에 대한 선호 역시 사고의 발달과는 거리가 멀다. 일관되고 합리적인 사고를 위해서는 하나의 문제를 다양한 각도에서 보는 연습과, 자신의 문제의식을 놓치지 않는 집요함이 필요하다. 그러나 인터넷의 언어는 게시판 가운데서 선택되기 위한 강력한 표현을 요청하기 때문에 네티즌들은 면밀한 사고를 촉발하는 글쓰기보다는 짧고 강렬한 글쓰기로 이동한다. 문자를 무수히 대하면서도 사람들은 하나의 문제를 지속적으로 생각한다거나 논리적인 사고를 하기보다는 다양한 감정의 편린에 익숙해지게 된다.

전자적 글쓰기가 글이 아닌 '말'의 속성을 가지고 있음으로 인하여 전자공간은 '의미 없는 수다'가 난무하는 공간, '쓸데없는 이야기'가 쌓여있는 곳으로 평가되기도 한다(Morris, 1996). 별 의미가 없는 이야기를 툭 던지고 지나가는 곳이 게시판이라면 그곳은 단순한 배설의 장소 이상이 되기가 어렵기 때문이다.

그러나 인터넷이 가지는 이런 부정적인 측면에도 불구하고, 그리고 '언어순화'를 향한 무수한 캠페인에도 불구하고 좀처럼 표현방식은 바뀌지 않는다. 사실 인터넷이라는 공간에서 좀더 밀접한 소통을 원하는 사람들이 있는 한, 친밀감을 보장하는 소통방식에서 벗어나기는 어렵다. 대부분의 네티즌들은 문자 소통을 하면서, 문자의 보편성 뒤로 숨는 자신의 개별성을 드러내고 싶은 욕망을 가지고 있기 때문이다. 더욱이 말글이라는 형식은 엄격한 문법을 지키기 위해 들여야 하는 시간을 줄여준다. 이런 점에서 빠른 소통을 위해 등장한 축어와, 집단적 정체감 형성기제로 기능하는 은어, 그리고 문자문화의 거리감을 줄이기 위해

동원되는 인터넷 사투리는, 친밀성을 표현하고 네티즌 간의 집단적 정체성을 형성하는 매개가 된다는 점에서 문자소통이 지속되는 한 쉽게 사라지지 않을 가능성이 높다.

나아가서, 인터넷은 일정 정도의 교육적 효과를 가지고 있다. 인터넷 언어는 글에 대한 공포를 줄여줌으로써 자신을 드러낼 수 있는 기회를 제공한다. 만약 논리적이고 치밀한 글이 게시물의 조건이라면 네티즌들의 대부분은 글을 쓰고 등록할 수 있는 권리가 보장되어 있다고 하더라도 게시물을 올리기 어려울 것이다. 또한 글 올린 사람에 대한 거리감 역시 높을 것이라 예측할 수 있다. 그러나 인터넷 상의 글은 오히려 '말'에 가깝기 때문에 사람들은 글을 이야기처럼 들으며, 자신의 이야기를 말처럼 하는 가운데 학습으로 나가는 장벽을 낮추게 되는 것이다.

이런 점에서 인터넷의 말글은 말이 가지는 즉각적이고 맥락구속적이며 표현적인 속성과, 글이 가지는 맥락이탈적 설득력을 결합할 수 있는 가능성을 가지고 있다(Ong, 1982). 말이 가지는 친근함과 글이 가지는 논리력을 잘 결합하도록 지도할 경우, 말을 사용하는 교육현장에 비하여 학습자들은 더 논리적인 표현을 구사할 수 있게 되고, 글에 대한 저항감으로 인해 글쓰기를 포기하는 태도도 버릴 수 있게 된다는 것이다.

이런 가능성은 일정한 경계가 있는 카페에서 포착될 수 있다. 카페에서의 게시물은 손쉽게 올려진 글이되, 말이 낳을 수 있는 무례함을 가지지 않고 있다. 카페의 글은 인터넷 일반처럼 익명의 대중을 대상으로 하는 것이 아니라 카페회원이라는 특정한 대상을 겨냥하고 있기 때문에 무례하지 않으며, 다른 회원들이

용인해 줄 것이라는 믿음 속에서 글의 엄격성을 축소시킨다. 따라서 말을 닮은 글이라고 하더라도, 무책임하다기보다는 '글의 무거움'을 줄여주는 기능을 하게 된다.

> "일반 게시판에 쓰는 것과는 다르지요. 일반게시판에는 정말 쓰레기 같은 글들이 많아요. 하지만 여기에는 이미 나를 아는 사람이 있잖아요. 좋아하는 통하는 사람도 있구. 내가 글을 쓰는데 여기(카페)를 이끌어가는 힘이구요."

사람들은 자신의 이야기를 보다 손쉽게 기록할 창구를 가지게 되며, 그것이 카페에 대한 참여로 연결되는 것이다. 일단 자신의 글이 게시판의 한 영역을 차지하게 되면 사람들은 '정말 내가 이 카페의 구성원이구나'하는 감정을 느끼며, 글 쓰는 일에 대한 저항감을 덜 갖게 된다. 그러므로 말글은 일정한 정도의 소속감과 책임감을 가지게 한다는 점에서 인터넷 '일반'의 글쓰기와 다르며, 동시에 '거부감'을 덜 갖게 한다는 점에서 인쇄매체의 글쓰기와도 다른 성격을 가진다. 타인과의 관계를 용이하게 형성하게끔 하는 새로운 표현양식인 것이다.

chapter

05

학습 장면에서의 관계방식 : 몰입, 친교, 관망

'인터넷에서의 학습'이라는 말을 들을 때, 대부분은 학습자가 정보를 찾는 장면을 떠올린다. 그러나 인터넷이 사람들이 서로 소통하는 과정에서 형성된 공간이라는 사실을 염두에 두고 보면, 쓰기와 읽기, 토론 등의 과정이 타인과의 교류의 일환으로서의 의미를 가지고 있음을 알 수 있다. 공감적 읽기, 다른 회원과의 조율을 지향하는 쓰기, 다른 사람들의 의견을 기대하며 진행되는 토론에서 드러나듯이, 인터넷, 특히 인터넷 공동체에서의 학습은 타인지향적이다.

논리적으로 보면 인터넷 공동체에서의 학습은 첫째, 상상적으로 몰입하는 단계, 둘째 면대면 모임을 통해 현실감을 획득하는 단계, 셋째, 안정적 '온라인 인간관계'를 형성하는 단계로 구분된다. 구성원들은 처음부터 공동체의 일원으로 출발하는 것이 아니라, 탐색기와 갈등기를 거쳐 구성원으로서의 안정감을 가지게 되는 일련의 체험을 거치면서 학습을 진행하는 것이다. 카페를 중심으로 그 과정을 살펴보자.

1. 학습세계의 발견과 몰입적 학습

가입 초기에 사람들이 카페를 전유하는 방식은 상상적 몰입이다. 카페에는 누구나 참여할 수 있으며, 또한 게시물 읽기와 채팅을 통해 알 수 있는 것은 그 사람들의 부분적인 모습이기 때문에 신입회원이 다른 회원들의 생각과 태도를 안다거나 카페에 대해서 "구체적인 감"을 잡기는 쉽지 않다. 이렇게 카페의 전체 상을 파악하는 것이 어렵다는 바로 그 점으로 인하여 사람들은 카페를 자신 나름대로의 상상 속에서 규정할 수 있게 되며, 그렇게 규정된 추상적 관계에 대하여 몰입하게 된다.

카페는 인터넷 환경이 일반화된 이후로 급증하여, 활발히 운영되는 카페만도 대략 2만여 개로 추정된다. 어떤 네티즌들도 각 카페를 하나씩 꼼꼼히 들어가보는 일은 불가능하다는 말이다. 따라서 카페에 가입하는 사람들은 특정한 취미나 관심분야를 중심으로 카페를 검색하며, 다른 매체를 통해 알게 된 정보에 따라 카페에 들러보게 된다. 이곳 저곳을 다녀보고, 내용을 훑어보다가 자신의 마음에 맞는 카페가 있으면 자주 방문하고, "나도 무엇인가 기여하고 싶다"는 적극적인 마음을 갖게 되면 회원이 되기로 결정한다. 무엇인가 자신에게 의미있는 것을 찾아 인터넷의 영역을 다니다가, 적합한 것을 발견하게 되는 것이다.

평생학습의 차원에서 보면 이러한 과정은 암중모색의 학습 단계에서 학습세계를 발견한 단계로의 이행이라고 볼 수 있다. 학습자가 자신에게 적합한 학습의 장을 드디어 발견하고, 자신과 유사한 사람들이 모여 함께 학습할 수 있는 카페를 발견하는 일은 마치 새로운 친구를 만난 것과 같은 반가움을 주며, "환희의 느낌"까지 가지게 해 주는 것이다.

예를 들어 여성주의 카페의 경우, 사람들을 묶는 고리는 여성 억압적 현실에 대한 인식이다. 여성이기 때문에 경험해야 하는 "억울함"이나 "부당함"을 함께 느끼는 사람들의 모임이 바로 여성주의 카페다. 따라서 현실공간에서 그런 문제에 대하여 소통할 수 있는 상대를 찾지 못하던 사람일수록 이곳에서는 해방감을 느끼며, 자신이 하고 싶은 말을 마음놓고 할 수 있다는 편안함을 느낀다. 이런 느낌을 한 회원은 "세상과 분리된 섬"이라고 묘사한다. 이곳은 "웬만한 친구에게도 말하기 어려운 사연"들이 수용되는 만남의 공간이라는 것이다. 이러한 환희 혹은 해방감으로 인해서 초기에 회원들은 여성주의 카페에 급속하게 몰입하게 된다. 한 회원은 여성주의 카페와의 만남이 갖는 의미를 이렇게 말한다.

> "태평양을 만난 코르테스의 심정인 거지. 야, 이런 게 있었구나. 이런 세상도 있었구나. 그런 거. 그걸 발견하고 나니 내가 여기 있다는 것,

당신들과 유사한 생각을 하고, 그런 삶을 살고 있는 내가 있다는 걸 알리고 싶어지더라구. 날 사람들이 알아주기를 바라는 거지. 그러다보니 월 한 30시간이 훌쩍 가더라구."

공간의 발견에 대한 환희는 그 공간의 거주자에 대한 신뢰로 이어지고, 그것은 자신에 대한 인정 욕구로 이어지며, 따라서 공간을 구성하는 실천에 몸담게 된다는 것이다. 활동적인 회원들은 대개 이렇게, "카페에서의 활동을 거의 하루 종일 생각하는" 몰입을 체험했던 것으로 보인다. 이러한 몰입은 집단에 대한 몰입이라는 점에서 현실공간에서도 찾아보기 힘든 강력함을 가지고 있다. 예컨대 대학의 동아리는 구성원의 수나 성격 면에서 카페와 유사한 특성을 가지고 있는 것으로 보이지만, 동아리 자체에 대한 몰입 현상은 보기 드물다. 몰입은 음악이나 예술, 과학 등 오히려 동아리에서 다루는 '대상'에 대한 것이다. 그렇다면 사람들은 왜 카페에 대해서는 그렇게 몰입하게 되는 것인가?

쉽게 떠올릴 수 있는 답은 카페에서의 활동이 사람이 아니라 '대상'에 대한 것이라는 점이다. 카페라는 조직은 자신이 관심을 가지는 대상과 동일시된다. 현실공간에서는 사람들과 공유의 대상은 분명한 구분선을 가지고 있지만, 인터넷 공간에서는 사람들은 사라지며, 유일하게 남는 것은 그들이 대상에 대하여 언급한 지식이나 태도, 정보 등이다. 사람들이 접하는 것은 메시지 그 자체이다. 거짓으로 쓴 글이라 할지라도 그것은 순수하게 사실을 기록한 게시물처럼 보인다. 사람들이 접하는 것은 게시물의 메시지일 뿐이다.

따라서 처음 자신의 관심사가 집단적으로 다루어지고 있는 모습을 발견한 사람들은 새로운 시각으로 세계를 보는 무수한 메시지들, 사람들의 자국들을 보게 되며, 이러한 자국에서 동질감을 느끼며 환호하게 된다. 곧 카페에서의 몰입은 한 명의 회원이 전자 텍스트라는 특정한 메시지와 긴밀하게 상호작용하는 과정이자 결과라고 볼 수 있다. 카페에 대한 규정과 느낌은 전자 텍스트를 해석한 방식에 따라 회원들마다 다르게 나타난다. 모든 회원이 카페에 대해 “나름대로의 규정”을 가지고 있는 것이다. 바로 이 점이 인터넷에서의 경험의 특성을 이룬다.

이러한 몰입은 추상적인 대상과의 관계라는 점에서 상상적인 것이다. “이렇게 공감이 가는 카페가 있으리라고는 생각도 못했다”는 한 신입회원의 말처럼 여성주의 카페는 여성학적 시간과 실천으로 가득 찬 공간처럼 보이며, 따라서 그 공간에서는 자신이 그간 가져왔던 여성으로서의 체험과 이야기, 분노 등을 고스란히 기록해 낼 수 있을 것으로 보인다. 바로 이러한 특성, 곧 순수히 여성학적인 사람들만 모인 것 같은 특성이 인터넷 공간이 가지는 매력이며, 흡인 요인이다.

따라서 신입회원들은 기존 회원에 대하여 자신과 생각을 같이 하는 사람이라는 생각 속에서 그 사람의 글을 대하고, 모호한 동지의식 속에서 친밀감을 느끼게 된다. 여성주의 카페는 자신을 이해하고 자신의 처지에 공감할 수 있는 사람들을 만날 수 있는 인터페이스로 상정되는 것이다.

물론 언제까지나 몰입 상태에 있는 것은 아니다. 회원들은 대개 2-3개월가량이 지나면 어느 정도의 거리를 두고, 나름대로의 인터넷의 의미를 재규정한다. 그러나 그것이 카페에 대한 애정이 식었다거나 활동을 중지한다는 것을 의미하는 것은 아니다. 이러한 몰입의 체험은 카페에 대한 애정의 근원을 이루며 계속적인 학습의 근거가 된다. 몰입의 체험은 회원에게 성원됨의 정체성을 부여한다는 차원에서, 그리고 여성학적 시각에 흠뻑 빠져보는 기회를 제공한다는 차원에서 의미를 가진다. 경험의 본질은 몰입이며, 몰입은 사람들에게 학습의 잠재력을 제공하는 원천이라는 점을 고려하면(Usher & Edwards, 1994), 몰입의 기회를 제공하는 가상공간은 지속적인 학습의 지반을 형성하는 힘을 제공한다는 점에서 면대면 공간에서도 찾아보기 어려운 학습공간으로서의 의미를 가진다고 볼 수 있다.

2. 현실감의 획득과 친교적 학습

상상적 몰입의 단계가 계속되는 경우는 매우 드물다. 인터넷에만 몰입해서는 현실 생활이 정상적으로 이루어지기 어렵기 때문이기도 하고, 유사한 논의가 반복되고 이에 대하여 익숙해지게 됨에 따라 카페에 대하여 일정한 거리를 두게 되기 때문이기도 하다. 그러나 상상적 몰입의 상태에서 벗어나게 되는 명시적인 계기는 면대면 모임인 "오프(off)"라고 볼 수 있다. 오프를 통해 회원들은 자신과 "진짜" 친구를 얻게 되고, 그것으로 인해 자기 나름의 안정적 참여방식을 구축하게 된다. 오프는 신비감을 줄이는 동시에 친밀감을 높이는 기능을 함으로써 회원들의 여성주의 카페에 대한 참여방식, 그리고 학습의 방식을 변화시킨다. 즉, 오프를 통해 회원들은 상상을 그치고 현실감을 얻게 되면서 사람들은 카페 활동을 새롭게 규정하게 된다.

오프가 이루어지는 이유는 많은 회원들이 생각이 유사한 사람과의 만남을 원하기 때문이다. 게시물을 통해 이미 "나와 통하는 사람"이라는 생각을 하고 있기 때문에, 시간이 지남에 따라 사람들은 보다 구체적으로 동류 확인의 욕구를 느끼게 된다.

> "같은 생각이나 태도를 가진 사람이 바로 내 주변에 있다는 게 참 위안이 될 때가 있어요. 더구나 나랑 같은 카페 회원이라는 거... 기분이 좋죠. 물론 잘 안 통하는 사람도 있지만 대개는 참 좋아요. 여긴 나이도, 직업이나 뭐 경력, 그런 것도 천차만별이잖아요, 그래도 다 비슷한 생각으로 살고 있다는 생각에 만나면 기분이 뿌듯한 거죠."

책의 저자는 일단 수많은 독자를 대상으로 일방적으로 이야기를 해주는 존재이다. 저자 앞에서 독자는 학생이며, 경청자이며, 수용자이다. 책의 저자와 독자의 동등한 관계는 사실 상 불가능하다. 그러나 카페회원의 경우는 사정이 다르다. 글을 많이 올리는 사람이 있다고 하더라도, 그 사람은 단지 공동체의 성원이기 때문에 글을 올리는 것이고, 따라서 회원들은 동료 의식을 가지고 그 사람을 바라본다. 인터넷 공동체에서는 누구나 글을 쓸 수 있고, 이야기는 나누어지기 때문에 존재한다. 그런 관계의 구조 위에서 소통이 이루어지기 때문에 사람들은 서로를 궁금해 하고, 만나고자 한다.

따라서 만남 후에는 친밀함을 넘어서는 연대의 감정이 일어나기도 한다. 한 남성 회원은 "아주 다른 사람들이라는 것, 그러나 성을 떠나, 개인적 차이를 떠나 하나의 감정을 느낄 수 있는 연대감"을 느꼈다고 번개 소감을 말한다. 평생 친구라는 말이 정기모임이나 번개 후기에 자주 등장하는 것도 이와 유사한 감정에서 비롯되는 것이다. 삶의 철학이나 세계관의 차이를 넘어서는 관계 유지가 어려운 현대라는 조건 하에서, 카페는 유사성에 기초한 새로운 관계형성의 장이 되고 있는 것이다.

오프모임은 그러므로, 개개인으로 구현되어 있는 카페를 확인하는 작업이라고 볼 수 있다. 오프모임에 참여한 후에 회원들은 인터넷 활동에의 참여가 수월해졌다고 이야기한다. 글 주인도 역시 나와 같은 별 것 없는 사람이라는 것이 카페에 대한 친밀감을 강화시켜준다는 것이다.

이렇게 보면 오프모임, 즉 면대면 만남을 통해 회원들은 우선 인터넷에 대한 거리감을 극복하게 된다고 볼 수 있다. 컴퓨터를 능숙하게 다루는 경우에도, 대개의 성원들에게 인터넷에서 게시물을 올리는 행위는 그리 쉬운 일로 다가오지 않는다. 글을 올리는 것은 자신의 생각을 공중(公衆, the public)에게 심판받는 일로 느껴지며, 100여 명의 조회 수는 손쉬운 글 올리기를 어렵게 한다. 그러나 오프라인의 만남을 통해 회원들은 "다른 사람에게 이야기하는" 심정으로 글을 올리게 된다. 상상의 이미지와 현실의 신체간의 격차가 반복적인 만남 속에서 줄어들게 되면서 사람들은 ID를 인간으로 치환하게 되고, 소수이지만 알고 있는 대상에게 말하듯 글을 쓸 수 있게 된다. 일단 한번 만나 친밀감을 느낀 회원은 다소 자신있게 그리고 편안하게 글을 올릴 수 있게 되는 것이다.

이 단계는 탈신비화를 통한 학습의 단계로 명명될 수 있다. 오프 만남을 통해 친밀감을 느끼게 된 회원은 게시물을 "알고 있는 사람"으로 대하게 되고, 그 사람의 글을 빼놓지 않고 읽게 된다. ID는 글과 글 간의 경계를 짓는 의미로서가 아니라 동일한 사람을 구성하는 정체성으로 부상하게 된다. "10명이 글을 올렸구나"가 아니라 "아무개가 글을 올렸구나"라는 수용방식 상의 변화가 일어나게 되는 것이다. "이제는 ID가 사람으로 느껴진다"는 한 회원의 정모 후기는 이러한 태도를 잘 드러낸다. 문서를 타인의 이야기로 읽게 되면서, 사람들은 이제는 인격화한 글이 된 게시물을 손쉽게 소화하게 되는 것이다.

그러나 동시에 이는 탈신비화의 과정으로서, 몰입의 상태에서 벗어나는 계기로 작용한다. 몰입의 조건으로서의 상상적 규정, 즉 추상적 대상에 대한 신비감이 사라지기 때문이다. 따라서 오프모임은 "그들도 역시 인간"이라는 사실을 되새기게 해주는 계기라고 볼 수 있다.

3. 거리두기와 관망적 학습

처음에 게시판은 "신비로운 통일성의 공간"으로만 보인다. 동일한 색채의 글이 올라오기 때문에 게시판은 충분히 탈인격화된 공간이다. 그러나 반복적인 참여를 통해, 그리고 면대면 만남을 거듭하면서 카페는 점차 인격화된 공간으로 전환된다. 그곳은 자신이 아는 사람이 있는 공간이고, 자신의 글을 애정을 가지

고 읽어주는 사람이 있는 공간이며, 감성을 읽어낼 수 있는 사람의 글이 올라오는 장소가 되는 것이다

이런 친교의 과정이 좋기만 한 것은 아니다. 상처를 받고 입히는 일상적 과정을 통해 회원들은 소극적으로 되기, 관망적으로 되기로 나아간다. 자신의 한 마디가 큰 영향을 미칠 수도 있다는 인식과 타인과의 감성적 유대 속에서 회원들은 게시물 쓰기에 있어서 최대한의 주의를 기울이는 것을 배운다. 이것은 저장되는 대화의 경우에 있어서도 마찬가지이다. 글을 올릴 때는 물론 대화 때에도 특정인을 지목한다거나, 감정이 섞인 용어는 사용을 최대한 자제하며, 표현이 거친 것이 아닌지를 세심하게 정리한다.

이 단계에 이른 회원들은 토론을 벌일 때, 자신의 견해를 완곡하게 표현하며, 자신과 같은 입장도 있을 수 있지 않겠는가 하는 상호인정을 요청하는 신호를 보낸다. 이는 상대방을 충분히 배려하는 조심스런 설득의 기본 절차이다. 설득을 위해 상호인정을 요청하는 것이다. 이러한 설득의 방법에 대한 학습은 인터넷상의 논의에서는 감정이 섞이게 되면 상당히 거친 언사로 나아갈 수도 있다는 경험에서 나온 행동양식이다.

그런 경험은 다음과 같은 사례에서 잘 드러난다. "정팅"에 대한 후기에서 한 회원은 "** 회원이 들어오자 찰싹! 하는 썰렁한 분위기가 되었다"라는 언급을 하였는데, 언급된 회원은 그 글을 올린 회원에게 연락을 취하다가 연락이 되지 않자 운영진에게 삭제해줄 것을 요청했고, 운영진은 해당 글을 삭제하였다. 문제는 인터넷에서는 글이 인격이라는 점에 있었다. 자신의 글이 삭제

되자, 글을 올린 회원은 그것이 "자신의 기본적 권리에 대한 침해"라는 요지의 글을 다시 올렸고, 운영진의 경솔함과 글 삭제 요청의 부당함을 비판했다. 자신도 신중히 생각해 올린 글인 만큼, 삭제를 요청하기보다는 그에 대한 자신의 생각을 올리는 것이 정당하며, 자신의 동의 없이 삭제한 것은 있을 수 없는 일이라는 것이다. 곧 운영진은 사과문을 게시하였다.

이러한 사건은 일 년에 3-4차례 이상 발생하기 때문에, 6개월 이상 활동한 회원들은 이런 사건들에 대한 일련의 과정을 기존 게시물을 통해 알게 되면서 자신의 태도를 조율하게 된다. 사람들은 "카페에서 오랫동안 맺은 관계가 한마디 말로 순식간에 물거품이 될 수도 있다는 허무감"을 느끼기도 하고, 게시물을 작성할 때 얼마나 주의를 기울여야 하는지에 대해 새삼 깨달기도 한다. 여성주의 카페에서의 활동은 목소리나 표정이 제거된 글을 통해 이루어지며, 전자텍스트가 견해를 알 수 있는 유일한 채널이기 때문에 사람들은 자신이 감정적으로 적대적인 상태가 아니라는 사실을 최대한 글에 나타내고자 한다. 정서적 표현의 등장도 이러한 맥락에서 보다 자주 등장한다고 볼 수 있다.

이런 주의 깊은 태도는 분쟁을 일으키지 않기 위해 눈치껏 행동하는, 다소 "비겁한" 태도라고 평가되기도 한다. 가입 초기에 불화(flaming)를 경험한 한 남성회원은 자신이 남자라는 사실 때문에 더 "입조심"을 해야 한다는 사실을 깨달았다고 말한다. "착한 여자"라거나 "합리적인" 혹은 "정당화" 등의 용어는 가급적 피하고, "평가적 입장"에 서서는 안 된다는 것이다. 이것은 사실상 매우 소극적인 태도를 취하게 한다. 자신의 견해가 다를 때

조차도, 격한 논쟁이 오갈 것이 뻔한 문제에 대해서는 논의 자체를 꺼내지 않게 된다는 것이다.

두 번째로, 회원들은 타인의 인터넷 활동에 대하여 가능한 한 언급을 자제한다. 참여의 정도는 물론 참여 여부 자체도 개인의 선택에 맡기는 것이다. 아주 친밀한 관계를 이룬 소수의 사람들을 제외하고는, 자주 들르던 사람이 한동안 보이지 않더라도 그 사람이 인터넷 상에 자신의 사정을 이야기하기 전에는 그에 대해 언급하지 않는다. 전화 등 직접적인 접촉은 물론이고, 인터넷상의 메시지를 통한 접촉도 거의 시도되지 않는다. 인터넷상의 관계는 인터넷 공간 내에 국한한다는 원칙을 대부분이 수용하고 있는 것이다.

대부분의 회원들이 이러한 소극적 자세를 가지게 된 근원은 소통방식을 학습하는 과정에서 타인에 대한 태도 역시 학습한다는 사실에서 찾아진다. 회원들은 카페상호작용 방식, 즉 게시물과 채팅, 오프 모임 등을 거치면서 이미 집단적으로 형성된 적당한 무관심의 태도를 받아들이게 된다. 수용의 방식은 "원래 그런 것"이라는 포기를 통해서이다. 인터넷 상의 관계란 원래 한계를 가지는 것이며, 따라서 자신도 예외일 수 없다는 것이다. 점차 읽기나 쓰기는 줄어들게 되고, 자신이 꼭 발언해야 할 상황, 예컨대 자신의 생각과 다른 글이 게시물로 올랐다거나 자신이 아는 정보를 물었을 때에만 글을 올리는 다소 소극적인 태도를 가지게 된다. 이는 학습자가 다소 관망적 자세로 학습에 임한다는 사실을 알려준다.

초기에 진정한 친구를 만난 것 같은 상상적 몰입 속에서 타인에 대한 애정을 가지고 있었던 신입회원의 경우, 이러한 인터넷 예절은 "관계의 피상성을 덮기 위한 미명"에 불과하다는 실망감으로 귀결되기도 한다. 동질적인 사람들이 존재한다는 반가움과, 지향성이 같기 때문에 느꼈던 믿음이 사실은 관계의 일면만을 확대해석한 결과였다고 생각하게 되는 것이다. 때로는 "철저히 온라인적인 인간관계"에 실망한 회원은 공동체 자체를 탈퇴하기도 한다.

다시 말해, 인터넷은 한편으로는 타인에 대한 부담이 적다는 장점을 가지지만, 보다 전면적이고 끈끈한 인간관계를 갈구하던 사람들에게는 혼자만의 착각이었다는 좌절감을 일으키는 공간이기도 하다. 많은 회원들이 초기에 카페를 발견하고 희열을 느꼈다는 점을 고려하면, 이러한 인간관계의 경험은 카페에 대한 애정이 발전하는 것을 막는 측면이라고 볼 수 있지만, 다른 한편으로 온라인의 한계에도 불구하고 계속 참여한다는 것은 친소 관계로 인하여 학습을 중단하지 않는다는 의미로 해석될 수 있다. 카페에 참여하는 힘은 개별적 친소관계가 아니라 카페 전체와의 관계이며, 그 가운데 학습이 이루어지고 있다는 것이다.

4. 성찰학습방법으로서의 공론화

인터넷의 특징적인 소통방식은 개인의 문제를 공적인 장에 게시하는 것이다. 상당수의 구성원들은 성 체험이나 실연의 감정 등 매우 사적인 내용을, 누구나 볼 수 있는 동시에 그에 대하여 이야기 할 수 있는 공적 공간에 올린다. 성인학습의 차원에서 볼 때 이러한 '사적 문제의 공론화'는 비판적 학습의 고리로 작동한다. 개인이 느끼는 문제가 '개별적' 문제가 아니라는 사실을 깨달음으로써 학습자들은 그간의 경험을 재해석하고, 자신의 관점의 근저를 되짚어볼 수 있게 되기 때문이다. 사이버 학습공동체는 그러므로, 사적 문제가 공공적으로 이루어지는 공론장이라는 의미를 가진다.

사실 공론의 과정에 참여하는 것은 교육의 기본적 과정이다. 공론이란 사적 이해관계를 벗어나 상호주관적 시각을 가지고 공정하게 논의에 참여할 수 있는 자세, 즉 '교육받은 자세'를 전제로 한다. 학교교육에서 개인이 자신의 '사적' 이익에서 벗어나는 것이 '시민'됨의 출발점임을 가르치는 것은 학교교육과 공론화의 밀접한 관련성을 드러내 주는 것이다. 이런 점에서, "모든 사람이 집단에 기여하며, 집단의 작업에 반응하며, 타인과의 대화에 참여하며, 참여이전에 권위가 부여되지 않는" 인터넷 토론의 특성으로 인하여 학자들은 공공적 논의를 가능하게 하는 공간으로서의 인터넷에 주목하는 것이다(Daniel, 1996).

그러나 인터넷에서의 공론화 방식은 부르주아적 공론화 방식과는 약간의 차이를 가진다. 그 차이를 명료히 하기 위해 우선 부르주아적 공론의 방식을 살펴보자. 부르주아적 의미에서 공론이란, '공론장'을 이루는 근거로서, 이성의 공적 사용을 의미한다. 공론장은 발생사적으로 보면 "자본주의의 발전과 함께 분리되기 시작한 국가와 시민사회 사이에 여론과 같은 것이 형성되는 사회적 삶의 영역"(Habermas, 1996: 61)을 말한다. 개인과 정치는 분명 별개의 단위이면서도 어떤 식으로건 연결이 되어 있음이 분명한데, 그러한 연결고리가 바로 공론장, 혹은 공공영역이라는 것이다.[1] 즉 공론장은 개인이 공적인 장에 참여할 수 있도록 하는 매개 같은 것이다.

이러한 '참여'의 과정은 '이성적' 논의를 전제로 한다. 하버마스에 의하면, 부르주아 시대에 개인이 정치에 참여하는 방식은 공적인 영역, 즉 개인의 사적 이해관계에 얽매이지 않는 영역에 의해서 매개된 형태를 통해서이다. 즉 '이성'적 사유가 공론장 형성의 필요조건이라는 것이다. 예컨대 서신교환, 살롱, 커피하우스 등에서 사적인 개인들 간의 교류는 '이성적 교류'로서, 이것이 처음에는 문예 공론장을, 후에는 정치적 공론장을 형성하게 된다. '사적' 영역과 다른 '공적' 공간은 개개인들의 교화된 시민성에 기초한 '이성'에 기초하여 출현하게 된다는 것이다.

'이성적' 판단과 논의를 중요시하는 만큼 공론장은 비합리적인 독단에 대해 끊임없이 비판하고 보편적인 여론을 형성하는 영역, 사회전체의 문제와 관련된 비판적 성찰을 하는 공간으로 자리를 굳히게 된다. 공론장의 핵심에는 이성을 공공적으로 사용하는 행위가 존재하며, 이성적 논의와 같은 '행위를 할 수 있는 누구에

1) 초기에 공론장은 모든 시민이 비판적 언술변증과정에 동등하게 접근하여 공권력과 정치적 의사결정이 합리적 공중의 검토에 따르게 하는 제도를 뜻하는 것이었다. 우리는 쉽게 아고라(Agora)를 떠올려 볼 수 있다. 그러나 인구의 증가 및 사회의 급속한 발달로 직접적인 공개 토론이 이루어지는 고전적 공론장은 유지가 불가능하게 된다. 사회구성원의 공공성에 대해 논하는 것은 정치의 몫으로 넘겨지고, 정치는 비양심적인 영역으로 치부되면서 개인의 도덕성과 비양심적인 정치(또는 사회)간에 구분선이 놓여지게 된다(Koselleck, 1985).이런 구분이 새로운 구도를 그리면서 개인이 정치에 참여하는 것이 가능해지게 된 것은 부르주아에 의한 것이었다.

게도 개방되어있는 것'(Habermas, 1995: 105)이 원칙으로 자리잡게 된다. 곧 공론장은 개방성과 합리성을 전제로 성립될 수 있는 공적인 공간을 의미하는 것으로 규정되었다. '누구나'에게 개방되어있되, 논의의 흐름은 '합리적'일 것이 요청되었던 것이다.

이러한 공론장 논의는 '계몽주의적 이성'이라는 특수한 공론의 방식을 유일한 공론의 방식처럼 상정한다. 예컨대 하버마스는 다음과 같이 말한다.

> 단지 지성을 가진 사적 인간들만이 비판적 정치토론에 참여하는 공적 인간으로 인정된다. 왜냐하면, 그들의 자율성은 상품교환의 영역에서 비롯된 것이기 때문이다. 임금노동자가 그들의 노동력을 순수히 상품으로 교환하게끔 되어있는 반면에 재산을 가진 사적 인간들은 상품의 소유주로서 재화의 교환을 통해 타인과 연결된다. 후자만이 자신의 주인이 될 수 있다(Habermas, 1995: 109-110).

'자율성'을 가진 '지성적' 인간은 따라서, 여성과 노동자층을 배제한 특정한 층으로 제한된다. 논의에 참여할 수 있는 사람은 대부분 교육받은 '중산층 백인 남자'가 되는 것이다. 이러한 '자격'이 작동하는 한 공론을 펼 수 있는 사람은 제한된다. 공론장이 누구에게나 열려져 있는 '개방성'을 가진다고 하더라도, 이미 이러한 제한이 작동하고 있다는 점에서 공론장은 '모든 사람'이 참여하는 공간은 아니라는 것이다(Fraser, 1991).

그러므로, 노동자의 경우 이렇게 '제한된' 공론장에 참여하기 위해서는 "자신의 경험을 파괴하고 배제"해야 한다. 이런 공론장에서는 "언어적 모방적 훈련"을 전제로 삼고 있으며, 타인에 대하여 "문법적으로 옳고, 유연성과 경제적 사고"를 기대하기 때문이다(Negt & Kluge, 1993: 45-46).

노동자의 참여를 강조하는 네이트와 클룩, 그리고 페미니스트인 프레이져, 펠스키 등은 이러한 문제의식에 따라 공론, 그리고 공론장을 재규정하는 시도를 한다. 이들은 현대사회에는 하나 이상의 공론장이 있으며, 있어야 한다고 본다. 노동파업이나 축구경기, 가족의 생활, 아이들, 그리고 여성들의 모임 등은 모두 공론장이다. 이런 장들은 자기표현이 배제되거나 막혀있는 집단의 상황적 필요에 부응하여 생겨났으며, 도구적 정당성의 잣대 밖에서 작동한다. 펠스키는 다음과 같이 말한다.

> (여성해방론자들의 공론)은 사회 내에서 주변화된 여성의 관점에서 문화적 가치를 비판한다. 이런 의미에서 그것은 당파적인, 혹은 대항적인 공론장을 구성한다. .... 차별, 억압, 혹은 문화적 배제의 경험은 자기의식적 차원에서 적대적 정체성을 발달시키는 자극을 제공한다. 그러나 그것이 '공적'인 한, 그 주장은 동시에 사회 전체를 관통하는 이념과 가치들에게 영향을 미칠 것을 지향하면서, (공동체의) 밖을 향해있다 (Felski, 1989: 167).

즉, 집합적 동질성에 기초한 경험이 공유되는 과정과 근대적 논리의 기반을 형성하는 이성적 담론에 의해 창출된 공적 영역이 결합되어 사회적으로 설득력 있는 공간을 창출하게 되며, 이것이 곧 대안적 의미의 공론장이라는 것이다. 여성의 공론장, 노동자들의 공론장은 '동질적인 경험'에 기초하여 형성되지만, 그것이 '공론'으로 인해, 사회 전체에 대하여 설득력을 가지게 된다는 것이다. 공론이라는 합리적 담론을 통해 사회구조의 문제를 논의하는 것도 중요하지만, 그것이 구체적이고 직접적인 매개를 거치지 않는다면 그런 주제는 관념적 논의에 불과할 수 있다는 것이다. 오히려 생활의 문제, 체험의 문제에 대한 논의를 통해 특히 소외된 집단의 자기 목소리가 공적인 성격을 획득하면서 사회전체의 지평으로까지 나아갈 수 있도록 하는 장치가 중요하다는 것이다.

인터넷은 바로 이러한 '대안적' 형태의 공론장에 해당한다. 자신에 대한 이야기를 비교적 솔직하게 하는 것, 그리고 그러한 경험의 교환과 공유가 이루어지는 것은 넓게는 소외집단의 자기확인 과정이 된다. 동일자에 의해 재단된 이성의 사용이 강제되는 것이 아니라 자신의 경험이 그대로 기술되기 때문이다. 이러한 과정은 서로가 서로를 인정하고, 파편화된 개별적 경험이 사실은 집단적이었음을 확인하는 과정이다.

카페는 이런 공론장의 기능을 보다 분명히 수행하는데, 대표적으로 합리적인 비평의 과정이 그렇다. 글쓰기를 통한 논의이기 때문에 논리성을 갖추지 못한 과도한 해석은 비판을 받고, 문제 진단은 매우 이성적으로 전개된다. 더욱이 인터넷의 익명성이 가지는 무책임성은 카페에서는 일정한 책임성으로 전환되기 때문에 더욱더 텍스트 중심의 '이성적' 논의가 가능해진다는 것이다. 이런 차원에서 카페는 당파적인 합의에 도달하는 공간인 동시에 이성적 논의에 의해 기존의 이념과 가치를 변형시킬 수 있는 공간으로 위치 지워질 수 있게 된다.

네이트와 클룩이 언급한 '유기적 공론장' 역시 이와 맥을 같이 한다. 유기적 공론장은 "경험으로 가득 차 있으며 의식 있는 삶을 위한 실질적 맥락을 제공한다"(Negt and Kluge, 1993: 47). 유기적 공론장은 구성원의 필요에 따라 자신의 용어로 운영된다. 이렇게 볼 때, 개인의 경험에 기초한 담론은 카페를 이러한 '유기적 공론장'으로 해석하도록 한다.

이렇게 보면, 사이버 학습공동체에서의 '사적 문제의 공론화'는 소외집단이 집합적 차원에서 학습하는 중요한 방법이라고 할 수 있다. 이성적 사유의 반대편에 있다고 평가절하된 '중얼거림' 혹은 '쑥덕거림'은 자신이 겪는 다양한 경험에 대하여 나만의 문제가 아니라 공동의 문제임을 깨닫는 과정이며, 그러한 깨달음은 곧 자신과 집단에 대하여 새롭게 바라볼 수 있는 계기가 되기 때문이다. 우리가 주목할 만한 사실은 사이버 학습공동체에서의 논의가 결코 '이성'이라는 잣대를 우선적으로 동원하지 않았음에도 불구하고, 중얼거림은 게시물로 올려지는 가운데 주관성의 담론 내에 갇히지는 않게 된다는 점이다. '대안적' 공론장이라고 해서, 비이성적 사유로 단정할 수는 없다는 것이다. 오히려, 이성을 미리 재단하는 방식의 공론장 논의는 소외집단이 공론을 형성할 수 없다는 비관론에 빠지게 하며, 이들이 역동적으로 공론장을 구성하는 현실을 적합하게 포착하지 못한다. 이런 점에서 사이버 학습공동체에서의 학습의 양식은 대안적 공론의 방식으로서, 학습자집단에서 출발하는 대안적 교육의 가능성을 가늠하게 해준다고 할 수 있다.

chapter

06

협력과 자생적 위계의 학습관계

카페에서 지속적인 학습이 이루어질 수 있는 것은 안정적인 인간관계가 있기 때문이다. 어떤 학습이라도 학습은 학습자와 외부 환경과의 상호작용을 통해서 이루어지며, 인터넷의 경우 가장 중요한 학습자원은 다른 네티즌이다. 학습자는 다른 네티즌과의 일정정도 지속적인 인간관계 속에서 학습을 진행하게 된다. '등산하기'를 학습하기 위해서는 자신이 보고 있는 등산하는 사람이 등산에 일가견이 있다는 믿음이 있어야 하며, 최소한 그 등산가와의 지속적인 관계를 가지고 있어야 한다. 그렇다면 학습을 둘러싼 가르침과 배움의 역동적 관계는 인터넷에서 어떻게 나타나는가? 이러한 관계는 어떻게 학습으로 연결되는가? 카페에서의 학습을 중심으로 살펴보자.

1. 상호의존과 협력

인터넷에서 학습이 이루어지기 위해서는 오프라인보다 강력한 상호의존체제가 마련되어 있어야 한다. 클릭 한 번으로 손쉽게 카페를 탈퇴할 수 있기 때문에, 학습자들에게 중요한 것은 '우리가 만들어나간다'는 인식과 그에 따른 실천이다. 어떤 게시물도 "이미 만들어져 있는" 것은 아니다. 사람들이 모이고, 그들이 이야기를 하나씩 꺼내면서, 그리고 다른 사람의 이야기를 듣는 과정에서 카페가 형성된다. 그렇게 지속적으로 창출되는 것이 카페의 실체이다. 사람들이 모여서 서로 관계를 맺는 것, 상호의존하는 것은 따라서 카페의 존립을 위한 핵심적 조건이라고 할 수 있다.

대개, 카페에서의 인간관계는 타인이 자신의 글을 읽어줄 것이라는 믿음을 전제로 한다. 상호작용은 게시물이나 채팅 등, 일기장과 같은 독백이 아니라 타인을 전제로 한다는 점에서 타인이 자신을 존중해 줄 것이라는 믿음을 기반으로 하고 있다. 본 적도 없는 사람이 자신의 이야기를 읽을 것이라는 기대는 타인도 자신과 동일한 입장에 있을 것이라는 추측에서 비롯된다. 회원들은 자신이 타인의 이야기를 듣고자 하는 태도를 가지고 있는 만큼, 다른 회원들이 자신의 이야기를 들어 줄 것이라고 믿는다. 생각의 유사성에 대한 믿음이 있기 때문에 간혹 "현실공간에서 만났으면 절대 친구가 될 수 없었을" 기질의 사람을 만날 때에도, "단지 카페에서 만났기 때문에 그 사람의 생각을 믿어주고, 전화 오면 주저없이" 나가게 되는 것이다. 카페에 열심히 참여하는 이유에 관하여 한 회원은 "맘에 있는 이야기를 막 할 수 있기" 때문이라고 말한다.

> "뭐 편해서죠. 제가 이과라서인지 과친구나 대학친구 중에는 이런 문제에 관심이 없는 애들이 많구요, 뭐 화장이나 옷 그런데만 신경쓰는 애들이 많아요... 근데 여기서는 맘에 있는 얘기 막할 수 있구요, 또 누구나 내 이야기에 공감하고 가슴아파해 주는 게 느껴져요."

자신의 어려움과 생각에 동의하며 격려해 줄 수 있는 사람들이 "존재한다는 사실"만으로 회원들은 카페에 대하여 특별한 애정을 가진다. 이것은 나와 유사한 사람들과 함께 있음으로 인해 느낀 즐거움의 체험이다.

이런 점에서, 상호작용이 가능한 이유는 "유사한 사람들이 함께 한다"는 사실 때문이라고 볼 수 있다. 그러한 유사성에 협력적 행위가 결합되는 과정을 통해서 네티즌들은 글교감에 나서게 된다. 여성주의 카페의 경우, 이러한 협력의 장면은 여성 문제에 관한 질문과 답의 순환 과정에서 찾아볼 수 있다. 회원들은 손쉽게 알고 싶은 것에 대하여 공동체 회원 전체를 대상으로 정보를 모으고, 이에 대한 답을 얻는다.

여성학을 제대로 공부해보고 싶은데요, [해결된 질문]

글쓴이 | 수봉　　**날자** | 2007-12-02　　**[답변기간이 지났습니다.]**

페너지 | 50　　**답변수** | 1(3)　　**조회수** | 799　　**추천수** | 0

여성학을 제대로 공부해보고 싶어요.
그동안 관심은 있어서 책이나 찾아서 읽어보긴 했는데 이론이 나오면 이해가 안되기도 하고, 더 제대로 배워보고 싶은 맘이 생기네요.
특강이라던가, 아니면 좋은 책 있으면 소개 좀 해주세요!

추천질문 : 나쁜질문 : 신고하기　　» 목록　» 답글

RE 질문자가 선택한 답변

백만년된 자료들

답변자 :야생싸가지 | 2007-12-07 | 추천수 : 0

안녕하세요
백만년된 자료이지만, 제가 새내기 시절 및 학부생 때 대학 동아리에서 여성주의 세미나 했던 것들이랍니다. 아마 읽으신 것들도 꽤 있을 수도 있지만, 그래도 한번 써봅니다. 여성주의적 감수성이 아니라 학문적으로 공부를 하고 싶어하시는 것 같아서요. (감수성이 필요하다면 <언니네방 1,2> 추천 ㅎㅎㅎ)

여성학 이론 개론서 같은 경우엔 **로즈마리 통의 <페미니즘 사상>, 조세핀 도노반의 <페미니즘 이론>** 같은 거 도움이 되던걸요. 좀 안 읽히는 부분도 있는데, 맘 독하게 먹고 읽으면 여성학 이론 대충은 알게 될 것 같아요. 또 **영미페미니즘학회에서 펴낸 <페미니즘, 어제와 오늘>** 보면 고전 페미니즘 이론부터 퀴어 이론이나 흑인 여성, 시네 페미니즘 같은 거 간략하게 나와있어요. **<페미니즘 무엇이 문제인가>** 이런 책도 괜찮았습니다.

〈출처: 언니네홈페이지www.unninet.net〉

어떤 카페에서도 쉽게 찾아볼 수 있는 위와 같은 문-답은 인터넷 상이기 때문에 더욱 활발히 진행된다. 인터넷에서는 나이나 사회적 지위를 알 수 없기 때문에 질문을 했을 때의 창피함이 상대적으로 적고, 따라서 사람들은 다른 공간에 비해 손쉽게 질문을 올린다. 누구나 쉽게 배우는 위치에 서게 되는 것이다. 물론 문의사항에 대해 알고 있는 회원은 누군가에게 도움이 되고자 신속하게 글을 올린다.

묻는 글이 올라오면 누가 되었건 하루 안에 답이 올라오기 때문에 답을 찾을 수 없는 경우는 거의 없다. 사회학자들은, 이런 양상을 선물경제의 원리로 설명한다. 선물경제란 선물이라는 다분히 '경제적이지 않은 물건'이 사실은 경제적인 것 이상의 역할을 수행하고 있다는 사실에 주목한다. 사회적으로 보면, 뇌물이 아닌 선물은 권력 및 부를 가진 사람이 아랫사람에게 베푸는 물건인데, 선물을 주는 사람은 경제적인 손실을 입는 대신에 선물을 줌으로써 사회적 권위를 획득하게 된다는 것이다. 일단 사회적 권위를 획득하게 되면, 부수적인 경제적 효과가 생겨나게 된다. 아랫사람들이 더 충실히 복무한다거나, 윗사람에게 스스로 복종하는 태도를 낳게 된다는 것이다.

선물경제적 관점에서 보면, 게시물은 비교적 비용이 많이 들지 않는 선물에 속한다. 게시물을 받은 사람들은 게시물을 베푼 사람을 승인하며, 자연스럽게 권위를 부여해주게 된다는 것이다. 반면 게시물이 생성되는 과정에 초점을 맞추면, 게시글을 쓰는 사람의 즐거움은 '가르쳐주고자 하는 마음'에 가깝다. 물건과 달리, 지식과 경험을 나눔으로써, 상대의 성장을 도모하고자 하는 마음이 글을 쓰게 하는 동력이라는 것이다. 질문들에 답을 하면서 사람들은 "괜히 좋은 일을 한 것 같은 즐거움"을 느끼고, 자신이 무엇인가를 배웠을 때 느꼈던 희열을 떠올린다.

배움과 가르침의 협력 과정은 일상적 이야기 속에서도 이루어진다. 대부분의 카페에서, 사람들은 자신의 생활과, 생활에서의 어려움을 이야기한다. 자유게시판이나 번개는 주로 그런 이야기가 오가는 장이다. 이러한 대화는 쉽게 수다로 폄하되지만,

이런 대화는 단순한 푸념과는 다른 성격을 가진다. 목적지향적인 대화도 아니지만 무의미한 독백 역시 아니라는 것이다. 번개에서 뿌듯함을 느꼈다는 한 회원은 "이야기 하고 나서 마음에 남는 게" 있으며, 그것이 다른 채팅과의 차이라고 말한다. 서로 도움이 되는 이야기를 주고받는 과정에서 사람들은 자신의 존재가치를 확인하게 된다. 그것은 자신의 "인생에 대한 태도"에 대한 비판으로 작용하기도 하고 "사람을 보는 관점"을 다듬어주기도 한다. 성장을 위한 도움, 곧 진정한 의미의 가르침인 것이다. 타인에 대한 배려와 개방적 자세는 인생에 대한 태도를 보다 성숙시켜 준다.

따지고 보면, 어떤 카페도 동질적이지는 않다. '관심'을 제외하면, 남성과 여성, 동성애자와 이성애자, 기혼녀와 미혼녀, 서울시민과 제주도민 등 푸코(Foucault, 1990)의 말을 빌면 '주체위치가 다른 사람들'이 참여한다. 띠가 같다고 해서, 게임을 좋아한다고 해서, 여성문제에 관심이 있다고 해서 동질적인 것은 아니다. 오히려 유사한 관심사를 유일한 매개의 끈으로 삼는 매우 이질적인 집단이 바로 카페이다. 따라서 카페는 집단 내적으로 차이가 존재하며 이 차이로 인한 갈등이 쉽게 집단성을 저해하는 요인으로 작용하는, 붕괴하기 쉬운 집단이다.

그럼에도 불구하고 이들이 집단을 유지하는 것은, 공통적으로 '자신을 넘어설 수 있는' 능력이 있기 때문이다. 여성이 대부분인 카페에 참여하는, 대학을 나오고, 남성이며, 스스로를 중산층으로 규정하는 다소 이질적인 한 남성의 말을 들어보자. 그는 "여성의 경험에 충분히 공감하기는 어렵지 않은가"라는 질문에 대하여 다음과 같이 답한다.

> "저는 술을 못 먹거든요. 정말 한방울도 못 먹어요. 그게 어떤 것인 줄은 못먹는 사람 아니면 모르지요. 너무나 소외되요. 그것도 못 먹냐, 에라 이 자식아 뭐 그런 말은 수도 없이 들었구요. 그러니까 저도 어떤 의미에서는 소외집단이라고 할 수 있죠. 저는 누구나 다 그런 피해 같은 걸 당했을 거라고 봐요."

자신의 경험을 확장하는 것이야말로 집단에 참여하는 기본 자질이라는 것이다. "술 못 먹는 사람"에 대한 일반 남성들의 억압적 태도로 인한 소외감이 바로 여성들이 차별현장에서 느끼는 감정과 유사할 것이라는 것이다.

그러므로 우리는 카페를 묶는 유사성의 끈에 대하여 역으로 추적할 수 있다. 유사하기 때문에 모이고, 그런 모임으로부터 학습을 하는 것이 아니라, 학습하고자 하는 자세를 가지고 있기 때문에 유사한 존재가 될 수 있다는 것이다. 오히려 중요한 것은 자신의 존재에 대하여 성찰적으로 바라볼 수 있는 눈, 그리고 감수성을 확장하여 타자를 이해할 수 있는 능력이다. 유사성의 고리는 그러한 태도에서 비롯되며, 협력적 행위를 통해서 신뢰는 강화된다고 볼 수 있다. 곧 카페 활동의 기반을 이루는 관계란, 유사성을 끊임없이 재창출하는 협력적 행위를 통해 공고히 되는 것이라고 할 수 있다. 그렇다. 자신을 넘어서지 못하는 사람들이 모인 카페는 곧 붕괴된다.

2. 잠정적 · 과정적 권위 구조

협력적 행위는 동등한 관계를 전제로 한다. 권위적 관계에서는 상호 동등한 협력이 불가능하기 때문이다. 그러므로 카페에서 협력적이고 상호의존적인 관계가 유지되고 있다는 것은 힘의 쏠림이 없다는 것을 의미한다. 그러나 동등한 관계라고 해서, 모든 것이 $\frac{1}{n}$로 나뉘어져 있다는 말은 아니다.

접근과 소통의 방식이 평등하게, 그리고 상호적으로 이루어지고 있음에도 불구하고, 카페에는 실질적 리더가 존재한다. 사람들은 카페 회원 일반에 대하여 애정을 가지고 있지만, 특정인이 올린 글을 선호하며, 때로는 얼굴도 본 적이 없는 특정 회원을 존경하기도 한다. 특정한 사람의 게시물은 다른 사람의 것에 비하여 조회 수가 높으며, 때로는 그/그녀의 말이 인용되기도 한다.

모든 사람이 ID로 환원되는 컴퓨터 인터넷 환경에서의 권위의 창출과 행사방식은 현실 환경과는 사뭇 다르지만, 매우 평등한 것처럼 보이는 카페라는 인터페이스에도 특정한 위계의 체계는 존재한다. 이는 성인교육기관이나 학교에서 '눈에 보이지 않는 리더'가 권위를 갖는 것과 유사하다. 이러한 위계는 특정인, 즉 위계의 상층에 위치하는 사람에 대하여 자발적 복종을 하고 있음을 의미한다. 가르치는 사람이 갖는 권위가 존재하는 것이다.

카페에서의 권위의 창출방식, 즉 권위의 원천은 크게 세 가지 정도로 구분된다. 우선 "시삽", "마스터" 등으로 불리는 운영진이 가지는 권위이다. 운영진은 카페의 대표로서, 게시물을 이동하거나 적합하지 않은 게시물을 삭제할 수 있는 권한을 가지고 있다. 회원들은 전자투표라는 형식을 통해 직선으로 대표를 뽑기 때문에 대표의 아이디는 거의 모든 회원이 알고 있다. 또한 운영진들은 "정팅"에 고정적으로 참여하기 때문에 가끔 들르는 회원들과도 친분을 가지기 쉽다. 운영진은 또한 토론촉발적 게시물을 올리거나 해당 게시판에 적합하지 않은 게시물을 다른 게시판으로 옮기며, 정모나 행사참여 등을 주도한다.

대개의 회원들은 운영진이 카페에 가지는 이러한 헌신이 적절한 정도의 권위로 보상받아야 한다고 생각한다. 운영진에게 주어질 수 있는 유일한 보상인 회원들의 격려와 존중을 충분히 받아야 한다는 것이다. 가장 일반적인 보상은 운영진이 게시한 게시물을 빼놓지 않고 읽는 일이다. 대개의 카페에서 운영진의 게시물은 높은 조회수를 기록한다. 운영진 역시 "내가 하는 이야기는 카페를 대표할 수도 있다"는 부담감을 가지고 게시물을 게시한다. 운영진의 글은 신중하게 작성되며, 읽는 이도 글에 무게를 부여하고 있는 것이다.

중요한 것은, 실제적인 권위창출은 일련의 과정 속에서 이루어진다는 점이다. 직선으로 운영진을 선출하고, 운영진의 활동을 평가하며, 행사에 참여하는 과정을 통해 권위가 부여된다. 물론 회원 수가 5천 명가량 되는 규모가 큰 카페의 경우, 운영진에 의한 의도적 권위 창출이라던가 권력남용 등의 문제가 되는 경우도 있기는 하다(서덕희, 1999). 그러나 이조차도, 운영진이라는 사실 때문에 권위를 부여받는 것이 아니라, 운영 과정을 통해 권위가 창출된다는 점에서는 동일하다. 대개 운영진은 카페 업무의 처리를 위하여 시간과 노력을 들이는 만큼의 권위를 가지며,

따라서 운영진이면서 운영 일을 제대로 처리하지 못하는 경우에는, 운영진의 권위가 즉시 실추된다.

카페에서 권위가 창출되는 보다 일반적인 방식은 게시물의 내용을 통해서이다. 게시물의 내용이 좋은 경우, 회원들은 그 게시물을 쓴 사람의 아이디를 기억하며, 이후 동일한 아이디의 게시물을 눈여겨본다. 또한 좋은 게시물은 다른 게시물 속에서 언급되기도 하고 채팅에서 거론되기도 한다. 한 조사에 따르면, 80%의 회원들이 게시물이 마음에 들 경우 ID를 기억하며, 특정인의 글을 보다 주의 깊게 읽는다.

즉, 게시물은 한 사람의 인격화된 메시지로 읽히며, 몇 차례에 걸쳐 게시물이 읽을 만한 것으로 판단되면, 그 ID의 게시물은 주된 학습자료로 전환되는 것이다. 주된 학습자료를 제공하는 사람에 대해서 사람들은 점차 권위를 부여하게 된다. 사회적 지위나 직책을 반영하는 메시지(conventional signals), 예컨대 자신이 얼마나 유명한 사람인지, 어느 학교를 나왔는지 등의 메시지가 아니라 내용 자체가 신뢰로운 메시지(assessment signals)(Smith & Kollock, 1998)를 많이 게시하는 회원에 대하여 사람들은 배우고자 하는 자세를 가지게 되며, 이러한 태도가 누적되면, 그 사람은 가르치는 자로서의 위치를 보다 강고하게 가지게 된다.

게시물이 사람과 결합하여 특정인의 권위가 생성됨에도 불구하고 이러한 권위는 게시물이 창출되는 한도 내에서만 부여된다는 점에서 잠정적인 것이다. 아무리 권위를 가진 게시자가 있었다고 하더라도, 메시지가 더 이상 생산되지 않는다거나 게시물이 별로 설득력이 없게 되면, 권위는 곧 이양된다. 배움과 가르침이라는 보이지 않는 협약은 파기되는 것이다. 따라서 내용적으로 확보된 권위를 유지하기 위해서는 계속적으로 의미있는 게시물을 만들어내야 한다.

권위의 과정적·잠정적 성격은 배움을 상호적인 것으로 만든다. 보상이 적은 상황이기 때문에 누구나 지원하면 운영진이 될 수 있고, 운영진으로서의 의무를 다하면 그에게도 권위가 부여된다. 운영진의 말에 대하여 사람들은 자발적 복종의 태도를 가지고 있기 때문이다. 내용적으로도 누구나 권위를 가질 수 있다. 게시자는 다른 모든 게시물에 대하여 학습자이며, 학습자는 하나의 게시물을 생산하는 순간 다른 모든 회원에 대하여 교육자의 위치에 서게 된다. 전통차에 초보인 회원들도 열심히 다니면서 차를 마셔보고, 차에 대한 새로운 지식을 자주 올리면, 그 회원에 대한 인지도는 상승한다. 게시물을 쓰거나 다른 게시물을 관리하는 그 순간, 대개의 회원들은 "다른 사람들이 자신이 쓴 게시물을 읽고 이해할 수 있도록 충분히 자상하게" 게시물을 쓰기 위해 노력한다. 교육자로서의 자세를 가지는 것이다.

카페는 누구라도 어떤 수준이라도 자신의 의지에 따라 발언할 수 있도록 하는 유연성을 가지는 조직이기 때문에 회원들은 언제나 교육자가 되어보고자 하는 시도를 할 수 있다. 유연성의 잠재력은 바로 스스로 발언할만하다고 평가할 때 아무리 초보적인 학습자의 위치에 있는 사람이라도 언제든지 발언할 수 있다는 점에서 찾아진다.

그러므로, 카페는 교육자와 학습자의 역할구분이 자생적으로 출현하는 공간이며, 이러한 상호공조가 집단의 시너지를 창출하고 있다고 볼 수 있다. 물론 카페에서 교육자와 학습자는 제도적으로 구분되지 않으며, 학습의 각 소재를 단위로 하여 결합한다. 따라서 특정한 소재에 대해서는 학습자인 사람이 다른 소재에 대해서는 교육자로서 다른 사람을 가르치는 위치에 서게 되며, 가르치는 위치는 그 사람이 내용에 대한 충분한 장악력을 가지고 있는 한에서만 유지된다. 남에게 도움을 주는 행위보다 타인의 글을 읽는 행위가 일반적으로 일어난다는 점을 고려하면, 카페에서 회원들은 항상적 학습자와 일시적 교육자 사이를 진동한다고 볼 수 있다.

이렇게 볼 때, 카페에서 유지되는 권위는 과정적이고 유동적임을 알 수 있다. 권위가 존재함으로 인하여 무책임한 글은 집단적 동의 속에서 삭제되고, 규칙을 지키지 않는 회원은 제명된다. 권위 있는 참여자는 곧 교육자로서 사람들이 더 잘 학습할 수 있는 학습자료를 지속적으로 생성한다. 그러나 동시에 카페에서의 권위는 그 유동적 성격으로 인하여 학습자는 언제나 교육자가 될 수 있다는 가능성 속에서 학습에 임하게 된다. 자율적 학습상황에서도 자생적인 권위는 창출되고 있는 것이다. 이런 가운데 교육자와 학습자의 순환은 상호학습관계를 창출하는 주된 기제로 작용하고 있다고 볼 수 있다.

3. 자발적 조직자로서의 교육자

카페에서 협력적 학습관계가 나타난다고 해서, 교육자의 역할이 없이도 상호적인 교육과 자생적 권위에 대한 복종이 이루어지는 것은 아니다. 오히려 회원들을 학습하도록 독려하고 상호학습을 하도록 하는 것은 교육자의 끊임없는 노력의 결과물이다. 운영자들은 대개 '교육자'라는 말을 혐오하지만, 학습자들을 촉진하고, 학습환경을 학습자에 적합하도록 조직하는 역할은 성인교육에서 볼 수 있는 전형적 교육자 역할이다. 카페의 역사를 보면, 상호학습이 일어나기 위한 중요한 조건이 바로 조직자 역할을 하는 리더였다는 사실을 알 수 있다.

우선, 카페의 방향에 대한 고민과 학습촉진을 위한 노력은 카페설립 초기부터 줄곧 소수의 리더에 의해 이루어져 왔다. 예컨대, 설립 초기에 여성주의 카페에서는 '학습자로부터 시작한다'는 원칙과 '가르침을 받아야 한다'는 입장의 차이가 개진된다. 전문가의 지침이나 지도에 따른 학습을 하고자 하는 입장과 모든 회원이 생각을 자유롭게 표현할 수 있는 '게시물'을 통하여 학습할 수 있도록 하는 것이 바람직하다는 입장이 대립되는 것이다. 초기의 채팅을 보자.

햇살> 세미나를 돌리면서 함께 공부하는 것은요?
별지기> 제 생각엔 게시판 활용부터 시작하는 게 좋은 거 같군요.
햇살> 여성문제에 관한 담론들의 집합장을 벗어나지 못할 것 같아요.
MOON> 주제를 공고해서 그것에 관한 조사를 한 후 얘기하면 좋을 듯...
별지기> 담론이라고 할지라도 "여성주의 카페" 활성화에 기여한다면
처음시작 치고는 도움이 되지 않을까요? 여기 계신 분이라도
꾸준히 글 올려주시면...

들불> 사실 혼자 게시판을 메꾸다 보면 허전하죠.

MOON> 그런 생각을 얼마나 많으신 분이 가지고 실천하실는지...

별지기> 그렇게 그냥 앉아서 활성화된 카페를 바라는 건 무리가 아닐까요?(94. 6. 3)

"세미나"를 강조하는 회원은 이어지는 논의에서 이론적인 교육을 할 수 있는 사람을 초빙할 것을 강조한다. 누군가가 확실한 관점에 입각하여 설명을 해준다면 카페는 활성화될 것이라는 입장이다. 이에 반하여 "게시판 활용"을 주장하는 회원은 함께 이야기를 나누는 것이 중요하다고 본다. '우리들'의 문제이기 때문에 배우는 과정 역시 사람들이 무리 없이 참여하는 방식을 취해야 하며, 따라서 많은 사람이 게시물을 자꾸 올리는 것 자체가 중요하다는 것이다. 회원들이 여성학을 바라보는 관점을 서로 공유하다보면 카페도 활성화되고, 결과적으로 전문적인 카페에 도달할 수도 있을 것이라는 입장이다.

"세미나를 돌리는 방법", "특정 주제에 대하여 조사를 하는 방법" 등이 제기되지만, 최종적으로 논의는 현실에 맞도록 대화방을 1주에 1회 정기적으로 운영하여 많은 사람들이 부담 없이 참여하여 여성문제에 대하여 이야기 할 수 있도록 노력하는 것으로 마감된다. 또한 운영진들은 원하는 사람들이 들렀을 때 언제라도 이야기를 나눌 수 있도록 매일 밤 11시에 대화방을 준비하기로 합의한다.

이들은 또한 교육자적 입장에서 회원들의 욕구와 태도를 수시로 진단하여 "세미나는 참여 수준 상 어렵다"거나 "게시물보다 대화가 필요하다"는 등의 처방을 내리기도 한다. 또한 게시물의 구획 문제, 즉 카페 "메뉴"도 지속적으로 채팅을 통해 논의해 가고 있다. 회원이 더 자유롭게 쓸 수 있도록 하는 메뉴에 대한 모색이 이루어지는 것이다. 물론, 당시 주도적으로 논의를 이끌어 가던 사람은 대개 10명 내외로, 이들이 의사결정자이자 참여자이며, 활동가로서의 위상을 가지고 있다. 게시물을 쓴다거나 가끔 들르는 회원들과의 대화를 추진하는 일, 여성주의 카페의 행보를 결정하는 일 등은 카페에 하루종일 버티고 앉아 있는 소수의 "죽돌이"나 "죽순이"라는 명칭의 리더에 의해 이루어졌던 것이다.

카페의 존립근거는 글이 얼마나 잘 소통될 수 있도록 하는가에 달려있다. 누구나 게시물을 올리고, 더 많은 사람들이 정팅에 참여하는 것이 카페의 성공이다. 따라서 교육자의 가장 중요한 역할을 학습자가 말할 수 있도록 해 주고, 누구의 말도 막지 않도록 하는 일이다. 예컨대 특정 그룹의 회원이 스스로 말을 하지 않는다면, 그것은 이미 익숙해진 '말 안하기'의 문화로 인한 것이며, 따라서 스스로 비학습으로 나아가고 있는 것이라 하겠다.

PART 03

인터넷의 학습운동적 활용

인터넷의 다대다(多對多) 소통방식은 자기통치적 민주주의 능력을 신장시킨다는 점에서 이미 오래 전부터 주목받아 왔다. 자신을 표현하고 타인의 의견을 신중히 경청하며 스스로 결정해 나가는 과정은 민주주의의 핵심이자 교육의 목적이기도 하다. 인터넷은 대의적이고 중앙집권적인 정치구조를 분권적이고 참여적인 직접민주주의로 이행하는 계기가 될 수 있다는 것이다.

*

3부에서는 이런 인터넷의 '민주적' 잠재력에 주목하여 논의를 전개하고자 한다. 7장은 시대의 아이콘이 된 '촛불집회'를 학습의 시각에서 읽어보고자 하는 시도이고, 8장은 정보격차의 문제를 학습격차라는 시각에서 재해석해야 할 필요성에 대해 정리한다. 9장과 10장은 인터넷에서의 집합적 소통과 움직임에 대해 '학습공동체'로 규정하는 것이 필요하다는 판단 하에, 학습공동체의 개념과 사이버 학습공동체의 특징, 구성 원리 등을 정리한 것이다.

chapter

07

촛불집회에 대한 교육학적 말걸기

이번 장에서는 인터넷의 '정치적'인 활용을 다루어 보기로 하자. 아마도 인터넷이 정치적인 차원에서 집회 및 시위와 가장 직접적으로 연관되었던 사례는 2008년의 광우병 관련 촛불집회일 것이다. 5월 2일에 시작되어 100여일을 지속하였던 촛불집회에 대해 상당수의 사람들은 "인터넷의 위력"이라고 평가한다. 초기 집회참여자들이 결집될 수 있었던 것도 인터넷 토론방 아고라에서의 논의 위에서였고, 사람들의 촛불집회에 대한 이해와 관심이 꺼지지 않고 지속될 수 있었던 것도 와이브로나 인터넷TV 등과 같은 신기술이 있었기 때문이었다.

우리나라는 ICT에 대한 국가적 지원에 힘입어 2006년 인터넷 보급률은 70.5%로 세계1위를 기록했으며, 2007년 인터넷 사용 인구는 2,454만 명으로 인구의 절반이상이 인터넷을 사용하고 있다. 또한, 정보검색을 넘어서서 자신의 블로그를 운영하는 것도 일반화 되어, 10-20대는 물론, 40-50대들도 블로그를 사용, 블로그 개수는 2006년 6월 기준 1,200만 여 개에 이르고 있다. 게시물을 쓰고 읽는 일, 자신을 표현하는 일, 인터넷에서 정보를 검색하는 일은 대부분의 사람들에게 일상이 되고 있다.

그러나 와인골드가 말한 것처럼, 인터넷은 민주주의의 증폭제가 될 수도 있지만 각종 루머와 유언비어가 난무하는 병폐적 공간이 될 수도 있다. 지금까지 촛불집회가 높은 도덕성과 광범위한 결집력을 유지할 수 있었던 것은 기술을 기술로 이용할 줄 아는 사람들이 있었기 때문이다. 네티즌들은 무수한 정보 가운데 의미있는 정보를 추려 읽고, 현장의 모습을 동영상이나 사진을 통해 공유하며, 자신의 일상에 촛불집회의 의미를 투영하면서 성찰성을 높여나갔던 것으로 보인다. 네티즌은 인터넷을, 소식을 전하는 안내판이자, 집회의 평가장인 동시에 심화학습의 계기로 활용하고 있는 것이다. 이 장에서 그 구체적인 현장을 살펴보기로 하자.

1. 촛불소녀와 386의 만남 : 세대이해의 공간

이야기를 촛불소녀에서 시작해보자. 결연하고 당차고 해맑은 눈매, 그리고 다부진 손에 든 얼굴만큼 밝은 초 하나, '촛불소녀'는 언제 떠올려도 미소 짓게 만드는 존재이다. 미래를 희망으로 볼 수 있게 해주기 때문이다. 촛불소녀는 '청소년'에 대한 사회의 관점을 완전히 바꿔놓은 시대의 아이콘이 되었다. '청소년'이 '음지의 학생'의 번역어로서 '일탈'이나 '비행', '범죄' 등과 짝말을 이루고 있었음을 떠올리면, '촛불소녀'로 다시 등장한 '청소년'은 유연성과 개방성, 단호함을 갖춘 싱싱한 주체로의 변화를 의미하는 것이었다.

청소년 세대에 대한 재조명 작업은 촛불집회기간 내내 진행되었다고 해도 과언이 아니다. 촛불시위가 본격화되면서 신문과 잡지에서는 "왜 여학생들이 초동 시위를 조직한 것인가? 왜 대학생들은 아닌가? 아이들의 요구는 무엇인가? 이 세대를 어떻게 조명할 것인가?" 등등의 질문에 대한 답 찾기가 이어졌고, '웹2.0세대'와 같은 진단도 이루어졌다(김호기, 2008).

촛불소녀에 대한 이러한 관심은 기성세대의 관점전환 과정이기도 하다. 그간, 10대를 중심으로 하는 소위 'IT세대'들에 대하여 기성세대는 "지나치게 가볍고 자기중심적인" 집단이라고 보고 있었으며, 학교붕괴를 일으킬 정도로 제멋대로라고 평가하고 있었다. 이것은 곧 인터넷에 대한 기성세대의 불신과 맞물려 있었다. 그런데 그런 10대들이 이미 무력감에 빠져있던 어른들에게 바로 그 인터넷을 통해 경고장을 던진 것이다. 10대 소녀들의 주저 없고 활기찬 표현과 인터넷 토론의 결과물로써의 개인주의적 시위문화는 기성세대에게 충격을 안겨주었다. 촛불시위는 곧 어린 세대에 대한 이해의 기반이 된 셈이다.

386 입장에서 보기에 이기적이고 버르장머리 없고 아무 생각 없고 공동체에 관심 없는 세대라 치부했던 아이들이 사실은 구국세력이더라(구요).”(월간말, 저자인터뷰-오창익, 2008. 6. 23)

촛불을 계기로, 기성세대들은 청소년들이 자기표현에 거리낌이 없으며 그것이 때로는 중요한 사회적 힘이 됨을 확인하였다. “똘똘한 청소년들이 스스로 학습, 토론하고 길거리로 나온 일종의 혁명”의 중심에 아이들이 있었기 때문이다. 구체적으로, 기성세대들은 10대들이 자신의 관점에서 시위를 바라보고 자발적으로 참여하는 문화를 놀라움과 부러움 속에서 바라보았다. 예컨대, 블로그에서 한 여중생은 어른이 제기하기 어려운 비판을 자신의 관점에서 다음과 같이 명료히 제기한다.

교과서랑 현실은 왜 다르냐. 화가 나서 촛불을 들었다. 초등학교 6학년 때 ‘국가의 주인은 국민’이라고 배웠다. 그런데 대통령이 자기 마음대로 정책을 결정하고 국민의 말을 듣지 않고 있다. 정치는 혼자 하는 게 아니라고 배웠다. 우리나라 정치는 이명박 대통령 혼자 마음대로 하는 것 같다.

다른 한편, 촛불집회는 10대들이 40대를 이해하는 공간이 되기도 하였다. 10대들과 젊은 세대들은 기성세대에 대하여 ‘표리부동하고 이유 없이 심각한’ 세대라고 생각해왔다. 그들은 10대들의 가벼움을 힐책하는 386 등 소위 ‘진보적’ 기성세대에 대해 불신과 거리감이 있었던 것이다. 그러나 “영화에서나 보던” 전투경찰의 폭력진압을 실제 겪게 되면서, 기성세대가 나름대로 민주주의를 위해 얼마나 애써왔는지를 알게 되는 경우가 생겨나게 된다. '6.10항쟁'이라는 말도 들어본 적이 없는 세대들에게 이번 촛불집회는 한국 민주주의의 역사를 배우는 매우 중요한 장이되고 있는 것이다.

> 원래 날씨만 봤는데 요즘엔 촛불집회 관련 기사를 몽땅 찾아서 읽는다. 답답한 마음에 나오긴 했지만 나와 보니 축제처럼 재밌기도 하다. 노래방보다는 덜하지만 왁자지껄한 축제 분위기가 나서 좋다. 촛불소녀 캐릭터 카페에도 가입했다. 6 · 10 민주항쟁에 대해서는 솔직히 아직 잘 모른다. 의미 있는 날이라고 하니 더욱 와보길 잘했다고 생각한다. 어리지만 나도 국민으로서 내 의견을 표출할 수 있는 방법이 있다는 것을 알았다. 교과서에서보다 이곳에서 더 많은 민주주의를 배우고 있다. (중3 여학생의 말. 경향, 6월 10일자)

이렇게, '청소녀'를 중심으로 한 10대들의 경험은, 인터넷을 경유하여 민주주의에 대한 새로운 경험으로 개인들에게 새겨지고 있는 것으로 보인다. 한 여학생은 "이번 촛불집회를 여중고생들이 주도했다고 하는데 학생으로서 자랑스럽게 여기고 있다"면서 "학교에서 친구들과 촛불 얘기를 나눌 때 처음엔 쇠고기가 주된 이슈였는데, 요즘 들어선 정부에 관한 이야기나 또 앞으로 어떻게 나아가게 될지 등 대화의 폭도 넓어졌다"(오마이뉴스, 2008년 6월 27일)고 말하는데, 이는 민주주의의 주체로서 자기인식에서 나오는 자긍심으로 보인다. '촛불소녀'로 이날 함께 참석한 다른 여학생 역시 "처음 친구들끼리 문자를 돌리면서도 이렇게 많이 모일지 몰랐는데, 재협상은 아니지만 추가협상까지 나올 정도로 성과를 거뒀다고 생각해서 나름대로 자부심을 느끼고 있다"고 말한다. 인터넷은 세대를 넘나드는 경험 공유의 장을 제공함으로써, 기성세대에게는 IT의 긍정적 힘을, 청소년세대에게는 한국의 민주주의를 학습할 수 있도록 해 준 셈이다.

2. 자기표현과 공식적 코드의 해체

민주주의의 진화는 느슨한 네트워크, 더 많은 소통, 주체의 표현, 그리고 공유된 경험에 의해 이루어진다. 더 많은 사람들이 더 많이 표현하고, 더 많이 학습하게 되는 것, 이것이 민주주의의 핵심이다. 그래서 '민주화 이후의 민주주의'를 위해서는 학습중심적 사고가 매우 중요하다. 이런 점에서, 더 많은 소통이 이루어지는 것, 더 자유롭게 표현할 수 있는 것, 공동체의 문제에 대해 스스로 결정할 수 있게 하는 것은 시민교육의 핵심과제에 해당한다. 촛불시위는 개인 차원에서 자유로운 표현이 갖는 가치를 드러냈을 뿐 아니라, 문화적 코드 변형, 구체적으로는 기존의 공식적 코드의 해체를 이루었다.

처음 촛불소녀들이 등장했을 때부터, 집회는 개인의 목소리가 강했으며, 놀이문화가 어우러져 있었다. "나 15년밖에 못 살았어요", "안전하면 너나 드세요" 등 재기발랄한 피켓이 5월 2일 시위 첫날부터 등장하였으며, 이런 분위기가 이어지면서 촛불집회에서는 다양한 모습이 연출되고 있다. 이런 점에서, 촛불집회의 대표적인 특징은 '자기표현적'이라는 점이다. 한 네티즌은 다음과 같이 말한다.

한쪽에선 강경하게 나가고
한쪽에선 노래하고 춤추고
각종 구호를 다양하게 외치면서
예비군은 예비군대로
대책위는 또한 그들의 역할을 수행하면서
대책위 탄압으로 궤멸되면 또 다른 대책위가 마련되고
유모차부대에
연인에 가족단위까지...
그 예측불허의 생기발랄한
이십일세기 집회 및 시위문화를
맹박산성을 조롱하던 그 유약한 듯하나 너무나도 강력한...
애초에 나어린 학생들이 우리들에게 방향제시 하여준대로 하자고요
(6. 29. 게시글 id:모모)

"도대체 어떻게 진행될지 알 수 없는" 집회와 시위의 과정에서 유일하게 일관된 모습은 청와대로의 진입로 차단부분에서의

〈출처: 소울드레서 홈페이지〉

'전통적 시위'와 뒤편에서의 '포스트모던적 집회'가 어우러지고 있다는 점이다. 누구나 자기가 원하는 곳에 가서 원하는 이야기를 할 수 있는 여지가 있는 공간이 창조되고 있는 것이다. 이런 분위기 속에서 집단적으로는 각종 퍼포먼스가 벌어지기도 한다. 인터넷 카페에서는 집단적으로 자기표현에 나서기도 한다. 대표적으로 명품 의상 카페인 '소울드레서' 회원들은 삼성 코엑스몰에서 '민주주의가 멈췄습니다'라는 주제로 1분간 멈춰있다가 다시 일상으로 돌아가는 플래시몹을 연출, 그 내용을 인터넷에 게시하여 큰 반향을 얻기도 하였다.

이런 자기 표현적 태도는 기성세대들에게도 전염되고 있는 것으로 보인다. 그간 학생들의 자유로운 표현을 단지 '철이 없다'거나 '유아적이다'라고 보는 시각으로부터 '풍부해진 민주주의'를 가능하게 하는 '자기표현'으로 해석하기 시작함에 따라, 독특한 의상을 만들어 입는다든지, 개인 피켓을 들고 나오는 등 '촛불어른'들의 행동방식도 달라진 것이다. 엄숙주의적으로 자기표현을 억압하는 것에 가치를 부여하는 상태로부터, 표현을 개별성의 인정으로 읽기 시작하는 문화가 생겨나고 있는 것이다. 이런 점에서 자기표현은 민주주의의 발전으로 읽히기도 한다. 한 회사원의 말을 들어보자.

> 흔히 6 · 10 항쟁에 비유하지만 사실 이 자리는 6 · 10 항쟁을 넘어서는 자리가 아닌가 싶다. 그때는 급박한 상황에서 최소한의 민주주의를 얻기 위해 모든 걸 걸었다. 하지만 지금은 각자 다른 피켓을 든 다양한 사람들이 축제의 장을 연다. 풍부해진 민주주의를 보며 가슴이 벅차오른다. 어린 학생들이 만들어 놓은 이 장을 다양한 계층과 세대가 참여해

잘 살려가고 있다고 생각한다. 87년처럼 오늘 다시 한 번 국민이 승리하는 모습을 보게 될 거라고 믿는다. (38 · 영업사원)

이런 자유로운 표현은 상황에 따라 기존의 정치적-공식적 코드를 바꿔놓기도 하였다. 특정한 행위가 가지고 있는 '이미 인정되고 합의된 의미'를 뒤틀고 바꾸는 표현이 시위대에 상당한 '권력'을 부여한 것이다. 전 국민적으로 회자된 대표적인 예로, 전경이 시위대에 대하여 경고방송을 하면 시위대는 "노래해!" 혹은 "개인기!"를 외쳤다. 마이크를 잡았으니 노래 한 곡, 개인기 하나 해보라는 것이다. 이런 구호는 전경과 시위대라는 '정치적 대치국면'을 '마이크'를 중심으로 한 공연단과 관중의 만남으로 전환시키는 힘을 가진 것이었다. 구호를 외치는 사람들은 "화가 나는데 웃겨서 죽겠다"는 반응을 할 수밖에 없다. 사람들이 싱글거리며 웃는 순간 시위장면의 의미는 바뀐다. "노래하라"는 구호는 자신들을 연행할 수 있는 물리력을 가진 전경을 노래방 무대에 나간 친구쯤으로 여길 때 가능한 말이기 때문이다. 전경을 공포의 대상, 혹은 적으로 여기는 기존의 시위방식이 아니라 동무로 여기는 태도, 이것이 지속적으로 전선을 흐트러뜨린다. 적대적 대립이 불가능해지는 것이다. 이렇게 아무렇지도 않게, 제도권력은 흠집이 나기 시작했다.

시위대를 가로막기 위해 놓여진 전경 차에 주차금지 스티커를 붙이는 것도 비슷한 권력 흠집내기의 일환이었다고 볼 수 있다. 주차금지 스티커에는 "지금 당신은 불법주차를 하고 계십니다. 대한민국의 법을 지키셔야 할 경찰분들께서 지금 대한민국의

도로교통법을 위반하고 계십니다"라는 문구가 적혀있어, 경찰이 사실은 스스로의 정당성을 훼손하고 있음을 밝히면서 동시에 정당성을 스티커를 붙인 주체, 즉 국민에게로 가져오는 것이다.

같은 맥락에서, 김밥을 무료로 나눠주는 사람들은 "우리는 무적의 김밥부대다", 배후가 있을 것이라는 보도에 대해서는 "내가 배후다"라고 하면서 자진연행에 나서기도 하면서 스스로의 강인함과 당당함을 드러내고 있다. (전경에 대하여) "때릴 때 조심해라, (시민동영상에)찍히면 인터넷 스타", "물대포 쏘면 목욕합시다" 등 무력을 가진 자에 대한 '두려움 없는 조크'를 사용하여 새로운 정치적 지형을 만들어내고 있는 것이다.

이는 공식적 지식(official knowledge)에 대하여 탈주적 지식(fugitive knowledge)을 지속적으로 생산함에 의해 기존의 지배-억압, 경찰-시위대, 무력-저항의 코드를 해체하는 전략이라고 볼 수 있는데, 중요한 것은 이런 거침없는 해체의 작업이 자발적으로 스스럼없이 진행되고 있다는 점이다. 이런 가운데 폭력보다는 비폭력의 '도덕적 우위'를 익혀가면서, 참가자들은 대치한 전경까지도 '결국은 우리보다 더 불쌍한 국민이다'라고 감싸 안게 된다.

이렇게 개인적 목소리가 강력할 수 있었던 것은, 대부분의 집회참여자들이 인터넷에서의 활동경험을 가지고 있으며, 집회자체가 인터넷의 토론방과 유사한 방식으로 진행되었기 때문이라고 볼 수 있다. 인터넷에서 누가 보건 개의치 않고 자신의 목소리를 내던 사람들이 자신의 의견을 그대로 거리로 가지고 나와 새로운 면대면 공간을 창출한 것이다. 개인의 경험과 생각이 다양한 만큼, 구호는 특정한 정치적 지향이나 기존의 방식을 넘어서서 해체적 성격을 띠게 된 것이고, 적과 나를 가르는 경계는 끊임없이 부유(浮遊)하게 되었다. 개인의 자기표현이 새로운 전선을 만든 것, 그것이 인터넷을 닮은 촛불의 새로운 가능성인 것이다.

3. 파도를 타고 전문적-정치적 지식으로

개인의 당당한 자기표현은 사회적 담론과 결합하면서 곧바로 정치적 지식으로 전환하였다. 결론부터 말하자면, 기든스(A. Giddens)가 '전문가체제(professionalism)'라고 명명한 전문가의 지식 독점이 해체된 장면이 촛불시위의 과정에서 연출된 것이다. 사실, 그간 한국에서 대부분의 국민들은 전문가에게 권한을 이양한 채, '전문가가 진단한 대로 믿고 생업에 충실하면 된다'는 유교적 규범에 따라 살고 있었다. 즉, 전문가주의가 큰 문제가 되지 않는 생활이었던 셈이다. 그런데, 미국산 쇠고기 문제는 이런 관행을 깼다. 사람들은 전문가주의를 따르던 규범에 대해 문제를 제기하면서 국민들이 스스로의 삶을 위협하는 요인에 대해 스스로 알아나가고 실천하는 것이 중요하다고 스스로 외치기 시작한 것이다.

쇠고기 협상에 반대하는 촛불집회가 촉발됨에 따라 국민의 생명권이라는 이슈는 급속하게 전국으로 퍼져나갔고, 국민들은 급속하게 전문가 영역으로 침투하였다. 한미협상과정과 광우병의 특징, 미국의 쇠고기유통과정 및 검역시스템 등에 대한 논의가 인터넷에서 번지기 시작하면서, 국민들은 전문가적 수준에서 미국쇠고기 수입에 대한 지식을 획득하게 된 것이다.

흥미로운 점은, 소위 '전문가적 지식'에 사람들이 접근한 방식이다. 광우병에 대해 논의가 분분해지자, 네티즌들은 나름대로 찾을 수 있는 자료를 찾아 공유하면서 협상과정은 물론, 광우병 자체에 대한 이해에 까지 도달하게 되었다. 다시 말해, 영어를 잘 하는 사람은 협정문을 번역해서 올리고, 축산업자 출신자는 우리나라 수입의 관행에 대한 자신의 경험을 올리며, 또 다른 사람들은 외국의 잡지 및 신문에서 다룬 광우병 관련 내용을 정리해서 올리는 과정을 통해 인터넷은 좀더 나은 정보를 여과하여 공유할 수 있는 장으로 변모하게 되었다. 이 과정에서 사람들은 그간 '정보의 쓰레기더미'라고까지 인식되어 신뢰를 받지 못하던 인터넷이 공식적 기관보다 때로는 더 의미 있고 정확한 정보를 제공해줄 수 있음을 확인하였다. 인터넷이 급속한 루머의 유통 장소가 될 수 있다는 점은 늘 잠재해 있는 위험이지만, 현재까지는 사람들의 조회수를 통해 유용성이 입증되는 방식을 취하고 있다. 이런 점에서, 사람들이 사회문제를 해결하기 위해 자신의 전문성을 개방하는 한, 인터넷은 가장 훌륭한 소통도구가 될 수 있을 것이다.

> 사실 나는 정치에 별다른 관심이 없는 사람이었다.
>
> 예전에 노무현이 무슨 짓을 하던 신경 안 쓰고 있었고 정치가 어떻게 되든 그냥 나라는 돌아가고 사람들은 사는가 보다 했다.
>
> .... 아는 형은 20대들의 전형적인 변명이라며 놀려대기도 하지만 말이다.
>
> 그렇게 살았는데 이게 왠 날벼락
>
> 어이쿠 이게 무슨 일인가 하고 인터넷을 뒤졌다. 인터넷 정보검색에

잔뼈가 굵은 나는(무려 15년을 통신과 함께 했다.) 나름대로 정보를 거르고 습득하는 것에는 자신이 있었기 때문에 찾았다.

... 이런 것들을 보다가 나는 여기서 다른 건 다 제쳐두고서라도 정부에 대한 불신이 생겨버렸다. ... 저놈들은 왜 미국 따까리나 하고 앉아 있을까? 국민이 하지 말라는 걸 하는 건 옳은 정부인가? 하는 의문들이 꼬리를 물었다.

(6. 14일. 이글루의 글. http://ruhasin.egloos.com/465431)

소위 '동원'으로 채워진 집회보다 '스스로 결정해서' 참여한 집회가 훨씬 친학습적이라는 점은 자명하다. 1980년대의 사회운동이 소수 정예집단의 동원에 의한 전투적 시위였다면, 2000년대 이후의 사회운동 방식은 대중의 자발적 참여를 전제로 하는 평화적 문화집회의 양상을 띠고 있다. 이는 다른 한편으로 민주주의의 발전, 혹은 '민주화 이후의 민주주의'와 밀접히 연결되는데, 사회가 경직된 경우 평화적 집회 자체가 어려울 뿐 아니라, 참여 자체의 자기결정성, 즉 의사결정의 민주성이 어렵기 때문이다.

이런 점에서 보면, 이번 촛불집회는 '조직동원'이 거의 힘을 발휘하지 않는 상당히 자발적 집회라는 특징을 가지고 있다. 10만이 넘는 사람을 조직적으로 동원하기도 어렵겠지만, 더욱 중요한 것은 수만의 사람들이 교대로 자발적으로 참여하고 있기 때문에 장기전이 가능하다는 점이다. 수도 없이 많은 집회참관기 내용을 담은 블로그는 자발적 참여의 과정을 잘 보여준다.

내가 촛불집회에 참가한 것은 순전히 큰 아들 때문이다.
오늘 처자식이랑 장모님을 모시고 대공원엘 갔다.
대공원 근처 식당에 저녁을 먹으러 간 것인데

마침 대공원에서 촛불집회를 한 것이다. ...
촛불집회를 쭈욱 지켜보면서
나는 우리 국민은 참 대단하다는 생각을 했다.
집회라기보다는 축제에 가까운,
누구든 연단에 올라 형식 불문하고 말할 수 있는 모습이며,
발표와 토론과 축제와 시위가 함께 하는 듯한,
사회적 이슈에 대해 저런 다양한 참여의 모습은
전 세계 어느 나라 국민도 할 수 없다는 생각이 들었다
(6. 16. 카페글. 운정. http://cafe.daum.net/musicgarden)

이렇게 "나가봐야겠다"는 자기 결정에 의해 나오기 때문에, 참여의 방식은 스스로가 정한다. 쿠키 2,000개를 만들어 와 시민들에게 나눠주는 여대생, 밤마다 어묵과 커피를 무료로 공급하는 '다인아빠', 명박산성에 올릴 그림을 그려온 주부 등 다양한 참여가 이어지고 있으며, 디시인사이드(www.dcinside.com)를 비롯한 몇몇 온라인 카페들은 자발적인 모금을 통해 촛불집회 참여자들에게 김밥을 나눠주는 이벤트를 벌이기도 하였다. 이런 자발적 참여로 인해 촛불집회의 의미는 일상의 문화변화로까지 이어지고 있다.

그곳에 모인 수많은 사람들...
누가 선동하거나 혹은 강요받아 나온 것도 아니고...
거시적으로 대한민국의 미래와 방향을 걱정하며 반정치적 생각을 가지고 모인 것이 아니라
나자신과 나와 함께 살아가는 많은 사람들을 걱정하는 마음으로...

최근 들어 직장 동료나 부하직원에게 식사 시간이나 휴식 시간에 사회적 이슈에 대한 문제들에 대한 그들의 생각들을 물어보곤 했어요...

나또한 예전에 그런 시기가 있었는데 조금 더 관심을 가지고 주변을 돌아보니 참 반성이 되었다고...

어떤 것이 옳고 그른지의 판단은 타인의 생각을 통해서가 아니라,

자신이 직접 관심을 가지고 찾아보며 판단을 해보라고...

그리고 그 모든 생각들이 정리되면 자신이 옳다고 생각하는 것을 머리로만 생각하지 말고,

직접 실천으로 옮기는 행동하는 사람들이 되었으면 좋겠다고...

가장 걱정되는 것은 사람들의 '무관심'이라는 사실을 다시 한 번 깨닫게 된 것 같아요...

id: 영원의 섬

'자신의 입장'을 여러 사이트를 다니면서 찾아내고, 나름대로 집회에 기여할 방식을 고안하며, 기존의 지배-저항 구도를 깨고 끊임없이 새로운 의제를 설정해 내는 상상력. 이것이 촛불집회의 힘이다. 이런 상상력은 일촌맺기를 통해, 혹은 블로그 이웃맺기를 통해 '파도타기' 방식으로 새로운 공간으로 나아가는 인터넷의 소통방식과 긴밀히 연결되어 있으며, 사이트에서 다른 사이트로 나아가는 파도타기는 촛불집회를 둘러싼 사람들 나름의 생각이 깊어지고 정리되는 과정에도 그대로 적용되고 있는 것이다.

4. 공간을 넘어서기 : 정치의 일상화, 일상화의 정치

앞서 살펴본 바와 같이 인터넷은 지식검색의 공간이자 공유

의 공간, 행동에 대한 평가의 공간이 되는 과정을 통해 그 힘을 확보하였고, 오프라인에서의 만남은 그 힘을 정치적으로 확정지었다. '만나자!' 라고 하는 외침이 실제 광화문에서의 만남으로 이어지는 것. 광화문에서의 만남이 동시다발적으로 재현되는 것. 이런 과정을 통해 인터넷은 놀랄 정도의 정직성과 지적 충실성을 드러냈다. 온-오프의 교차적-상호적 결합의 귀결점은 아마도 정치의식의 성장이 아니었나 싶다. 사람들은 '정치'를 '일상'으로 끌어들이고, 일상을 정치적으로 해석하기 시작한 것이다.

> 매번 출근해서 아고라 보는 게 일이 되고 집에 와서 뉴스와 토론 방송 보는 게 습관이 되버렸습니다. 예전에는 스포츠만 보다 시사 프로를 보니 많이 달라졌다는 생각이 들고 쥐박이 때문에 취미생활과 습관도 변화 되었습니다.(유레카 7.3)

이렇게 인터넷과 집회현장의 상승적인 결합은, 스스로를 정치적 행동의 주체로 바라보는 시각을 만들어냈다. 돌을 던지고 화염병을 만드는 것이 아니라, 단지 아고라를 보고, 촛불시위에 대해 의견을 펼치는 것만으로도 '시위주체'가 될 수 있었기 때문이다. 이런 의식의 변화에 인터넷의 동시성이 더해지면서 "시위에 참여하지 못한 많은 사람들"이 인터넷을 통해, 혹은 집회 이외의 방식을 통해 얼마든지 정치적으로 행동해 나가기 시작하였다. 시위는 단지 광화문에서만 하는 것이 아니라, 동시적으로 '블로그에 촛불달기' 등 인터넷에서도 이루어질 수 있는 것이고, 이런 점에서 '나름대로 기여할 수 있는 것'을 찾아나설 수 있었기 때문이다. ID '소심한 곰'은 언론이 가장 경계했던 '광고주에게 전화걸기' 행동이 시위 주동자들의 면밀한 전략이 아니라 사실은 '나름의 정치적 주체가 되고자 했던 시민들'의 자발적 참여 욕구의 결과였음을 밝히고 있다.

> 일상적으로 집회나 토론에 참여하지 않은 사람들이 여전히 다수다.... 대체로 일상에 묻혀들 사니까. 사실 직장이든 생업이든 하루 벌어 하루 먹고 사는 사람들에게 그런 여유가 있겠는가. ... 그런데 그런 사람들도 .. 실천할 거리가 필요했다. 그래서 조중동에 전화걸기 등이 생겼다. 나는 2mb라는 껌을 만들어 팔 생각까지 했다. (소심한곰, 아고라, 307쪽)

이렇게 실천에 대한 의지를 가진 대중이 출현했다는 것은 이전의 사회운동과는 전혀 다른 운동의 패턴이 출현했음을 알리는 것이다. 촛불집회의 패러디나 개방성, 유연성 등과 같은 운동의 양상이 아니라, 운동을 이끌어가는 힘 자체가 변한 것이기 때문이다. 이런 점에서 인터넷은 개개인의 재기발랄함을 드러내는 장으로서의 역할에 그친 것이 아니라, 개인의 일상 국면에 파고들어 개인의 생활을 변형하는 힘을 발휘하였다고 할 수 있다. 예컨대 음악인들의 거리공연, 거리 탈춤공연, 젊은 문학도들의 거리문학 행사 등 사람들은 자신의 관심사를 확대하는 방식으로 촛불집회에 참여하였다. 자기 나름의 표현의 방식을 일종의 소통도구로 활용한 것이다.

촛불집회가 갖는 또다른 일상적 의미 전환으로는 '언론에 대한 태도'를 들 수 있다. 한 여학생은 "신문을 보고 내가 '좌파'인지 이번에 처음 알게 됐다"면서 "사람들은 더 이상 통제되고 왜곡된 전통적 언론에 기대려 하지 않는다. 신문보다는 아고라

광장, 카페 등에서 서로 생각을 자유롭게 나누며 정보를 얻고 있다"(오마이뉴스, 2008년 6월 27일자)고 말한다. 언론이 일종의 권력기구로서 시민들의 소식을 그대로 퍼나르지는 않는다는 것. 대신 국민들이 스스로 광장을 형성하여 소식을 나눌 수 있다는 것. 그래서 개인은 단순한 개체가 아니라 무엇인가 사회적인 영향력을 미칠 수 있는 존재라는 것. 이런 것들이 촛불시위의 과정에서 사람들이 새롭게 획득한 인식일 것이다. 언론에 대한 많은 시민들의 태도는 언론에 대한 '사실보도매체'로서의 규정으로부터 '특정한 관점을 전파하는 권력매체'로의 전환이 이루어진 셈이다. 전환학습이론에서는 이렇게 기존에 가지고 있던 사고를 구성하는 근저점에서의 변화를 '의미관점(meaning perspective)의 전환'이라고 부른다. 촛불집회는 다양한 접점에 대하여 의미관점의 변화를 일으켜 낸 것이다.

일상적 전환의 과정은 또한 상당한 정도로 정치적 세력화로 이어지기도 했다. 대표적으로 조중동 광고 불매운동을 보자. 조선-중앙-동아일보로 대표되는 일간지가 친정부적 차원에서 촛불시위에 대해 강도 높게 비난하자, 네티즌들은 조중동의 보도태도를 비판하면서 '조중동은 쓰레기'라고 구호를 외치기 시작한다. 이는 매우 중요한 이슈의 전환이라고 보여지는데, '투명하게 보도'하는 언론이라는 중립적 입장이 변화한 것이기 때문이다. 따라서 집회참가자들은 한겨레-경향신문을 구독할 것을 권한다.

하지만 논의가 진행됨에 따라, 단지 구독을 권하는 상황으로부터 '조중동이 정말로 무서워하는 것', 즉, 광고로 이슈의 중심이 옮겨지게 된다. 이는 단지 광고 중단 압력을 넘어 구체적인 해당업체 불매운동으로, 나아가 자신의 음식 취향에 대한 성찰로까지 나아가기도 한다. 하나의 사례를 간단히 정리해보면 다음과 같다.

on 조선일보의 편파보도에 대한 비판 →(실천의 필요)→ off 조선일보 안보기 운동 전개 →on (논의의 진전)→ off 광고불매운동 → on 계속 조선일보에 광고하는 광고업체에 대한 조사 →(정보공유)→ on 사례로 농심 라면이 유지파동 후 매출 증대하였음을 확인→ off 농심불매운동→ on 농심 라면의 특징분석 및 맛 비판 → on "더 자극적이고 매운 신라면을 먹지 맙시다!"라는 구호 등장 →on 신라면을 좋아하는 자신이 자본주의적 자극/중독성에 따르고 있는지도 모른다는 의견 ('on'은 인터넷 게시판에서 진행된 내용, 'off'는 행동을 통한 실천)

이런 구독자 층의 광고 중단 압력은 법적 대응을 촉발할 정도로 큰 영향력을 미치게 된다. 중요한 것은, 사람들이 이 과정에서 언론에 대해서 비교적 분명한 입장을 갖게 된 것이다. 즉, 언론은 투명한 것이 아니라 정치적 성향에 따라 다르며, 자신도 그런 정치의 일부가 되고 있음을 확인한 것이다.

이렇게 보면, on과 off를, 사회운동가와 일반대중을, 전문적 지식과 게시판 잡글을 넘나드는 것, 즉 구획(framing)을 넘어서는 것이 이번 촛불집회에서 학습이 일어나는 방식이라고 볼 수 있다. 지루(Girowx)는 이미 오래 전에 문화사역자의 경계넘기(border crossing)에 대해 이야기한 바 있다. 촛불집회라는 새로운 장에서의 평생학습은 기존의 규범과 가름을 넘어서는 방식으로 진행되고 있는 것이다.

5. 인터넷, 시민 성장판으로서의 가능성

20년 전, 민주주의는 "권위주의적이거나 전체주의적 권력이 없어진 상황"으로 정의되었다. 20년이 지난 오늘, 민주주의는 국민 개개인이 정치-문화적 주체로서 권리와 권력에 대해 적극적으로 자신을 표현하는 것으로 재정의 되고 있다. 민주주의가 유지되기 위한 질적 조건은 이미 듀이(J. Dewey)가 말한 바, 구성원들의 지속적인 학습이다.

촛불집회의 대립전선은 '학습하지 않는 정부와 학습하는 국민'으로 가름된다. 정부는 '권력은 지배자에게 있으며, 국민을 권력자를 따라야 한다'는 전근대적 패러다임 속에서 지속적으로 국민을 가르치고자 한다. 그리고 그 가르치는 방식은 법이나 제도를 동원하여 자신의 물리력을 입증하는 것이다. 반면 집회참여자들은 인터넷을 통해 새로운 정보를 학습하고, 아고라에서 토론하며, 새로 알게 된 지식을 확인하고, 스스로 기여할 수 있는 일을 택해 실천하면서 끊임없이 자신의 정체성을 재구성해가고 있다. 민주주의가 굳어지지 않도록 하는 지속적인 수혈공급원 가운데 하나가 바로 인터넷이 될 수 있음을 보여준 것이 바로 촛불집회였던 것이다.

학교의 틀에 갇힌, 그러나 늘 그 틀을 넘어서는 아이들의 발랄한 문제제기는 운동 및 지배의 패러다임 변화라는 차원에서 숙고해 볼 필요가 있을 것이다. 촛불시위대는 이전의 정치적 전선 대립을 뛰어넘는 '국민'의 이름으로 축제적 시위를 이어갔다. 나는 그 시위를 이어갈 수 있었던 힘 가운데 하나가 바로 온라인과 오프라인을 넘나드는 일상적 전환학습에 있었다고 본다. 전환학습에서는 기존의 시각으로부터 거리를 두고 바라볼 수 있는 계기가 중요한데, 오프라인의 사건과 시위는 그 계기를 제공해 주었으며, 온라인은 그 충격을 흡수하여 자신의 사고를 정교하게 하는 역할을 하였다.

사람들은 블로그나 미니홈피를 통해 유통될 수 있는 엄청난 양의 정보를 생산하였으며, 다른 사람에게 새로운 생각거리나 사고의 전환거리를 제공하기 위해 부심했다. 매우 탈정치적인 집단으로 여겨졌던 중산층과 여성들은 보다 적극적으로 사회적 문제에 대해 발언하였으며, 이는 개별적 주체성을 갖추고 있기에 가능한 일이었다. 현재 어느 정도나 이런 전환이 이루어졌는지는 측정하기 어렵지만, 촛불집회를 계기로 우리사회에서 '동원'을 넘어선 '참여'라는 조건이 형성되고 있음은 분명해 보인다. 촛불집회는 정치에 대해 보다 적극적인 사고를 촉발하는 교육적 사건이었으며, 인터넷은 사고를 정교화하고, 집단화하는 역할을 했던 것이다.

가다머(Gadamer, 2005: 40)가 말했듯이 인터넷은 "정보화에 대한 믿음과 그것에 점령당한 탈개인화"를 잘 보여주는 장일 수도 있다. 다행스럽게도, 촛불시위의 과정은 인터넷이 정보화나 기계화에 대한 대책없는 믿음이 아닌, 학습과 실천에 대한 믿음에 기여할 수 있음을 보여주었다. 인터넷을 통해 사람들은 기술이 아니라 삶을 배웠다. "(기술적) 진보로 인해 인생에 대한 믿음을 갖고 배울 수 있을 때에만 그것이 분명한 진보"에 해당되는 실천인 것이다. 아고라와 광화문은 건강하고 역동적인 학습주체의 탄생을 의미한다. 성찰의 끈을 놓지 않고 온-오프의 다리를 보다 많은 사람들이 계속 넘나든다면, 인터넷은 삶의 진보가 될 수 있으며, 우리의 민주주의는 근대와 전근대, 탈근대를 관통하면서 개인 안에 깊은 뿌리를 내릴 수 있게 될 것이다.

chapter

08

정보격차에서 학습격차로

'디지털 시대'의 그늘에는 항상 '정보격차'가 포함된다. 1부에서 살펴본대로, 인터넷은 새로운 소통의 방식을 만들어내고 있으며 이로 인해 기존의 질서와는 사뭇 다른 관계의 방식이 만들어진다. 익명성의 평등함이라든가 상호적인 소통방식은 평등의 범위를 넓히는 것으로 평가받고 있다. 물론 다른 한편으로 정보의 빠른 유통이나 엄청난 정보량은 정보의 부익부 빈익빈 현상을 불러일으키면서 새로운 빈곤층을 형성하고 있기도 하다. 즉, 인터넷을 중심으로 한 전자적 소통은 정보의 부자와 빈자의 격차, 곧 정보격차를 어떻게 해결하는가에 따라 그 의미가 달라지는 것이다. 우리나라에서도 그간 수많은 정보격차에 대한 논의와 이를 해결하기 위한 노력이 있어왔다. 그러나 그 패러다임은 여전히 학교교육적 정보화교육으로, 격차의 근본적 해소를 위한 사각지대에 대한 논의는 여전히 필요한 실정이다.

1. 정보격차의 현황

산업사회에서 계급격차가 일차적인 문제였다면, 정보사회의 대표적인 사회문제는 정보격차문제이다. 산업사회에서의 '부의 불평등'은 정보사회에서 '정보의 불평등' 문제로 이관된 것처럼 보인다. 그러나 물론, 정보사회에서 계급격차가 사라진 것은 아니다. 정확히 말하자면, 정보의 양과 속도가 급속히 증대하고, 정보가 가치의 원천이 되는 사회의 도래로 인해, 계급격차를 낳는 주요변인 가운데 하나로 정보격차가 대두되었다고 보는 편이 옳다.

동시에 정보격차는 기존의 사회경제적 격차를 확장하는 요인이라는 점에서, 사회경제적 격차와의 순환적 고리를 이루고 있는 것으로 보인다. 정보격차는 정보에 대한 접근만을 보장한다고 해서 해소될 수 있는 '간단한' 문제가 아니라, 제반 사회적 요인들과 면밀하게 얽혀있는 구조적 문제이다. 이런 점에서, 정보격차 문제는 개념정의에서 관련 요인분석에 이르는 면밀한 탐색이 요구되는 사회의 핵심적 사안이다.

우리나라도 '세계에서 가장 컴퓨터를 잘 쓰는 나라 건설'이라는 목표 아래 2002년부터 정보화교육을 실시해, 상당한 성과를 거두었다. 이에 따라 『2008 정보격차 해소백서』에 따르면, 2004년 33. 7이었던 중노년층의 정보격차지수[1)]는 2007년에 이르면 9.9에 불과하고, 저소득층과 장애인, 농어민의 경우에도 각각 27.0에서 11.2로, 38.9에서 15.8로, 48.7에서 23.3으로 격차가 줄어들고 있음이 보고되고 있다. 인터넷의 확대와 맞물려 빈곤층이 1997년 전체가구의 9.7%에서 2001년 12%로 증가 (KDI, 2003)하였고, 컴퓨터 이용능력 여부에 따라 15.5%의 임금격차 발생 (노동연구원, 2002)했다는 보고를 고려하면, 이런 정보격차의 해소노력은 소외계층 문제 해결을 위한 주요 고리에 대한 노력이라고 볼 수 있다.

고무적인 것은, 정보접근에서 나아가 2004년부터는 양적 활용과 질적 활용의 격차지수도 산출하여 질적 활동의 개선을 위한 방향성을 분명하게 노정하고 있다는 점이다. 문제는, 예상대로 접근보다는 활용상의 격차가 개선하기 어렵다는 점이다. 2007년에 이르러서도, 접근 · 역량 · 활용부문별 격차지수를 비교했을 때 접근격차지수 13.5점보다 역량격차지수는 55.5점으로 4.1배에 이르며, 양적활용격차지수는 47.2점으로 3.5배, 질적활용격차지수는 52.0점으로 3.9배나 높게 나타나고 있다. 컴퓨터 · 인터넷 접근 정도 및 보유여부와 연관된 정보접근격차보다 정보활용능력 · 활용량 · 활용의 질과 연관된 정보활용 격차가 더욱 크게 나타나고 있는 것이다(KADO, 2008: 37).

---

1) 정보격차지수는 일반국민의 접근지수를 100으로 가정하여 소외계층의 접근지수 수준을 측정하여 일반국민의 차이를 지수로 드러낸 것이다. 즉, 100점에 가까울수록 일반국민에 비해 소외계층의 접근격차가 큰 것을 말하는 것이다. 격차지수 = 일반국민의 정보화수준 - 일반국민대비 소외계층 정보화 수준.

이는 소외계층의 경우, 학습능력이 낮은 상태에서 정보통신기기에 대한 노출만이 이루어지기 때문에 생기는 문제라고 볼 수 있다. 주된 교육방식은 여전히 범용 소프트웨어 위주의 교육 운영으로 생업과 실생활에서의 활용, 개인 생산성 향상, 국민 삶의 질 제고로의 연계가 미흡하다는 점을 한계로 가져왔다. 이런 점에서 IPTV 등과 같은 새로운 매체가 출현할 때는 그것과 연관된 학습격차를 측정하여 실제 활용을 할 수 있도록 하는 정보화가 필요하다는 것이다.

사실 외국에서도, 정보격차에 대해서는 원인에 대한 심도깊은 논의 및 해결책 모색보다는 인구사회학적 또는 사회경제적 변인을 중심으로 정보격차 현상을 기술하는 수준에 머무르고 있다는 비판이 있어왔다(Colby, 1997). 정보격차 관련 연구는 인구사회학적 변인에 따른 인터넷 이용자 혹은 비 이용자들의 분포와 그 변화추이를 기술하는 데 머무르고 있으며, 정보격차를 측정하는 방식 역시 인터넷에의 접근성이나 연결성, 이용에 있어서의 양적 차이를 중심으로 하고 있어, 현상 기술적이라는 한계를 가지고 있다는 것이다(강홍렬 외, 2004).

이런 점에서, 철저히 단절해야 할 시각이 있다면, 그것은 매체에 대한 접근성을 높여준다면 문제는 해결될 수 있다는 기술중심적 시각이다. 컴퓨터를 구비하고 인터넷 통신망을 구축한다고 해도, 정보격차문제는 쉽게 해결될 수 없는 것이다. 국제적-국내적 차원에서 2000년대 이후로도 계속 제기되고 있는 정보격차의 확산은 문제가 보다 사회경제적임을 말해준다. 이런 점에서 정보격차문제는 소외계층에 대한 단선적인 지원이 아니라, 사회구조에 대한 관심 속에서 구조적 전환을 도모할 때 해소될 수 있다. 클링은 다음과 같이 말한다(Kling, 2000).

> "정보격차라는 틀이 가지는 큰 문제는 '디지털적 해결'로 나아간다는 데 있다. 사회통합을 위한 복합적인 관여나 보조적 자원 등에 대한 배려 없는 컴퓨터와 원격통신은 현재 상태에 자원과 관계를 단순히 더하는 것으로, 명백히 불충분한 해결책이다."

이런 점에서, 정보격차 연구의 경우에도, 무엇을 위한 정보격차해소인가의 문제를 좀더 본격적으로 다루어야 한다. 그렇지 않으면, 정보격차가 해소되지 않을 경우, 다른 기술적 요인을 추적하는 방식을 통해 또 다른 정보격차를 밝히는 방식으로 연구가 진행되게 되기 때문이다(강홍렬 외 2004). 내용과 언어, 문해와 교육, 공동체와 제도 등의 문제를 고려해야 한다는 것이다.

우리나라의 소외계층 쪽으로 좀더 가까이 가보자. 첫 번째, 생활보호대상자인 A양의 아버지는 A양이 아르바이트로 모은 돈으로 산 컴퓨터를 술을 마시기 위해 팔아버렸고, 1년 뒤에는 국가에서 지원한 컴퓨터 역시 A양 몰래 팔아버렸다. A양의 분노는 극에 달했다. 수능 시험을 위해 EBS를 들으려고 그렇게 컴퓨터를 구하고자 했던 A양은 결국 수능을 포기하고 주유소로 들어가 버렸다.

두 번째, 판자촌에서 생활하는 B군은 집에 컴퓨터가 없기 때문에 어릴 적부터 PC방을 드나들었고, PC방의 문화에 익숙해지면서 집에 들어오지 않는 날이 잦아졌다. 실직한 아버지는 집을 나가 소식이 없고 노점상을 하는 어머니는 B군이 숙제를 하기 위해 PC방에 가야 한다는 말에 푼돈이라도 쥐어줄 수밖에 없었다.

B군은 학교가 끝나면 PC방으로 가서 새벽 두 시가 되어야 들어올 정도로 게임에 중독이 된 상태지만, 별다른 방법이 없다.

다음으로, 38세인 C씨는 인터넷을 모르면 세상에서 뒤처진다는 생각은 하고 있지만 인터넷을 배울 수도 없고, 설령 인터넷을 할 수 있게 되었다 해도 인터넷을 할 시간을 낼 수가 없다. 새벽 5시에 매일 인력 시장에 나가 일거리를 맡아야 먹고 살 수 있기 때문이다. 물론 일거리가 없는 날도 있지만, 일이 있고 없고는 그날 아침에 결정되기 때문에 계획을 세워 공부를 한다는 것은 생각하기 힘들다. PC방도 두어 번 가보았지만 다들 게임만 하고 있어 C씨가 알고 싶은 취업정보에는 어떻게 접근하는지 알 수 없었다. 방송이나 신문에서 점점 더 인터넷을 통해 의견을 달라고 부추기는 것도 C씨를 좌절시킨다.

끝으로, 주부 K씨는 인터넷을 친구에게 배웠다. 친구가 가르쳐 준 것은 홈쇼핑과 뱅킹, 그리고 채팅. 다소 무료하던 K씨에게 채팅은 완전히 새로운 세계였다. K씨는 스스로 만들어 낸 인물이 되어 많은 남자친구를 사귀고 이야기를 나눴다. 자기 이야기를 편히 할 수 있다는 편안함에, 이런 식으로 전혀 모르는 상대방과 공감할 수 있다는 신기함이 더해지면서, K씨는 채팅에 완전히 몰입하게 되었다. 이렇게 1년여를 지내면서, K씨의 일상생활은 오히려 피폐해졌다. 아이들을 돌보는 일에서 자신의 지적인 능력 개발에 이르는 여러 일들을 팽개친 채, 표피적 만족감을 주는 채팅에 매달리게 된 것이다. 결국 인터넷을 할 수 있게 되면 다양한 취미와 여러 정보를 얻게 될 것이라는 예상과 달리, 인터넷으로 인해 K씨의 삶은 망가지고 말았다.

위의 네 가지 사례는 결국 정보통신기술이 그 자체로는 삶의 질을 높여줄 수 없음을 보여준다. A양은 결국 학습을 위한 PC를 확보하지 못했고, B군은 무방비 상태로 PC방에 노출되었으며, C씨는 컴퓨터를 배울 여력과 정보가 없고, D씨는 오히려 삶이 망가지고 말았다. 컴퓨터나 인터넷을 자신의 자아와 상황을 고려하여 활용할 수 있는 질적 능력이 마련되지 못했기 때문이다.

문제는 정보통신기술을 활용하는 방식이다. 소외계층에게 정보화교육을 실시하는 이유는 정보통신기술을 통해 취약한 상황을 조금이라도 벗어날 수 있도록 하기 위해서이다. 그러나 정작 소외계층은 정보통신기술을 그렇게 '생산적'으로 활용하지 못한다. 예컨대, 중고등학생 대상의 한 조사에 따르면, 학생들의 컴퓨터-인터넷 활용률은 공히 99%에 이르지만, 공부를 못하고 경제적으로 어려운 학생들은 공부를 잘하고 경제적으로 여유 있는 학생에 비해 '소모적'인 방식으로 인터넷을 이용한다. 취약계층은 정보검색이나 학습 등, 의미 생산적 활용방식보다는 게임이나 채팅 등 시간 소모적 활용방식을 선택하는 경향이 두드러진다는 것이다. 이는 '기술'이 절대로 중립적이고 도구적인 '수단'에 머무르지 않음을 말해준다. 인터넷처럼 '말이나 의미의 짜임'을 가지고 있는 기술은, 그 기술을 전유하는 사람의 수준과 상태에 따라 전혀 다른 기술이 된다. 정보의 부익부 빈익빈 현상은 기술 중심의 교육으로 절대로 극복될 수 없는 것이다. 아니, 기술을 도구적으로 가르쳐줄 경우, 오히려 부익부 빈익빈의 현상은 가속화될 수 있다. '제대로 된' 교육학적 접근이 필요한 것이다.

2. 정보격차에서 학습격차로

정보격차를 'digital divide'라는 용어로 표현한 미국 상무부에서는 이를 '전화, 컴퓨터, 인터넷을 통해 새로운 기술에 접근하는 집단과 그렇지 못하는 집단 간의 단절'로 정의하고 있으며, OECD에서는 "개인, 가정, 기업 및 지역들 간에 서로 상이한 사회·경제적 여건으로 인해 정보통신기술(ICT)에 대한 접근기회와 다양한 활동을 위한 인터넷 이용에서 나타나는 차이"로 정의하고 있다.[2] 우리나라의 「정보격차해소에 관한 법률」에서는 정보격차를 "경제적·지역적·신체적 또는 사회적 여건으로 인해 정보통신망을 통한 정보통신서비스에 접근하거나 이용할 수 있는 기회에 있어서의 차이"로 정보격차를 규정하고 있다.

이들 정의는 공통적으로 '디지털 정보·서비스'에 대한 접근·활용의 '차이'와 '단절'에 주목하고 있다. 정보사회에서 핵심적 가치인 디지털 정보매체, 혹은 정보서비스에 접근할 수 있는 자와 그렇지 못한 자 사이에 격차가 있으므로, 그 거리를 좁혀주기 위한 전략적 개념이 정보격차라고 볼 수 있는 것이다. 문제는, 앞서 살펴본 바와 같이 정보격차가 사회경제적 지위와 밀접하게 연관됨에도 불구하고, 대개의 경우 정보격차에 대해서는 '기술'의 차원으로 접근하게 된다는 점이다. 지식격차나 교육격차, 학습격차에 대해 부가적으로 논의할 필요성이 여기에 있다. 개념을 잠시 살펴보기로 하자.

2) OECD(2001), Understanding the digital divide, p.5

▸ 정보격차

정보격차란 '새로운 정보매체에 대한 접근성을 지닌 자와 그렇지 못한 자 사이의 격차'(Campaine, 2001: 11)로, 기술의 사회적 전파 과정에서의 불평등을 지칭하기 위한 개념이다. 정보격차는 사회경제적 격차와 긴밀한 관계를 가지고 있는데, 사회경제적 격차로는 연령, 성, 계층, 지역 등의 요인이 4대 변인으로 꼽힌다(박형준, 1996; 김문조-김종길, 2002; Hoffman, Novak and Schlosser, 2000). 이러한 사회경제적 격차를 독립변인으로 하여 정보격차를 측정해보면, 일반적으로 기술도입 초기에 격차는 급속하게 확대되다가 상대적으로 줄어드는 양상을 보인다. 4대 변인 가운데 소득은 정보격차의 종속변인이기도 한데, 정보격차로 인한 소득저하가 일어나는 현상을 볼 수 있기 때문이다. 정보사회에서는 이러한 추론에 근거하여 정보격차를 줄이기 위한 국가적 정책입안이 적극적으로 제출된다. 정보격차는 점차 접근격차로부터 정보활용이나 정보생산, 정보성찰 차원에서의 격차에 대한 관심으로 분화되어 나가고 있다.

▸ 지식격차

정보격차와 유사한 관심에서 출발한 개념으로 지식격차가 있다. 지식격차는 매스미디어의 보급과 이용이 사람들의 지식에 어떤 영향을 주는지에 대한 연구에서 출발한 개념으로, 1970년대 미디어 효과연구의 일환으로 제기되었다. 지식격차는 대중매체라 하더라도, 매체를 이용함에 따라 기존의 불평등격차가 심화될 수 있다고 본다. 이는 의미있는 정보를 가려내는 능력이 정보 자체에 대한 접근에 비해 중요함을 드러내주는 것이다(Gazino, 1982). 이런 연구는 여러 변인으로 확장되었는데, 예를 들어, 미디어를 통해 보도되는 이슈의 성격, 이와 연관된 체계의 갈등 수준, 커뮤니티의 구조상 다원성, 미디어 보도의 패턴 등과 계층간 지식격차의 차이 등이 연구되었다. 그러나 이런 축적된 내용이 정보격차에서는 사상되었다.

정보격차를 해소해야한다는 주장은 이데올로기적일 수 있다. 마치 정보격차가 해소되면 정보사회의 모든 문제가 해소되는 것으로 보일 수 있게 하기 때문이다. 그러나 정보격차에서의 핵심은 모든 국민들이 학습자로서 충분한 정보문해상태에 도달함으로써 정보사회가 추구하는 지향, 즉 구성원들이 지식의 생산-공유-이용을 향한 참여를 할 수 있게 되는 사회에 있다.

▸교육/학습격차

우리는 여기에서 정보격차 확대 기제의 하나로서 교육격차와 학습격차를 볼 필요가 있다. 교육격차는 학력(學歷)에서의 차이, 즉 고졸이냐 중졸이냐라는 형식적 교육의 수준에 따라 정보격차가 달라짐을 의미한다. 정보화 초기인 2003년 현황이 말해주듯이, 학교교육 수준이 높을수록 정보문해력은 높게 나타난다. 학교교육을 얼마나 받았는가 하는 것은 성이나 세대, 지역과 소득 등과 유사한 사회경제적 요인 가운데 하나라고 볼 수 있다. 즉, 교육격차를 통해 정보격차가 재생산된다는 것이다.

여기에서 좀더 나간 개념이 학습격차이다. 동일한 고졸 학력이라고 하더라도 학교 내 격차는 적지 않다. 이런 점에서, 교육격차가 학교교육연수를 말하는 것이라면, 학습격차는 실제 사용자가 가지고 있는 학습능력을 말한다. 따라서 같은 고등학교 졸업 학력자라고 해도, 학습능력에 따라서 정보격차는 다르게 나타날 수 있다. 교육격차는 대개 학습격차를 경유해서 정보격차로 나아가는 것이다.

이후 학습격차를 주요하게 고려해야 하는 이유는, 정보접근격차가 학습격차로 결과하고, 동시에 학습격차가 정보문해에서의 격차를 결정하기 때문이다. 즉, 컴퓨터를 사용할 수 없는 조건의 아이들은 인터넷관련 숙제 등을 할 수 없어 학교 학습에서 뒤처지게 되며, 동시에 학습능력이 저하되어, 정보활용능력이 떨어지고 만다는 것이다. 학습격차가 해소되기 위해서는 열위에 있는 학습자가 외부의 환경을 자신의 학습 내용으로 전환해낼 수 있는 능력이 필요한데, 이 능력 또한 정보문해를 통해 생겨나기 때문이다. 정보를 활용하고 자기화하는 성찰력은 학습능력이 있는가의 여부에 따라 결정된다. 디지털화된 세계 속에서는 더욱더, 정보를 추출하고 해석하는 능력이 전반적 학습능력으로 연결된다. 실질적 정보격차의 해소를 위해서는, 이런 순환적 흐름을 포착하는 학습격차에 대한 실태분석과 지원이 보다 필요한 것이다.

3. 정보격차 개념에 대한 교육학적 접근

이제, 좀더 교육학적으로 정보격차를 정리해 보자. 교육학적 차원에서 보자면 '정보'는 우리가 '사태를 파악하거나 문제해결을 하기 위해 알아야 할 어떤 것'이라는 의미를 갖는다. 엄밀히 보자면, 정보매체에 접근할 수 있는가 그렇지 못한가의 문제가 사회적으로 중요한 이유도, 사실은 정보매체라 일컬어지는 컴퓨터나 인터넷 등이 사람들의 삶의 질을 높일 수 있는 정보를 담지하고 있기 때문이다. 이렇게 보면, 정보매체란 이미 사람들의 삶의 질을 제고할 수 있는 정보에의 접근성을 보장하고 있는 매체를 말하며, 따라서 정보매체에 대한 접근성이란 유용한 정보에로의 접근성을 의미한다.

구체적으로, 어떤 사람이 정보를 가지고 있다는 말은 그가 관심 안건에 대해 자기 고유의 필요한 범위 내에서 학습을 잘 받은 상태에 있음을 뜻한다. 예컨대 신문의 아파트 시세란은 재테크 혹은 이주를 위해 필요한 경우에 한하여 정보로 전환된다. 즉, 정보는 자체적으로 특정한 기준을 가지고 있는 것이 아니라, 구체적인 안건과 관련되어 판단되는 것이며, 이런 점에서 정보는 정보소유자의 관심 안건을 실질적으로 충족시키는 데 성공했는가의 여부가 그 핵심이라고 볼 수 있다.

이런 점에서 정보격차에서 '접근'보다 중요한 것은 '활용'이다. 한국문화정책개발원의 백서에서 접근격차를 넘어서, 양적 질적 활용격차를 측정하여 제시하고 있는 것은, 우리사회에서 활용의 중요성에 대한 사회적 합의가 이루어지고 있음을 말해준다는 점에서 고무적이다. 문제는 기존의 학교교육적 방식을 통해 활용격차 해소는 매우 더디게 진행될 수밖에 없다는 점에 있다. 사실, 개인의 행동이나 의식, 태도와 관련된 변화가 하루아침에 이루어질 수는 없다. 그러나 '교육'이라는 활동이 학교에서 일방향적으로 강의를 통해 지식을 전달하는 것으로 인식되는 한 소외계층의 삶 변화와 연동되는 교육은 거의 불가능하다.

이런 점에서 평생교육적 사유가 필요한데, 예컨대 '성찰적 반성'의 방법적 활용 등을 그 예로 들 수 있을 것이다. 즉, 자신이 사용하는 것이 어떤 의미를 가지는지, 자신의 삶에 정보통신기술이 어떤 위상을 차지하고 있는지 등에 대한 성찰을 촉진하는 촉진과정으로써의 교육을 상정할 필요가 있다는 것이다. 자신이 게임중독 인지도 모르는 상황에서 인터넷을 하고 있는 청소년에게 필요한 것은 따뜻한 관심과, 자신과 게임 사이에 거리감을 둘 수 있도록 하는 다양한 활동이다. '흘러다니는 정보를 어떻게 성찰적으로 전유할 수 있을까?'라는 질문이 정보능력의 핵심을 이루는 것이다.

평생학습의 차원에서 보면, 이런 활용과 성찰의 순환이 바로 정보관련 학습의 핵심이다. 매체활용능력에 해당되는 기술적 차원은 인터넷 서핑이나 소프트웨어나 저작 툴 사용 등에 대한 능력을 지칭하며, 인터넷을 중심으로 하는 다양한 네트워크에 연계된 정보를 습득하는 것과 관련된 문제는 내용적 차원으로 구분된다. 다시 말해, 정보통신기술을 둘러싼 인간의 활동은 형식(form)=기술자체와 내용(content)=정보습득에 대한 메타적 이해를 통해 발달하게 되며, 그것이 정보통신관련 학습의 중심을 이루는 것이다. 이를 그림으로 나타내면 다음과 같다.

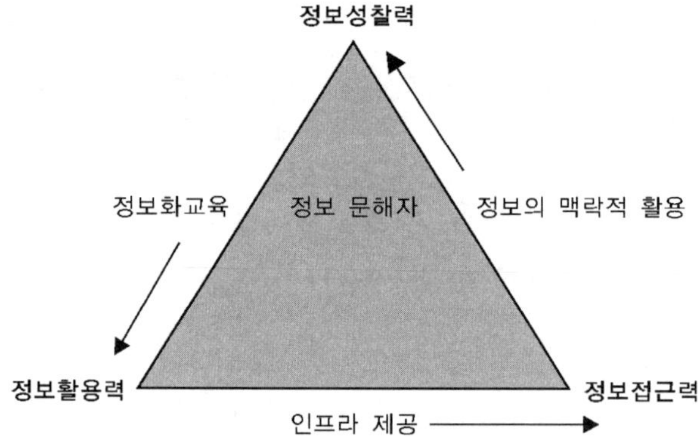

[그림 8-1] 정보격차해소를 위한 학습의 흐름

인터넷이 기반하고 있는 네트워크의 핵심은 사용자라면 누구나 정보의 생산자가 될 수 있다는 점에 있다. 인터넷에서의 활동에 익숙해짐에 따라 사람들은 정보를 생산하는 주체가 되며, 나아가 자신이 어떻게 정보를 접하고 활용하는지에 대해 메타학습(learning how to learn)을 하게 된다. 켈러(Keller, 1995)는 가장 간단한 네트워크도 사용자가 소비자가 아니라 생산자로서 행위할 수 있어야 네트워크라고 주장한다. 소비주체로서가 아니라, 어떠한 의미이건 스스로 생산해내는 주체로서 네트워크의 하나의 노드가 될 때, 사용자인 인터넷을 제대로 전유하게 되는 것이며, 이런 순환을 통해 학습자는 정보문해자로서의 위치를 점하게 된다.

4. 평생교육적 정보문해로 나아가기

이런 정보관련 학습의 과정이 도달하는 지점이 정보문해이다. 정보문해라는 개념은 '문해'를 정보통신기술과 연결하여 사용하는 말로, 정보에 대해 학습중심적 시각을 내포하고 있다. 정보격차가 정보부자와 정보빈자 간의 격차를 계급적- 기술적 차원에서 접근한다면, 정보문해는 학습자 개인의 전 생애에 걸친 발달을 고려하고 있다는 점에서 학습지향-목표지향적이라고 볼 수 있다. 따라서 정보격차로부터 정보문해로 문제를 재설정할 필요가 있다.

정보문해란 정보가 필요한 시기를 적절히 인식하여 유용한 정보를 찾아내고, 찾아낸 정보를 평가하여 의사결정이나 문제해결, 지식 획득의 필요한 상황에 효과적으로 활용할 수 있는 능력을 의미한다(ALA, 1998). 문해가 문자 해득부터 다양한 지식을 어려움 없이 글을 통해 생산할 수 있는 단계에 이르는 여러 의미를 함축하고 있듯이, 정보문해에 다차원성을 부여한다. 정보사회에서 정보문해는 '정보'의 의미가 확장됨에 따라 보다 포괄적인 의미를 가지게 되는 것이다. 즉, 정보문해는 일차적으로는 컴퓨터와 같은 정보통신기술을 활용할 수 있는 능력을 습득하는 것이지만, 나아가서는 정보사회를 이해하고 자신의 담론을 형성해 나갈 수 있는 능력까지를 포괄한다. 즉, 정보를 비판적으로 해석하고 활용하며, 협력적이고 합리적인 의사소통을 통해 학습자 주체적으로 이루어지는 일련의 학습과정인 것이다(서유경, 2004). 따라서 정보문해는 시대적으로 요청되는 문해의 내용을 설정하고 나아갈 수 있게 한다.

정보문해와 유사한 개념들은 크게 컴퓨터 문해, 미디어 문해, 네트워크 문해, 디지털 문해가 있다. 컴퓨터 문해는 컴퓨터의 작동방식에 관한 일반적인 이해로서, 즉 컴퓨터 관련지식, CPU, 작동원칙, 컴퓨터 환경에서 사용자가 활용할 수 있는 네트워크의 원칙들을 이해하는 능력이라고 정의된다(Sutton, 1994). 컴퓨터 문해는 전체의 문해 패러다임에서 컴퓨터 사용 능력을 얼마만큼 어떤 차원에서 포함하고 있느냐에 따라 그 초점과 내용이 달라질 수 있다. 다음으로 미디어 문해는 "인쇄 매체, 전파매체 등 매체에 접근 할 수 있고, 현대의 대중 매체문화의 토대를 형성하는 강력한 영상, 언어, 음향을 이해하고 평가할 수 있는 능력뿐만 아니라 이들 매체를 통하여 적절히 의사소통할 수 있는 능력"이라고 규정된다(Center for Media Literacy, 1995). 네트워크 문해는 컴퓨터 문해와 유사한 개념으로 사용되는데, McClure(1993)는 네트워크 문해(Network Literacy)란 네트워크상의 전자 정보를 검색하고, 접근하여, 이용할 수 있는 능력이라고 정의한다. 마지막으로 1997년 폴길스터(Paul Gilster)는 디지털 문해(digital literacy)라는 개념을 단순히 컴퓨터를 사용할 줄 아는 능력이 아니라 인터넷에서 찾아낸 정보의 가치를 제대로 평가하기 위해 모든 사용자들에게 요구되는 비판적인 사고력을 의미하며, 컴퓨터를 통해 다양한 출처로부터 찾아낸 여러 가지 형태의 정보를 이해하고 자신의 목적에 맞는 새로운 정보를 조합해 냄으로써 올바로 사용하는 능력으로 정의하였다. 즉, 디지털 문해는 보다 많은 능력을 포함하는 좁은 의미의 인터넷 문해를 의미한다고 볼 수 있다(남춘화, 2002: 182-183).

기술에 대해 이런 다양한 '문해' 논의를 전개하는 이유는, 우리 스스로가 정보화란 '기술을 익히는 것'이고, 교육이란 '가르치는 일'이라 여겨왔기 때문이다. 그렇다면 이와 다른 '정보화교육'은 무엇인가? 답은 간단하다. 개인이 정보를 자신의 목적에 맞게 활용하는 주체가 되도록 하는 교육이다. '정보의 바다' 속에서 자신이 필요한 정보가 무엇인지 알고, 그 정보가 어디 있는지 알며, 자신의 삶의 질을 높이기 위해 그 정보를 활용할 수 있는 능력을 갖추도록 하는 일이다. 정보사회에서 살아갈 수 있는 학습능력, 그것은 기술을 자신의 삶에 활용할 수 있는 능력, 즉 기술의 '주체'가 될 수 있는 능력을 핵심으로 한다.

이렇게 본다면 컴퓨터 기술만을 가르쳐주는 일이 아니라 여성과 노인, 빈곤가정의 자녀 등 학습자의 특성/상황에 따라 다른 교육내용을 제시하고, 학습자들은 정보화교육을 통해 정보사회 속에서 스스로 어떻게 자신의 역량을 계발할 것인지를 탐색할 수 있도록 하는 교육이 필요하다고 할 수 있다. 이미 1970년대에 프레이리(P.Friere)는 "글을 읽는 것은 세계를 읽는 것"이라 천명하면서 빈민층의 문해교육은 자신의 문제를 해결하는 과정과 맞닿아야 한다고 역설했다. 동일한 구도가 '컴퓨터 문해교육'에도 적용될 수 있다. '가르치는 교육'이 아니라 '학습자의 상황을 바꾸는 교육'을 통해 정보화교육은 실질적 격차의 해소로 나아가게 될 수 있는 것이다.

결국 정보격차에서 중요한 것은 얼마나 정보를 잘 다루는가 하는 기술력이 아니라 학습에 무엇이 필요하며, 학습이 어떻게 일어나는가에 대한 발견이다. 인터넷 등 정보통신기술의 발달로 정보가 넘치도록 풍부한 문화 상황에서, 이제는 어떻게 테크놀로지가 학습자들을 실질적으로 의미 있는 활동을 하도록 돕는지, 어떻게 기술은 고등 인지 수준의 능력을 신장시키는지 등에 대한 질문을 지속적으로 던져야 하며, 이를 통해 정보문해의 수준과 의미도 재규정되어야 하는 것이다. 한 예로, 학습으로부터 인터넷 활용에 대한 함의를 끌어내는 방식은 다음과 같이 정리될 수 있다(Harada, 2003: 43).

〈표 8-1〉 학습특성과 인터넷 학습에 대한 함의

역동적 학습특성	인터넷 학습에 대한 함의
학습은 능동적이고 정밀한 것이다: 학습은 발견과 창조적 구성에 중점을 둔다.	- 온라인 학습툴은 지식재현의 새로운 기회를 제시한다. 즉, 개념과 사고의 지형을 그리고, 추상적 차원에서뿐 아니라 가시적으로 용어를 그려볼 수 있게 한다. - 저작툴은 상호작용적 소통양식을 고무한다.
학습은 비선형적이고 다중 감각적이다.	- 하이퍼미디어 저작은 정보의 분산과 비계열적 조작을 가능하게 한다. - 전자적 데이터베이스와 색인은 다양한 그래픽, 문헌, 멀티미디어 정보에 대한 위계적-하이퍼링크적 접근을 가능하게 한다.
학습은 협력적이고 사회적이다.	- 협력적 온라인 학습툴은 참여자들이 상호 기록에 대해 응답하도록 하고, 질문을 촉발하며, 관심 있는 것을 증폭시킨다. - 전자출판은 팀이 공동의 전자적 지식베이스를 생성하도록 한다.
학습은 다각화되어 있다.	- 전자적 툴은 학습의 커스터마이징을 돕고, 다양한

	학습스타일의 적응을 돕는다(온라인 포트폴리오나 다양한 학습옵션을 가진 저작 툴). - 네트워크와 공유된 데이터베이스는 학습자들이 다양한 것을 동시에 학습할 수 있도록 돕는다. 그것들은 또한 학습자들이 독립적으로 학습하는 동시에 그 지식을 공유할 수 있도록 해준다. - 적응적 기술(adaptive technology)은 장애학습자들이 보다 완전히 다양한 학습경험을 동료들과 할 수 있도록 해준다.
학습은 문제에 기반하며, 질문에 의해 추동된다.	- 전자적 시뮬레이션은 실제 세계의 적용을 가능하게 한다. 단순한 답보다는 문제기반 및 질문을 강조한다. - 온라인 접근권은 인간과 전 세계의 현장 쟁점에 대한 전자적 자원 간의 연계를 가능하게 한다.
학습은 과정지향적이다.	- 정보문해스킬은 학습방법, 정보검색과정의 정교화, 문제해결전략의 학습에 기여한다. - 소프트웨어 프로그램 평가는 학습자들이 자신의 향상정도를 평가하고 실천의 향상에 도움을 준다.
학습은 지시된 것이라기보다는 안내된 것이다	- 교사는 강의자라기보다는 코치다. 컴퓨터로 작업하는 것은 교사들이 관찰하고 촉진하는 것을 도와준다. 컴퓨터로 작업하는 경우 교사중심적 교화보다 많은 대화가 진행된다.
학습은 학생중심적이다.	- 전자적 툴(tool)과 정보에 대한 온라인 접근권은 학습자의 의사결정권을 강화한다. - 테크놀로지는 교사와 학생이 상호 교섭할 수 있는 프로젝트를 위한 기회를 증진시킨다.
학습은 평생에 걸친 노력이다.	- 정보문화기술의 수월성은 교실이나 작업장에서 공히 핵심적이다. - 전자적 접근은 학창생활이나 교실 등의 임의적 경계를 해소한다. 학습은 언제나 어느 곳에서나 가능하다.

즉, 인터넷 등의 '기술'에 먼저 초점을 두는 것이 아니라, 학습의 특성을 정리하여, 그 학습을 촉진시키기 위한 도구로서의 인터넷 활용에 주의를 기울이는 것이 기술주의적 편향을 극복하는 정보문해적 방법론이라 볼 수 있을 것이다.

학습자를 돕는 교육은 학습자의 가정을, 학습자의 지역사회를, 학습자의 관계를 변화시킨다. 정보기술을 '전달'하는 것이 아니라, 학습을 '촉진'하는 과정을 통해서야 비로소 소외계층은 자력의 가능성을 갖출 수 있게 된다. 바로 이런 이유로, 미국의 미네소타 주에서는 정보격차해소를 위해 '가정단위의 지원'을 실시하기도 했다. 소위 '교육도우미'라 할 수 있는 촉진자들이 가정단위로 정보화교육을 실시하여 가정의 빈곤탈출을 실질적으로 도와 상당한 성과를 거둔 것이다. PC를 지급한다거나 정보통신기술 교육을 대규모로 진행하는 것은 내실이 부족한 사업의 한 예라고 할 수 있다. '가르치기 교육'을 넘어서는 '도우미 교육'은 가정을 바꾸고 관계를 바꿔 결과적으로 사회를 바꾸는 데까지 이를 수 있다. 실질적인 학습력을 갖추는 과정을 통해 소외계층은 격차 건너, 정보사회에 적합한 지성에 이를 수 있다. 이렇게 보면, 정보격차해소는 전혀 다른 작업에서 시작되어야 하는지도 모르겠다. 어쩌면 정보화 교육의 초점을 바꾸는 것, 단번에 문제를 해결하겠다는 시각을 버리는 것, 기술에 대한 판타지에서 벗어나는 것 등의 '사소한' 변화가 정보격차라는 거대한 문제를 해결하는 최초의 고리인지도 모른다.

chapter

09

일상적 사회운동의 진지, 학습공동체

산업사회의 발달 초기부터 '공동체'는 인류가 지향해야 할 이상향 가운데 하나로 부상해왔다. 공동체는 서로가 서로를 배려하는 이타적 태도를 전제로 생성될 수 있는 것으로 여겨졌고, 제로섬게임에 익숙한 자본지향적 인간관을 넘어서서 사람들에게 희망을 줄 수 있는 사회적 기반으로 인식되기도 하였다. 1980년대의 YMCA '등대'운동에서 드러나듯, 공동체는 소규모의 운동집단으로서 사회운동단체의 골간을 형성하기도 하였다. '공동체'가 전제하는 배려의 심리를 바탕으로 자본의 지배에 저항하자는 주장은 일정정도 설득력을 가지면서 확산되었다.

교육학적 차원에서 보면 이런 공동체들이 형성되고 발전해 나갈 수 있었던 것은 구성원들의 계속적인 '학습'이 있었기 때문이다. 구성원들이 교육을 통해 문화를 전수받아 공동체를 유지한다는 입장은 이미 인류학자 마가렛 미드의 유명한 명제이기도 하려니와, 소위 '포스트모더니즘'으로 불리는 파편적인 시대에도 가르침과 배움의 교류는 공동체성을 유지해 나가기 위한 기본 요건이라고 할 수 있다. 반면에, '학습'을 목적으로 하는 모임의 경우라도, 얼마든지 '반공동체적'일 수 있다. 학습공동체는 학습을 주제로 삼거나 학습이 모임의 필요조건이 되는 동시에 '학습'과 '공동체'의 가치와 힘이 살아 있는 모임의 단위라고 볼 수 있다.

인터넷 상에서도 학습공동체성은 매우 유효하게 작동하고 있다. 7장에서 살펴본 촛불집회의 동력 가운데 하나도 인터넷 상에서 형성된 학습공동체성이라고 볼 수 있다. 이 장에서는 학습공동체에 대한 개념을 정교화한다.

1. 공동체 개념의 생명력과 한계

평생교육에서 학습공동체(learning community)는 학습동아리(study circle)와 유사한 용어로 사용되고 있다. 그러나 학습동아리가 모임의 방식을 지칭하는 즉자적 개념임에 비해, 학습공동체는 모임의 질에 대한 규정성을 내포하는 이념으로서의 성격을 가진다. 우선, 학습공동체 논의는 '조직'과 구분되는 '공동체'를 지향한다는 점에서 이념성을 가진다. 그렇다면 '공동체'란 무엇인가?

'공동체'라는 용어에는 오랜 시간동안의 만남이 가져다주는 믿음과 익숙함이 담겨있지만, 동시에 '지역사회'라는 번역어에서 알 수 있듯이, 지역적으로 '함께 거주한다'는 조건만 갖추어지면 개념이 성립되는 행정적 용어이기도 하다. 순서로 따지면, 지역적 테두리가 먼저 있었을 것이고, 그 테두리 내에서 만남을 통한 감정적 유대가 생겼을 것이지만, 일단 정서적 유대라는 사회적 특성이 강조되면서부터, 사람들은 '긴밀한 연대감'을 공동체의 개념적 핵심으로 삼게 되었다고 볼 수 있다.

가족공동체에서 민족공동체, 세계공동체에 이르기까지 경계를 알 수 없는 수많은 집단이 공동체로 명명되고 있는 것은, 공동체 개념이 지역 단위를 넘어서서 질적인 개념으로 전환되고 있음을 말해준다. 공동체는 전인적 결합에 기초한 사회적 관계망으로 '이상적인 결사'의 대명사가 되고 있다. 공동의 정체성을 묶는 기능을 하는 관념적 단위로서 공동체 개념이 사용되고 있는 것이다.

이렇게 공동체가 이상향으로 작동하게 된 것은 전통사회에서 지역적 경계 내에서 갖추어지던 '우리'라는 감정(we-feeling), 공동의 축제, 공통의 생활양식 등이 산업사회 이후 여지없이 붕괴됨에 따라 과거의 사회단위가 가지는 특성을 복원하고자 하는 염원이 출현하였기 때문이다(신용하, 1986). 공동체는 산업사회가 야기하는 소외와 빈곤의 문제를 해결할 수 있는 대안으로 상정되었다.

공동체의 개념을 보자. 힐러리(Hillery, 1955)는 공동체라는 용어가 어떻게 사용되고 있는지를 기존에 사용된 94개의 정의를 검토하여, 이 중 69개 이상의 정의에서 공통적으로 발견되는 요소를 지역(area)과 공동의 유대(common ties), 그리고 사회적 상호작용(social interaction)의 세 가지로 추려냈다. 전통적 공동체의 경우, 지역은 '거주지'를 의미하며, 공동의 유대란 이러한 지역을 기반으로 한 생활의 유대를, 그리고 사회적 상호작용은 지역 안에서 이루어지는 긴밀한 관계를 지칭한다. 사람들이 일정하게 물리적으로 점유하는 공간에서 사회적 상호작용을 통해 공동의 유대를 가지게 될 때, 그것은 공동체라고 부를 수 있다는 말이다.

문제는 '공동체'를 지나치게 강조할 경우, 자유주의가 낳은 최소한의 덕목인 개인의 자유가 제한될 수 있다는 점이다. 예컨대, 황폐화된 지역정서를 회복하기 위해 내놓는 해결책은 손쉽게 '더 많이 교육하고 만나고 훈육하는' 전통사회의 모델을 따르고 있는데, 반상회의 실패에서 알 수 있듯이, 전통사회의 모델을 따른 공동체 회복이라는 대안은 비현실적이라 실패하고 만다.

이런 점에서, 공동체 개념은 과거로 돌아가자는 공허한 주장이 아니라, 현대사회에서 이미 골이 깊어진 개별자들간의 생활상의 만남을 복원하는 하나의 전략으로 해석될 필요가 있다. 공동체적 관계 및 가치는 이미 개별성이 하나의 문화로 자리잡은 현실을 인정한 위에서 진행될 필요가 있다. 누구나 일정한 공간 속에서 생활하며 타인과 상호작용하고 있다면, 오히려 필요한 것은 새로운 조직의 건설이 아니라, 이미 존재하는 관계에 인간화된 기운을 불어넣는 일일 수 있다. 역할이나 기능으로 끊임없이 축소되는 인간상을 벗어나, 인간으로서의 정체성을 가져나가기 위한 조직적-실천적 고리가 공동체일 수 있다. 생활과 결합된 수많은 소공동체운동은 바로 그런 목적에서 진행되는 '현실감 있는' 운동이라고 볼 수 있다. 그렇다면 그런 공동체는 학습공동체와 어떻게 관련되는가?

2. 학습공동체의 사례들

학습자들이 무엇인가를 배워나가는 공동체라는 점에 초점을 맞추고 역사를 살펴보면, 다양한 학습집단 운동의 역사로부터 학습공동체의 특성을 추릴 수 있다. 성인교육의 진원지라고 평가되는 영국의 노동교육 형성과정에서 이루어진 노동자들의 교육운동은 자발적 학습집단의 결성에서 시작된 것이었고(Peers, 1958), 여성집단 역시 사회적 네트워크와 학습에 대한 욕구를 충족시키기 위하여 19세기 중반 출현하였다(Rose, 1996). 또한 성인교육의 방법 중의 하나로 전 세계에 유포된 스터디서클 역시 스웨덴의 스터디서클(Study Circle) 운동에서 비롯되었는데, 이 역시 시민의식을 갖추기 위한 자발적 학습운동에서 시작된 것이었다(Bild, 1989). 프레이리에 의해 주창된 문해교육운동도 이러한 학습공동체를 단위로 하여 이루어졌으며(Friere, 1975), 운동의 흐름은 현대의 신사회운동에서도 발견된다. 피억압자들, 혹은 '모순의 담지자'들은 공동의 문제를 정치적으로 해결해 가기 위해 지도자 혹은 안내자의 도움으로 공동의 학습을 진행하였던 것이다. 이러한 사례로부터, '개인과 집단의 공진화'라는 학습공동체의 구조적 특성이 추출될 수 있다. 학습공동체의 대표적인 사례로 볼 수 있는 스터디서클과 조직특성을 명확히 드러내는 신사회운동에 대한 분석을 통해 학습공동체의 구조적 특성을 도출해 보도록 하자.

스터디서클은 스웨덴의 가장 대표적인 성인교육 유형으로, 1902년 절제운동가 올슨(Olson)이 1902년 룬트(Lund)지방에 창설함으로써 시작되었고, 1947년 국가가 스터디서클에 대하여 재정지원을 결정하고 나서 학습자 수나 규모 면에서 최대의 학습조직으로 부상하였다(Byström, 1996). 사회운동가는 물론 국가조차도, 개인이 느끼는 문제가 사회와 직결되어 있다고 보았으며, 따라서 유사한 처지나 문제의식을 가진 사람들이 소규모 집단을 형성하여 사회적 인식확장을 위한 학습활동을 전개한다면 사회와 개인의 동시적 발전이 가능하다고 생각하였다.

구체적으로 그 활동양상을 보면, 스터디 서클은 최적의 토론 규모인 5-12명의 성원으로 구성된다. 물론 회원들은 자발적으로 참여하며, 특정한 주제를 선정한다. 모이는 공간은 주로 교회, 공공기관의 미팅홀, 농장, 도서관 등 '지나치게 사적이지는 않되, 쉽게 모일 수 있는' 곳으로 선정되었다. 자신이 알고자 하는 문제에 대하여 자신의 경험과 나름대로의 생각을 기초로 학습을 전개해 간다는 점에서 스터디서클은 "자신의 삶을 관점으로 만들며, 자신을 보다 사회적인 맥락에서 바라볼 수 있다는"(Oliver, 1987: 17) 집단으로 정의되며, '자발적이고 민주적'이며 '완전한 참여'를 그 원리로 삼는 것이다. 즉 스터디서클은 학습자들에게 충분히 자기주도적으로 참여할 수 있는 환경만 제공된다면 학습자들이 스스로 보다 나은 이해나 통찰에 도달할 수 있다는 신념에 기초한 조직인 것이다.

스터디서클의 구성 원칙은 유사한 교육적 관심을 가지는 성인들만 모인다면 서클이 만들어진다는 것이다. 참여자들에게는 초기에 이러한 스터디서클의 구성원칙에 대하여 공동의 이해를 필수적으로 가질 것이 요청되며, 일단 서클이 구성되고 나면 제도적으로 권한을 부여받은 교사가 없는 상태[1]에서 학습자들 스스로 자유로운 토론에 의한 탐색을 통해 이러한 이해에 도달하는 체험을 한다.

현재까지 이어지고 있는 스터디서클의 몇 가지 교육원칙[2]을 정리하면 다음과 같다(Blid, 1989). 가장 중요한 원칙은 스터디서클의 구성원 개개인이 충분한 학습주체로서 존중된다는 것이다. 학습자 존중의 모습은 '대화에 충분한 시간을 들이는 태도'라거나 '조직운영'에 성원들이 참여하도록 되어있는 운영규칙, 그리고 주된 학습방법으로 대화와 토론이 사용되었다는 점에서 잘 드러난다. 국가교육협회의 일정한 교육을 거치는 스터디서클의 리더들이 준수해야 할 원칙 중의 하나는 서클에서 특정한 관점이 강요되어서는 안 된다는 것이다. 말을 쉽게 하지 못하는 모든 구성원들이 이야기를 꺼낼 때까지 모든 구성원들은 지켜봐 주어야

---

1) 스터디서클에 '전문가를 자처하는 교육자'는 없지만 집단의 리더는 존재한다. 집단의 유지와 운영을 위하여 학습자들 스스로가 뽑은 '안내자'는 필요하다는 것이다. 이런 리더는 스터디서클을 운영하는 기본 원칙을 교육받으며, 학습자를 촉진하는 역할을 수행한다.

2) 국가의 지원으로 인하여 스터디서클의 자발적 학습운동적 성격은 국가에 의한 교육지원과 결합하게 된다. 물론 명시적인 '교육원칙'이 마련되고, 그것이 제도화되어 모든 스터디서클의 운영을 원활히 할 수 있게 된 것은 이러한 과정에서 이루어진 것이지만, 이를 긍정적으로만 볼 수는 없다. 스웨덴의 국가 성격은 물론 자본주의적 국가관에 의해 일방적으로 규정될 수는 없지만, 국가의 개입 자체가 과연 시민운동의 자발성을 그대로 유지시켰겠는가 하는 점은 여전히 논쟁거리이다.

하며, 그러한 분위기를 창출하는 것이 바로 리더의 역할이라는 것이다.

이러한 '기다림'이야말로 '대화'의 근본조건이다. 상대방과 진정하게 생각을 '나누'기 위해서는 그 사람의 말을 듣기 위해 '기다려야' 하고, 그 사람의 말이 무엇인지를 곰곰이 생각하기 위해 '기다려야' 하며, 그리고 자신 내면의 생각을 길어올리기 위해서 '기다려야' 한다. 이렇게 '진정한 소통'을 지향하므로, 구성원들 개개인들이 자신들의 학습주제에, 운영방식에 적극적으로 개입하는 것은 필수 요소가 된다. 즉, 스터디서클은 학습자가 서로에게 교육자가 되도록 하는 운영의 원칙을 가지고 있었다고 볼 수 있다. 운영원칙에 따르면, '모든 구성원이 서로에 대하여 교사이자 학생'이 되어야 하며, '각 성원은 자신뿐 아니라 타인에 대해서도 책임이 있다'는 것이다.

'공동의 학습'에 대한 지향성은 학습자료의 특성에서도 잘 나타난다. 스터디 서클의 학습자료는 팸플릿이나 저널, 신문 등으로 대개 '인쇄물'이다. 그러한 인쇄물은 다양한 해석이 가능한 '그림'이나 '사진'인 경우가 많은데, 이러한 학습자료들은 다양한 생각을 촉발시키고, 그것이 동일한 텍스트를 통하여 소통될 수 있도록 하는 의도적 고안물이라고 볼 수 있다. 텔레비전이나 영화가 '강한 메시지'를 가지고 있어 학습자가 개입을 비교적 적게 할 수밖에 없는 매체라면 그림 등의 매체는 모두가 "보면서" 다양한 생각을 전개할 수 있으며, 따라서 다양한 논의가 가능하다는 것이다. 대개 인쇄물은 국가교육협회의 재원으로 제작되었으며, People's Library에서 인쇄, 공급하였다.

즉, 스터디 서클의 목표는 동의를 전제로 하여 설정되었으며, 모두가 공유할 수 있는 학습방법을 사용하였다. 또한 누구도 만남에서 소외되지 않도록 조직 활동에 주의를 기울였으며, 실천적 의미를 가질 수 있도록 조직되었다. 우리가 주목해 보아야 하는 것은 가장 중요한 화두가 "우리가 누구인가"로 설정되었다는 점이다. '나'에 대한 규정으로부터 학습의 내용과 방식을 결정하였다는 것은 목적이 외부적으로 주어진 것이 아님을 말한다. 곧 민중교육 차원에서 진행된 다양한 교육운동의 출발점은 민중 스스로의 학습운동이었으며, 이것이 바로 '학습공동체' 주장의 실질적 · 역사적 근거라고 볼 수 있는 것이다.

이러한 학습공동체 운동의 흐름은 신사회운동론에서도 발견된다(Spencer, 1995). 신사회운동이란 환경, 여성, 지역, 평화운동 등 새로이 부상한 운동을 일컫는 말로서, 서구에서는 1968년 이후, 그리고 우리나라에서는 1980년대 후반부터 일반화되었다. 신사회운동론자들은 기존의 계급운동이 급속히 쇠퇴하고 개인 생활과 보다 밀접히 결부된 운동이 부상하고 있다는 사실에 주목하면서 운동의 원천, 혹은 동원능력으로서 개인의 자발적, 자율적 참여가 보장되는 조직을 꼽는다.

신사회운동과 가장 대비가 되는 운동은 계급운동의 대명사인 노동운동이다. 노동운동은 주지하듯이, 기본적으로 자본주의의 구조적 모순을 문제로 삼는다. 모순의 근원은 인간성 등의 개인 차원에 있는 것이 아니라 '계급'이라는 사회구조에서 비롯되며, 따라서 계급관계의 추론으로부터 운동의 지반이 마련된다(Melucchi, 1980). 노동자는 자본가라는 '인간'의 권력을 문제 삼는 것이 아니라 생산관계의 착취구조를 문제 삼는 것이다. 이러한 입장은 근본적으로는 전통과 종교의 교조적 명령에서의 해방이라는 '근대의 해방'의 이념에 따라 위계적 권력에 의한 계급적 억압을 벗어나는 것을 목적으로 하는 것이다. 부르주아가 '인간일반'의 해방을 이념으로 삼아 봉건적 귀속에서 벗어났듯이, 노동운동은 '인간일반'의 범주에서 제외된 '노동계급'의 해방을 위해서 운동을 전개한다. 이러한 운동에는 '대의명분'이 중요하며, '착취'에 대한 규정으로부터 운동이 생겨나게 된다(Giddens, 1991).

신사회운동의 논리는 이와 다르다. '선진사회'의 특징은 축적의 메커니즘이 단지 생산의 구조에 머무르는 것이 아니라 사회적 관계에까지 영향을 미친다는 점이다. 서비스직의 확장, 정보산업의 증대 등 생산구조의 변화는 생산의 중심이 '사물'이 아니라 '상징'으로 이동하였으며, 이는 사람들의 관계에 직접적인 영향을 미치는 경제구조가 출현하였음을 의미한다. 근대의 출현과 맞물린 합리적 사고가 전 사회구성원들에게까지 확장됨과 동시에 생산의 논리가 삶의 공간까지 파괴하게 되었다는 것이다(Offe, 1985).

따라서 이런 사회에서의 운동은 기존의 계급운동과는 다른 양상을 띠게 된다. 가치는 평등에서 '자율과 정체성'으로 이동하게 되고, 행위수단의 합법성과 공동체 성원의 합의에 기초한 목표의 설정이 주요한 쟁점으로 부상한다. 운동집단이 성취할 '목표'가 중요한 것이 아니라 그 목표를 이루는 '과정'이 보다 중요하게 대두된다. 곧 행위자들의 어떤 의견도 함부로 희생될 수는 없다는 것이다.

따라서 신사회운동에서는 '자기정체성의 재소유'가 가장 중요한 쟁점이 되고, 정치체계 자체에 대해서는 초점을 맞추지 않게 된다. 사람들의 직접적이고 소외되지 않은 참여가 보다 중요하게 된다. 환경이나 문화운동, 지역운동 등이 부상하는 것은 환경, 문화, 지역 등의 주제가 개개인의 동기유발과 자발적 참여를 가능하게 하는 고리들이기 때문이다.

구체적으로, 신사회운동에서의 힘은 수평적인 의사소통양식과 개인의 삶과 결합된 문제의 설정에서 시작된다. 기존의 운동이 불평등의 해방을 과제로 삼는 '해방의 정치'였다면, 신사회운동은 자신의 삶의 결정에 관한 정치, 즉 '삶의 정치'이다. 운동은 개인의 삶의 양식(life style)에 관한 결정과 밀접히 결합되는 것이다.

이런 특징으로 인하여, 신사회운동에서 선호되는 조직은 중앙집중형의 대규모 조직이 아니라 분산형의 소그룹이 되는 경향이 있다. 새로운 정보를 얻고, 운동에 참여하는 것은 곧 '다른 나'가 만들어지는 과정이며, 운동에 참여하는 것은 그런 '다른 나'를 받아들이기로 한 결정에서 출발한다. 곧 자기결정과 자기학습의 원리가 신사회운동을 추동시키는 힘이라는 것이다. 학습은 그 자체가 하나의 삶의 양식으로서, 어떠한 학습을 하는가는 삶의 결을 결정하는 요인이 된다. 곧 '학습'은 하나의 새로운 운동의 지점으로 출현할 여지를 얻게 되는 것이다. 따라서 학습공동체의 형성은 그자체가 신사회운동을 이루어가는 한 지점이라고 볼 수 있다. 신사회운동은 곧 집합적 학습의 과정이며, 운동의 단위는 곧 학습공동체라고 볼 수 있다는 것이다(Welton, 1993; Finger, 1989).

이런 점에서 블리드(Blid, 1989)는 학습에 대한 심리학적 환원에서 벗어나는 것이 이런 운동들의 철학적 기반이라고 말한다. 고립된 개인의 두뇌과정으로 환원되는 기존의 관점으로부터 벗어나 사회적인 존재인 인간에 대한 조명, 그리고 사회와 결합된 학습의 진행과정을 보는 것이 필요하며, 학습공동체는 이런 시각 위에서 시작된다. 학습자는 사회 속에서의 실천주체이다. 이렇게 사회를 조직에 담아낼 수 있는 것은, 조직이 구성원을 소외시키지 않으며, 조직과 구성원이 함께 발달해 나가기 때문이다. 어떤 구성원도 소외되지 않도록 관리하는 스터디서클의 노력과 무조건적 명분이 아니라 활동가 개개인의 동기를 중시하는 신사회운동의 세계관 속에서, 개인과 조직은 공진화해 나간다. 학습공동체는 상황적 개인을 조직의 발전과 더불어 배려하는 유기적 조직이다.

3. 학습공동체의 문법

학습공동체는 학습과정에 대한 자유로운 선택과 참여, 그리고 합리적인 소통과정을 전제로 학습자의 주체성을 복원하려는 기획을 가지고 있다. 학습조직, 교육조직, 교육단체, 학습지원기관과 같은 제도성을 강하게 가지는 조직과 달리, 학습공동체는 학습자의 자발적 의지에 입각하여 구성되며 개인의 상실된 자아, 혹은 체계의 논리에 침윤된 주체성의 복원을 목적으로 하는 조직의 형태이다. 개인이 자신의 경험을 계속적으로 재구성해 나가는 자발적 연대의 조직이며 개인이 스스로의 경험과 지식을 기초로 타인과의 교류를 통해 생활세계의 논리를 발전시켜가는 교류망이다. 그러므로 우리는 개인의 삶의 논리를 투명하게 소통시킴으로써 집단적 학습을 이루는 장을 학습공동체라고 명명할 수 있다.

보다 구체적으로, 학습공동체의 구성방식은 오우크쇼트의 소시에타스Societas에서 찾아질 수 있다. 무페(Mouffe, 1992)는 오우크쇼트의 논의에 주목하여 인간결사의 두 가지 종류로, 공동의 실질적 목적을 가진 개인들의 이해관계에 의한 Universitas 와 개인에게 정체성을 부여해주는 결사로서 관계중심적 특성을 가지는 Societas를 구분한다. 지금까지 이야기한 '공동체'는 Societas에 해당하는데, 이 결사는 개인의 사적 이익보다는 공적인 관심과 배려에 의해 구성되며, 개인들은 이러한 타인에 대한 배려로서의 규칙인 respublica를 습득함에 의해 성원이 된다.

교육은 바로 이러한 respublica를 개인들이 익혀 가는 학습과정을 조직화한 것이다. 규칙 혹은 규범을 내면화하는 과정은 공동의 정체성을 형성하며, 그 과정은 자신이 선택한 만족을 찾고 자신이 선택한 행동을 수행하는 근거가 된다. 다시 말해서 사람들이 특정한 성향을 가지는 이유는 공동의 규칙 및 규범체계를 행위의 문법으로서 받아들이되, 금지나 경고가 아닌 개인의 책임 하에서 선택하도록 하기 위해서라는 것이다. 개인은 스스로 선택한 행위를 통해 자율성을 행사할 가능성을 가지게 되되, 공동체는 계속적으로 구성되어나가는 것이다.

이런 학습공동체에 대한 질적 규정성은 '수행적 조직'인 학습조직과 날카롭게 대비하는 부분이다. 변화하여 경영적 성과를 거두기 위해서는 개인의 학습촉진이 필요하다는 현실인식으로부터, 학습조직은 팀학습에서 조직학습에 이르는 다양한 방법론을 제시한다. 이런 관점에서만 보면, 학습공동체와 학습조직은 거의 유사한 문제의식을 가지고 있다고 볼 수 있다. 그러나, 학습조직론이 근본적으로 어떻게 기업조직을 회생시킬 것인가라는 경영학적 문제의식에 기초해 있음에 반해, 학습공동체론은 개인과 사회를 어떻게 조화롭게 발전시킬 것인가라는 관심을 가진다. 학습조직론에서 학습이 궁극적으로는 수단이라면, 학습공동체론에서는 학습이 목적으로 위치지어지는 것이다.

학습공동체에서의 학습은 '인간의지에 의한 세계의 변화'로 학습자는 세계에 대해 반성적이고 실천적인 관계에 서며, 그만큼 주체적인 존재로 상정된다(한숭희, 1997). 벡이 지적한 것처럼 '불안정한 현대사회' 속에서 '개인화'를 강요당하는 개개인들은 자신에게 주어진 사태에 대응하고, 스스로 삶의 의미를 찾아나는 주체로 서기 위해서 집합적 운동을 전개해 왔던 것이며(Beck, 1992), 바로 이것이 '학습공동체'를 학습조직과 다른 차원에서 조명할 수 있게 하는 근거라고 할 수 있다.

이런 특성을 학습공동체의 역사와 함께 해석해 본다면, 개인의 심리에까지 영향을 미치는 자본주의적-산업사회적 비인격화의 흐름에 대해 사람들은 학습을 통해 자신을 회복하는 운동을 전개해왔으며, 그 형태는 소집단 수준의 공동체, 바로 학습공동체였다고 할 수 있다. 이런 점에서, 학습공동체라는 개념적 장치는 제공자 중심의 교육현상 및 1960년대 이후 전개된 기관중심의 교육효과를 중심으로 삼는 교육학 연구에 대한 비판을 위한 전략으로 이해될 수 있다(Brookfield, 1986). 기관중심-제공자 중심의 논의는 결과적으로 국가와 기업을 중심으로 한 체계(system)의 자기생산과정의 일환에 불과하며, 종국적으로는 인간의 소외를 낳게 되는데(Hart, 1990; Mezirow, 1991; Clark, 1993; Welton, 1995), 이를 극복하기 위해서는 소외된 개인에게서 출발하는 학습찾기운동이 필요할 것이기 때문이다. 사회성원들이 끊임없이 외부의 요청에 부응하기 위해 '배워야만' 하는 상황에 놓이게 되어있다면, 역으로, 스스로 그 배움의 주체로 나서게 함으로써 역규정을 해볼 수 있지 않겠는가라는 것이다.

좀더 구체적으로 이야기 해보자. 구조적으로 보면, 개인이 처한 교육의 딜레마는 현대사회의 특성과 직접적으로 관련된다. 젠슨과 빈은 현대사회의 특성을 '익명의 표준화된 이성의 사회'라는 점(Jansen & van deer Veen, 1996: 122)에서 찾는다. 개인들은 표준화된 이성에 따라 삶을 계획하고 결정한다는 것이다. 전통사회가 사회적 연대와 관습에 의하여 유지되어 왔음에 비하면, 이러한 현대사회에서 개인은 매우 확대된 자기결정의 영역을 가지되, 그것은 획일화된 제도에 의한 이성을 전제로 한다는 아이러니에 봉착하게 된다. 어떤 삶의 양식(life style)도 선택 가능한 것으로 제시되지만, 그것에 대비할 충분한 준비는 되어있지 않으며, 잘못된 선택은 개인의 탓으로 돌려지게 된다. 결국 사람들이 찾는 곳은 상담소 등의 전문기관이 되는 것이다. 평생 동안 사람들은 자신의 불안정한 삶에 늘 대처해야 한다는 상황에 직면하게 되기 때문에 지속적으로 배워야만 한다. 곧 사람들은 자신의 일상사와 직업적 생활 양 측에서 교육을 강요받고 있는 현실에 놓여 있다는 것이다.

이런 사회 속에서 인간의 존재일반과 관련된 본원적 의미의 학습은 특정한 목적을 달성하기 위한 수단으로 축소되며, 오히려 그 주체인 인간을 대상화하게 된다. 생산적 목적이나 효율성을 겨냥한 '학습의 도구화'는 결국 자본과 국가로 대표되는 체계가 인간의 주체성 형성과정에 개입함으로써 자신을 재생산해내는 과정을 정교화할 뿐이라는 것이다(Welton, 1995: 13).

따라서 이들은 인간 존재의 기본적 영역인 학습을 복원하는 것이 현대의 문제를 해결하기 위한 필수적인 과제라고 파악한다. 더불어 학습에 관한 논의는 개별화, 파편화 혹은 기능적 차원에서가 아니라 역동적이고 통합적인 삶의 과정을 전제로 하여 이루어져야 한다(Levinson, 1998)고 본다. 곧 학습은 인간의 존재방식과 연관된 문제라는 것이다.

이런 점에서 성인교육에서 개인의 삶을 위한 비판적·창조적 기능이 요청된다. 이는 특정한 기술이나 지식이 아니라 책임감을 가지고 불안과 공포를 감내하는 태도를 가지도록 돕는 것, 사회현상과 정보를 비판적으로 이해하는 것, 타인과 소통하는 것을 포함한다. 곧 성인학습은 개인의 일상적인 희망과 근심에 대처하는 것, 인격적 사회생활을 위한 노력과 연관되어 있다는 것이다(Edwards, 1997).

따라서 '자기존재에 대한 학습'은 특정한 목적을 달성하기 위한 도구화된 교육에서 벗어나 일상사에 결합되어있는 학습으로 관심을 이동시키는 것을 전제로 한다. 삶의 주체로 서는 것, 그리고 사회를 비판적으로 바라보는 것은 현대인의 삶의 목적이자 그 내면에 결합된 학습의 목적이 된다(Usher et. al., 1994). 인간의 완성은 왜곡되지 않은 소통구조와 자율성과 책임감을 실천할 수 있는 기회에 근거하고 있는 만큼, 이러한 학습론에서는 학습자가 처해있는 상황에 대한 학습이 중요하다. 인간 삶의 조건이 곧 그가 속한 상황적 맥락이기 때문이다.

> "성인교육은 성인기의 환경과 지배적인 사회경제적 상황에 따라 다양한 형태로 제공된다. 그러므로, 자아발전은 단순히 개인의 완전함에 관한 문제가 아니라, 잠재적으로 소외와 예속화로 이끄는 지배적인 사회경제적 상황에 저항하는 능력도 포함한다. ... 학습은 삶의 모든 단계와 국면의 주요요소로서 확고하게 자리잡게 된다."(Tennant, 1997: 18)

비판적 성인교육론자들은 근본적으로 고립적 · 절연적인 인간관을 거부하며, 따라서 학습은 '집단적'인 차원에서 상정된다. 개인의 인식은 개인의 '내면'에서 이루어지지만, 내면화는 상호주관성을 전제로 하고 있다는 것이다. 따라서 성인교육 과제의 하나는 '의미로운 학습공간'을 형성하는 것이다. 성인교육은 불평등한 권력에 의해 야기된 소통상 · 학습상의 왜곡을 교정하고, 자유롭고 민주적인 참여와 관용과 평등, 정의 등이 실천의 덕목으로 작용할 수 있는 방어된 학습공간, 곧 사람들이 '상호작용' 할 수 있는 '자유로운 공간'을 창출하는 것을 그 과제로 한다(Mezirow, 1994: 68). 개인의 삶의 중심성을 회복하는 일은 언제나 '집단적' 과정과 연관되기 때문이다.

이런 시각에서 웰턴(Welton, 1995)은 기업과 국가 등 '체계'를 구성하고 유지하는 논리가 일상생활 영역인 '생활세계'를 침탈하고 있다는 하버마스의 현대사회에 대한 설명을 원용하면서 성인교육자의 과제는 생활세계의 의사소통적 하부구조를 보존하고 생활세계의 의사소통행위를 국가와 기업 속으로 역으로 확산시키는 것이라고 파악한다. 학습공동체는 바로 이러한 맥락에서 출현한다. 의사소통적 하부구조는 자유로운 의사소통을 보장하는 단위가 될 것인데, 이러한 의사소통의 망이 바로 '학습공동체'라는 것이다. 따라서 학습공동체 논의는 '행위자 복원'의 기획으로서 역사를 다시 읽는 작업에서 시작되게 된다.

정리하면, 학습공동체는 국가와 자본 등 거대권력의 담지자로서의 체계의 논리에 따르는 학습조직과 구별되는 시민사회의 진지로서 규정된다. 학습공동체는 개인의 전인적인 결합을 전제로 '삶의 주체성'을 회복하기 위한 학습과 운동의 결합 속에서 출현한 자발적 조직이다. 이렇게 볼 때 학습공동체는 지역성보다는 개인의 정체성이 조직의 선택 및 의의를 결정하는 변수로 작용하는 새로운 형태의 공동체의 가능성을 드러내주는 조직의 형태라고 볼 수 있으며, 따라서 우리는 다양한 집단들을 '학습공동체'라는 시선 하에 모을 수 있게 된다.

이런 시각에서, 질적인 차원에서 학습공동체는 다음과 같은 명제로 정리될 수 있다. 첫째, 학습공동체는 지속적인 실천에 의해 유지되는 조직이다. 둘째, 학습공동체는 '개인과 집단의 공진화(共進化)'를 통해 성장한다. 셋째, 학습공동체는 사회와 개인에 대한 '비판적 성찰'을 지향한다. 학습공동체는 현대사회에서의 공동체의 개념에 내적으로 붙박인 과정적 개념이며, 끊임없이 개인을 개별자로 만들어 소외시키는 사회에 대한 인간화 운동이자, 학습을 통해 개인과 공동체를 살리는 생명운동인 것이다.

chapter

10

사이버 학습공동체의 구성 원리

9장에서 다룬 학습공동체의 개념적 특성을 적용한다면, 우리는 일상을 구성하는 많은 실천 속에서 학습공동체를 발견할 수 있으며, 인터넷도 예외는 아니다. 일정한 정도의 지속성을 가지는 사람들의 상호작용은 카페에서, 게시판에서, 블로그의 이웃 맺기에서 발견되며, 이런 '관계'가 서로의 즐거움을 상승시키는 공환성을 내장할 때 학습공동체가 출현하기 때문이다. 우리는 많은 인터넷 모임들이 이미 학습공동체로서 기능하고 있다고 말할 수 있다. 극단적으로 말하면, 리니지 무기교환을 위해 만나는 일회적 모임은 학습공동체라고 보기 어렵지만, 게임에 대해 정보를 교환하고, 중독을 방지하기 위한 노력을 공유하는 카페는 학습공동체라고 볼 수 있다. 게임카페는 게임과의 상호작용으로부터 게임에 관심을 가진 사람과의 상호작용으로 그 축을 돌려놓는 것이다. 그렇다면 구체적으로 사이버 학습공동체를 구성하는 원리는 무엇일까? 경험적 분석으로부터 인터넷에서의 학습공동체를 구성하게끔 하는 원리가 무엇인지를 정리해 보도록 하자.

1. 사이버 학습공동체[1]의 위상

'구성적 공동체', '생활세계를 복원하는 학습진지'로서의 학습공동체는 특정한 기관이나 시설에 따로 존재하는 조직이 아니라 우리의 생활 장면에 붙박여있는 개념이다. 학습이 학교에서만 일어나는 활동이 아닌 것과 마찬가지로, 학습공동체는 마을의 독서토론회에서도, 교리모임에서도, 방과 후 학교에서도 형성될 수 있다.

마찬가지로, 인터넷에서의 다양한 모임도 학습공동체가 될 수 있다. 주지하듯이, 인터넷은 면대면 공간을 덮는 투명한 막이

1) 사이버는 사이버스페이스의 줄임말로 사용된다는 점에서 이미 '공간'을 포함하는 용어이다. 익히 알려져 있듯이, 사이버스페이스는 윌리엄 깁슨의 소설『뉴로맨서』에서 처음 사용된 말로, '사이버네틱스'와 '스페이스'의 합성어이다. 사이버네틱스, 즉 두뇌공학은 유기체란 엔트로피에 저항할 수 있는 정보적 질서를 가지고 있다는 전제에서 출발한다. 인터넷의 대중화에 따라 사이버스페이스는 두뇌에 연결하는 장치가 아니라 컴퓨터 간의 네트워크에 의해 열린 공간을 지칭하는 개념으로 변화하였다. 이 장에서 인터넷 대신 '사이버'를 사용하는 이유는, 인터넷이 기술을 배타적으로 가리킴에 비해 사이버는 공간적 의미를 내포하여, 사람들 간의 상호작용을 논의하는 데 보다 적합하기 때문이다.

다. 국회나 정당, 언론기관과 시민단체는 물론 다종다양한 소모임도 인터넷에 존재한다. 따라서 면대면 공간의 만남에서 학습공동체를 읽어낼 수 있는 것처럼 인터넷에서도 학습공동체를 읽어낼 수 있는 것이다.

물론 사이버 학습공동체는 전통적 공동체나 면대면 학습공동체와 일정한 차이를 갖는다. 우선, 전통적 공동체의 지역연고와 위계적 관계가 학습공동체에서는 나타나지 않으며, 면대면 학습공동체에 비해 개별성이 확장되어 있다. 이러한 차이로 인하여 사이버 학습공동체는 존재조건에 기반하여 생각하고, 그에 따라 실천을 하는 방향이 아니라, 자신의 생각과 선택에 따라 존재조건을 선택하고 실천으로 나아가는 방향을 취한다. 예컨대 면대면 공간의 학습공동체가 계급이나 지역 등 공동의 기반에 기초한 학습을 그 주된 매개로 삼는데 비하여 사이버 학습공동체의 경우, 결합의 매개는 지역에서 완전히 벗어나 취향이나 이해관심, 사유방식 등 개인의 성향으로 이동한다.

다음으로, 인터넷 상호작용은 참여자들의 자유로운 소통을 기술적으로 보장하며, 시간적·공간적 거리를 극복하고 쌍방향의 적극적인 학습관계로 나아갈 수 있도록 한다는 점에서 더 넓은 층을 대상으로 하는 학습공동체의 출현을 가능하게 한다.

〈표 10-1〉 공동체의 유형 비교

형태	전통적 공동체	면대면 학습공동체	사이버 학습공동체
위계체계	반봉건적 위계	교육적 위계	사회적 네트워크
주된 소통수단	구어	문어	전자매체
연대의 근거	지역	공동의 계급/지역	공동의 관심/취향
주 활동지역	농촌	농촌/도시	전지구적 단위

그러나 물론, 개인과 공동체의 공진화와 존재조건에 대한 비판적 성찰이라는 대 전제는 사라지지 않는다. 사이버 학습공동체는 생활을 공유하는 사람들의 모임이기보다는 언어적 교류에 의해 유지되는 모임이기 때문에 기본적으로 개인에 대한 배려가 높은 집단에 속한다. 따라서 집단 과정에서 개별성이 상당히 보장된다. 개인과 공동체가 서로 교류하면서 발전할 수 있는 조건이 마련되어 있다는 것이다.

또한 인터넷에서의 익명성은 성적·인종적·계급적 지배효과를 극소화시킨다는 점에서 비판적 성찰이 면대면에 비해 더 잘 일어날 수 있도록 해주는 특성이 된다. 이하에서 살펴보겠지만, 사이버 학습공동체는 일정한 조건만 보장된다면, 자신과 사회에 대한 비판적 성찰을 깊이 있게 진행할 수 있는 공간이 될 수 있다는 것이다. 이런 점에서 사이버 학습공동체는 면대면 학습공동체보다도 더 역동적으로 학습이 진행될 수 있는 집단이다. 이제, 사이버 학습공동체의 구성 원리를 추려보기로 하자.

2. 사이버 학습공동체의 구성 원리

1) 네트워크 소통(network-communication)

우선, 인터넷과 공동체의 공통적 특징으로서, '네트워크 소통'의 원리이다. 네트워크 소통이란 다수가 다수에게 특정한 방향이 없이 소통을 하되, 그것이 특정한 네트워크 안에서 작동하는 소통의 방식을 일컫는다. 전달자와 수용자라는 구분이 없이 모두가 전달자인 동시에 수용자로서, 특정한 방향이 없이 다수가 다수와 소통을 하는 성격을 '다방적 소통(multi-way communication)'이라고 하는데, 이런 다방적 소통이 일정한 지속성을 가지고 유지되는 경우를 네트워크 소통이라 할 수 있다.

여기서 다방성과 쌍방성의 차이를 우선 짚어보기로 하자. 쌍방성은 일방성에 대응하는 말로서, 전달자-수용자의 구도에서 수용자가 피드백할 수 있는 여지가 크다는 의미로 주로 사용된다. 즉, 쌍방성은 전달자와 피전달자의 구도를 여전히 가지고 있다는 것이다. 이에 비하여, 다방성은 특정한 전달자와 수용자가 따로 있는 것이 아니라 구성원 전원이 다른 구성원 전원을 대상으로 하는 상호작용이 이루어짐을 뜻한다. 인터넷에서는 동등한 권리를 가지는 다수가 게시물을 게시한 다수에 대하여 소통할 수 있도록 되어있다. 즉, 인터넷에서의 소통은 일정한 방향을 가지고 있지 않으며 메시지 전달자와 수용자가 따로 존재하지 않는다는 점에서 쌍방성보다는 다방성(multi-way communication)이라는 말로 표현하는 것이 오히려 적합한 것이다.

그러나 이러한 새로운 특성이 있음에도 불구하고 인터넷 교육에서 학습자는 여전히 '배우는 위치'에 머물러 있다. 인터넷의 원칙보다는 전통적 교육의 원칙이 우월하게 작동하기 때문이다. 인터넷에서도 교육 프로그램은 교육자에 의해 정해진다. 교육자와 학습자간의 제도적 위계는 여전히 존재하기 때문에 학습자의 자유로운 학습이 제한받게 된다. 네이버의 지식인(in)이나 구글, 위키위키(wikiwiki)에서의 지식생성의 방식이 학교와 전혀 다름에도 불구하고 '교육'이라는 말을 붙인 사이트에서는 '전달자와 수용자'라는 양자 구도에 입각하여 활동을 전개한다. 쌍방이건 다방이건, 가르치는 자와 배우는 자라는 이원적 구도를 넘어설 때에야 비로소 교육적 의미를 획득한다고 볼 수 있는 것이다. 이런 점에서 다방적 소통이 소통의 방향만을 드러내주는 쌍방향이나 다방향을 넘어선 소통개념이 필요해진다.

'네트워크 소통'은 소통의 특성과 소통자의 성격을 드러내주는 개념이다. 네트워크 소통에서 모든 소통자들은 관계망의 한 결절점(node)을 차지하며, 메시지의 생산자이자 수용자로서 상호작용적 관계에 놓인다. 안정화된 하나의 지점을 차지하면서 전체 네트워크를 살아 숨쉬게 하는 소통이 바로 네트워크 소통인 것이다. 이미 정리되어 있는 정보를 탐색하는데 머무르는 데서 벗어나, 스스로가 정보생산자가 되어 다른 사람과의 소통을 목적으로 인터넷을 사용할 경우, 즉 인터넷을 '매개'하는 존재로 보면서 소통(computer-mediated-communication)할 경우, 네트워크 소통이 성공적으로 장착되게 된다. 전달자(sender)에서 수용자(receiver)로의 소통의 흐름이 아니라 불특정 다수의 불특정 다수에 대한 동시적 소통이 일어난다. 전달자나 수용자가 아니라 모두가 참여자인 것이다.

이런 점에서, 사이버 학습공동체는 기술적 네트워크 위에 인간적 네트워크를 얹는다고 하겠다. 구성원들은 누구나가 노드로서, 일련의 흐름 속에서 자신의 위치를 점하는 네트워크 소통구조 위에 놓여있다. 모든 구성원은 사회적 지위와 관계없이 동등하게 대우받으며, 동등한 소통의 권리를 가진다. 누구도 '전달자'

로서의 독점적 지위를 가질 수 없으며, 수동적인 수용이 강요될 수도 없다. 모든 구성원에게는 자신의 개인적 책무성, 즉 새롭게 알게 된 내용을 모든 이에게 보고하는 태도를 가질 것이 권유되며, 이는 '보다 많은 전달자'가 있을 때 소통이 활성화된다는 것을 알려준다.

전달자, 즉 게시물의 생산자를 "다른 사람들에게 내가 알고 있는 무엇인가를 알리기 위해" 게시물을 올린다는 점에서 '교육자'라고 상정하고, 게시물 독자를 '새로운 것을 알게 된다'는 점에서 '학습자'라고 위치 지우면, 네트워크 구조는 교육자와 학습자의 동등하고 상호적인 소통을 보장하는 틀이라고 볼 수 있으며, 이러한 소통에 기초한 관계는 '모든 것을 알고 있으며 가르치는 존재로서의 교육자'와 '수동적으로 받아들이는 학습자'라는 기존의 교육자-학습자 관계와는 전혀 다른 관계를 전제로 한다고 볼 수 있다.

'시스템 상의 네트워크'가 요청하는 원리는 물론 모두가 적극적으로 참여하는 것이지만, 좁은 의미의 네트워크, 즉 인간적 연대의 네트워크가 없을 경우, 이러한 적극적 참여는 보장되지 않는다. 특정한 주제를 다룬다거나 장소적 제한이 없을 경우, 공동의 대화가 시작될 수 있는 근거가 취약하며, 따라서 계속적인 집단의 창출이 어렵기 때문에 사이버 학습공동체에서는 사람들 간의 관계망에 기초한 소통이 전개된다. 사이버 학습공동체에서는 특정한 주제를 중심으로 한 일정한 경계가 있으며, 그로 인하여 '사람들 사이의' 네트워크를 전제로, 다수가 다수를 대상으로 하는 소통을 전개하게 되는 것이다.

사이버 학습공동체에서는 한편으로는 동일한 주제를 중심으로 결합해있기 때문에 네트워크 소통이 보다 원활하게 이루어진다고 볼 수 있지만, 다른 한편으로는 주제에 대한 지식이나 자신감 정도에 따라 네트워크의 노드가 되기를 포기하는 사람도 생겨나게 된다. 인터넷에서 존재조건에 대한 비판적 성찰은 주로 자신의 경험을 표현하는 데서 찾아진다. 거의 모든 카페는 주제를 다루는 게시판과 더불어 개인의 경험을 나누는 게시판을 가지고 있다. 경험의 상호적 교류를 통하여 존재조건에 대한 성찰로 나아갈 수 있는 가능성을 가지고 있는 것이다. 게시판이 책과 다른 의미를 가지는 것은 바로 이러한 '다성성(多聲性)' 즉, 여러 사람들의 개성있는 목소리를 들을 수 있다는 점에서 비롯된다. 문제는 카페에서 다루는 주제나 표현에 대한 자신감이 부족하여, 네트워크의 결절점을 포기하게 되는 경우가 많다는 점에 있다. 네트워크 소통과 더불어 존재에 대한 성찰의 기회를 잃어버리게 되는 것이다. 많은 경우 구성원들은 "지식이 모자라서", "글을 잘 못 쓰기 때문에", "혹시 분위기를 흐려 놓을까봐" 네트워크의 결절점이 되기를 포기한다.

이러한 현상은 우리의 현실이 충분히 학습촉진적이지 못하다는 사실을 알려준다. 적어도 사이버 공간의 학습공동체라면, 그 공간에서의 논리는 교육학적으로 재단될 필요가 있다. 인터넷 매체가 갖는 잠재력이 기능할 수 있도록, 즉 모든 참여자가 교육자로서, 동시에 학습자로서 다방적 소통에 참여할 수 있도록 공간이 편성되고 운영될 필요가 있다. 예컨대 권위주의적 학교문화로 인해 구성원들이 일반적으로 글 올리기에 대해 거부감을 가지고 있다면, 운영진은 적극적으로 이 공간이 다른 논리에 의해 운영되는 공간임을 밝히고, 참여를 촉진하는 노력을 할 수 있다. 구성원 스스로도 해당 네트워크의 주체가 되기 위해 "쓸 데 없는 한 줄"이라도 글을 올려보는 것이 요청되는 것이다.

평생학습의 관점에서 볼 때, 적극적으로 참여하지 못하는 이유는 구성원과 공동체 양자 모두 '학습' 본위의 논리를 가지고 있지 못하다는 점에서 찾아진다. 사람이라면 누구나 자신의 경험을 가지고 있으며, 그것은 다른 사람의 경험과는 이질적인 것이다. 자신의 시각에서 사태를 해석하고 자신의 논리를 가질 수 있는 책임 있는 존재인 것이다. 따라서 모든 구성원들은 누구나 특정한 부분에서 다른 구성원들에게 무엇인가를 가르쳐 줄 수 있는 '교육자'가 될 자격이 있다. 다성성이 사이버 학습공동체를 유지시키는 원리라는 말은 바로 모든 사람들이 자신의 목소리를 내는 것 자체가 중요하다는 것이다.

따지고 보면 가르치는 일은 가장 잘 배우는 방법 중의 하나이며, 배움이 없는 가르침은 독단에 빠질 수밖에 없다. 이런 전제 위에 서면 네트워크 소통은 모든 학습자가 동시에 교육자가 됨으로써 학습을 하게 하는, 그리고 학습자가 끊임없이 네트워크를 창출함으로써 그 관계 속에서 학습을 하게 하는 교육의 원리라고 볼 수 있다. 사이버 학습공동체는 이러한 네트워크 소통이 잘 구현될 수 있는 학습의 장으로서의 잠재력을 가지고 있다. 문제는 그것을 교육학적으로 볼 수 있는 참여자들의, 운영진들의 시선이다.

2) 준(準)익명적 소통

사이버 학습공동체를 구성하는 두 번째 원리는 준(準)익명적인 소통의 원리이다. 준익명적이란 말 그대로 서로가 서로를 모르되, 완전히 익명적이지는 않은 상태를 말한다. 완전익명성은 소통하는 상대방이 누구인지를 알 수 없다는 것을 의미한다. 사실, 인터넷 상에서 모든 사람은 ID만을 가지고 있을 뿐, 현실공간에서 사용되는 이름은 알 수 없다. 자신도, 자신과 대화를 나누는 타인도 익명의 존재일 뿐이다. 익명성은 사회적인 단서들, 즉 경제적 상태나 직위, 성별이나 외모 등을 알 수 없도록 한다는 점에서 평등에 기여한다는 평가를 받는 반면, 언어폭력이나 모욕행위의 증대 등 무책임한 행위를 부추긴다는 비난에 직면한다. 익명성은 사이버 공간의 일반적 특징이기 때문에 우리는 그 한 영역인 사이버 공동체에서도 이러한 양상이 나타나리라고 예측해 볼 수 있다.

그러나 카페와 같이 일정한 집단의 경계가 구축되고 나면, 익명성은 부분적으로만(準) 실현되게 된다. 익명성의 감환현상이 일어난다는 것이다. 익명성의 감환은 크게 두 차원에서 일어난다. 우선 오프 모임 혹은 화상대화를 통해 사람들은 몇몇 구성원들을 얼굴을 맞대고 만난다. 따라서 부분적이지만, 구성원은 서로의 얼굴을 알고 있다. 상대의 직업과 외모, 태도와 말씨 등을 확인하는 작업은 익명의 공간에 실체를 부여하는 작업이다. 인터넷 상임에도 불구하고 '기명(記名)'의 관계를 맺는 구성원이 생겨나게 되는 것이다.

'얼굴'을 모르는 경우에도, 구성원들은 전자적 활동을 통해 일관된 정체성을 가진 대상으로 다른 구성원들을 대하게 된다. 얼굴과 이름은 몰라도 말씨와 생각은 안다는 점에서, 익명성은 줄어들게 된다. 대개, 모든 카페에서 일정하게 활동한 구성원은 다른 구성원에 대하여 비교적 안정된 '이미지'를 가지고 있으며, 그 사람에 대한 나름대로의 '태도'를 가진다. 채팅에서는 상대가 남자인지, 여자인지, 직업이 무엇이고 결혼은 했는지, 외모는 어떠한지 등이 일상적인 대화로 오간다. 이것은 구성원에 대한 당연한 관심으로 간주되며, ID에서 느낀 느낌과 대조하는 과정이 된다. '진짜' 이름이 아니라 ID 혹은 대화명이 사용되지만, 그것은 현실공간의 이름과 마찬가지로 타인에 대한 이미지를 응축시키는 기호인 것이다. 따라서 구성원들은 ID를 보고 게시물을 선택하여 읽기도 하며, 특정 ID를 싫어하기도 한다. ID가 각 개인을 개인으로 호명하는 기호로 작용하고 있는 것이다.

외양이건 ID의 독특한 성격이건 간에, 서로를 알게 되는 과정은 사이버 공간에서 새롭게 창출된 정체성이 존재함을 의미한다. 서로를 호명하고, 특정한 정체성을 구성하게 됨에 따라 '자기됨'이 생겨난다. 지속적인 참여 속에서 익명성은 점차 뚜렷한 인물로 주조된다. 그것은 자신의 경우에도 마찬가지이다. 스스로 붙인 ID, 스스로 결정한 글의 결에 따라 새로운 정체성이 생겨나기 때문이다.

그렇다고 해서 익명성이 완전히 사라지는 것은 아니다. 기본적으로 인터넷에 의해 형성된 관계를 전제로 활동이 이루어지므로, 익명성이라는 인터넷 상의 특성이 완전히 제거되는 경우는 드물다. 인터넷 활동이 지배적이기 때문에 구성원 전원을 만나는 것은 불가능하며, 서로의 얼굴을 확인했다고 해도 뚜렷하게 기억하지 못하는 경우가 많다. 곧 여전히 많은 구성원은 '익명'의 상태로 남아있다. 구성원은 현실공간의 실체라기보다는 느낌 혹은 이미지로서 존재하는 것이다.

익명성은 글을 써서 게시하는 순간에 보다 적극적으로 작용하는 원리가 된다. 게시물을 올릴 때 사람들은 구성원 개개인보다는 공동체 전체의 이미지를 떠올리며, 따라서 글은 익명의 상대를 대상으로 하게 된다. A라는 사람이 이 글을 볼 것이라는 생각보다는 카페와 같은 실체를 가진 집단, 그러나 익명의 다수에게 자신의 의견을 공개한다는 생각이 지배적이라는 것이다.

또한 자신 역시 소수의 친밀한 사람을 제외하고는 상대방에 대하여 '메시지로만' 존재하는 사람이 된다. 따라서 더 솔직하고 자유롭게 글을 올릴 수 있게 되는 것이다. 채팅의 경우에도 타인의 표정과 반응을 볼 수 없기 때문에 사람들은 막연한 대상에게 자신의 이야기를 하게 된다.

이런 준익명적인 관계맺음의 원리는 사이버 학습공동체를 평등한 동시에 결속력 있게 유지시켜주는 원리이다. 사이버 학습공동체에는 '완전한 익명'의 관계는 존재하지 않지만 '익명이 가지는 자유로움'은 존재하며, 익명과 기명 간의 관계가 조화롭게 결합될 때, 이상적 소통을 할 수 있는 공간으로 나아가게 된다.

이런 분위기로 인하여, 컴퓨터 앞에 앉아서 글을 올릴 때의 심정은 친구에게 편지를 쓰는 일과 유사하게 된다. 보이지는 않지만 익숙한 대상에게 구성원들은 자신의 이야기를 솔직하게 올린다. 이를 통해 구성원들은 자신에 대하여 성찰할 수 있는 학습의 기회를 가지게 된다. 즉, 구성원들은 '아는' 사람들을 대상으로 '책임 있는' 글을 쓰지만, 타인이 보이지 않는 상태에서 막연한 집단을 대상으로 한 글쓰기는 '솔직한 고백'의 원천으로 작용하는 것이다. 이런 과정 속에서 개인들은 자신에 대한 대안적 견해를 발견하고 현실공간에서는 할 수 없었던 새로운 상호작용을 할 수 있게 된다.

교육학적 관점에서 보면, 준익명성은 교육자와 학습자 간의 '인격적인 동시에 평등한' 관계를 가능하게 하는 원리라고 볼 수 있다. 일반적으로 제도교육 상황은 면대면 관계로서, 교육자와 학습자는 서로를 "알고 있다"고 여긴다. 교육자는 개별 학습자의 사회 경제적 지위나 태도, 생각을 알 수는 없지만, 최소한 상대방의 눈빛과 태도에서 교육에 임하는 자세를 읽어낸다. 그러한 태도로부터 교육내용을 재편성한다거나 교수속도를 조절한다. 학습자는 교육자의 교육방식으로부터 교육자가 강조하는 내용을 읽어낸다. 물론 이러한 교육상황은 '적응'의 과정이지 학습자가 주체적으로 스스로를 향상시키는 학습의 과정은 아니다. 전달해야 하는 내용을 전달하고 수용할 뿐, 자아의 성장이나 확장은 일어나지 않는다.

따지고 보면 교육자가 학습자를 알고 있다는 것 역시 학습자가 교육장면에 임하는 태도와 모습을 보고 있다는 것 이상의 큰 의미를 가지지는 못한다. 학습자는 더더욱 교육자를 모른다. 그저 제도적으로 부여된 역할을 인정하며, 개인차 정도를 알고 있을 뿐이다. 그러므로 극단적인 경우, 이 관계는 '인간'을 '역할'로 끊임없이 환원하는 악순환의 관계가 될 수 있다. "선생이면 선생일이나 하지, 왜 남의(학생의) 사적인 문제에 나서는가"라는 말은 그러한 극단적 관계를 보여주는 한 예라고 볼 수 있다.

익명성의 원리는 제도교육의 장면에서 교육자와 학습자가 서로를 "알고 있다"고 생각하는 것이 얼마나 공허한 것인지를 잘 드러내준다. 서로를 "모르고 있다"는 것을 명시적으로 내세우는 익명적 관계에서 오히려 상대에 대한 관용의 폭이 더 넓어질 수 있기 때문이다. 서로를 모르기 때문에, 그 역할과 사회적 지위를, 태도를 볼 수 없기 때문에 관계는 보다 '내용 중심적'이 될 수 있다. 정말로 알고 싶은 것을 배우고, 상대가 알고자 하는 것을 가르쳐주는 관계가 이루어지게 되는 것이다. 이러한 관계야말로 '진정한 의미에서의 교육적 관계'라고 볼 수 있다. 사회적 지위나 권력 등 '교육외적' 요인이 개입할 여지는 상대를 모르는 만큼 줄어들게 된다.

인터넷에서의 익명성은 교육학적으로 보면 학습자 중심적 관계를 가능하게 한다. 가르쳐주고자 하는 사람은 자신이 가르쳐주고 싶은 내용을 게시할 뿐 누구에게도 강요할 수 없으며, 배움이 일어나는 것은 온전히 배우는 사람의 의지에 달려있기 때문이다. 게시되어 있는 내용에 관심이 없다면, 아무리 가르치고자 해도 그 내용은 읽혀지지도 않으며, 따라서 학습되지 않는다. 반면 배우고자 한다면, 아무리 조각난 정보라도 모아서 생각을 진행시키게 된다. 이런 점에서 익명성은 본원적인 의미에서의 배움을 촉진할 수 있는 요소라고 볼 수 있다.

그러나 물론 익명성이 교육적 차원에서 강점만을 갖는 것은 아니다. 익명적인 소통이 무책임한 "말 뱉기"를 일으킨다는 사실은 학습의 차원에서도 동일하게 적용할 수 있다. 무엇인가를 가르쳐주는 일에는 언제나 책임이 따른다. 잘못된 정보를 걸러내고, 가장 접근하기 쉽고 이해하기 쉬운 형태로 내용을 편성하는 것은 가르치는 사람이 갖춰야 할 기본 자질이다. 배우는 사람은 가르치는 사람에 대한 존경심을 가지고 배움에 임할 때에 비로소 완전히 배울 수 있게 된다. 도제관계에서의 배움이 가지는 강점은 인격적 접속을 전제로 한다는 사실에서 비롯되는 것이다.

'학습공동체'라는 집단적 특성이 개입하는 지점이 바로 여기이다. 구성원들은 ID를 지속적으로 사용하면서 그 ID에 정체성을 부여한다. 동시에 ID를 통한 활동에 대해 책임을 진다. 사이버 공간 일반에서 작동하는 무책임성이 그대로 적용되기는 어려운 것이다. 가르쳐 주는 일과 배우는 일은 특정한 ID를 경유하여 일어나는 만큼, 무책임한 이야기나 잘못된 정보는 이후에라도 정정되는 과정을 거치게 되는 것이다. 이런 점에서 '준(準)익명성'은 인터넷에서의 행위자를 평등하게 하는 '익명성'과 보다 책임 있는 학습자로 호명하는 '면식성'을 통합한다는 장점을 가지는 특징이다.

3) 자발적 선택

사이버 학습공동체의 세 번째 원리는 '자발적 선택의 원리'이다. 일반적으로 인터넷에서의 모임은 하이퍼텍스트 체제에 의해 기본적인 공간의 틀을 부여받기 때문에 네티즌들은 스스로 집단과 활동을 선택해야 한다. 구체적으로, 네티즌들은 자신의 마음에 드는 카페나 이웃 블로그를 '선택'하고 그 안에서 특정한 게시판을 '선택'하며 다시 하나의 게시물을 '선택'한다. 이어서 자신이 읽을 적합한 농도를 선택하고, 어떻게 반응할 것인지를 '선택'한다. 모든 활동이 의무 혹은 강제 없는 자발적인 '선택'인 것이다.

그런데, 이러한 자발적 선택은 현대사회의 공동체 형성에 필수적이다. 태어나면서부터 주어지는 지역과 같은 전통적 공동체와 달리, 현대사회에서는 구성원들이 지속적으로 선택하지 않으면 사멸하고 마는 것이 공동체이다. 인터넷은 그런 선택의 자발성을 극단화한다. 사람들이 게시물을 선택하여 읽지 않으면, 그리하여 소통이 줄어들게 되면 사이버 공동체는 더 이상 유지될 수 없게 되기 때문이다. 인터넷에서 자발적 선택은 개인과 집단을 매개하는 중요한 원리로 작동한다. 개인의 지속적인 선택이 보장되지 않을 때, 개인과 집단 간에 간극이 벌어지고, 결과적으로 '공동체'는 사라지게 되기 때문이다.

교육학적으로 보면, 자발적 선택의 원리는 학습자의 자기주도성을 논리적으로 전제한다. 카페를 학습의 장으로 보면, 하나의 게시물을 선택하는 행위는 '학습자료의 선택'이며, 게시물을 꼼꼼히 읽을 것인지, 개요만 파악할 것인지 등 읽는 속도를 정하는 것은 '학습속도'를 정하는 것이다. 또한 언제 공동체에 접속할 것인지 하는 '학습시간'의 선택 역시 학습자의 몫이다. 사이버 학습공동체에서의 모든 행위는 학습자의 자기주도적 활동에 의해 이루어지게 되는 것이다.

사이버 학습공동체에서 주목되는 학습자의 '선택'은 일상 경험을 나누는 공간에 대한 선택이다. 바둑이나 영화, 전통 차 등 취미를 중심으로 모인 카페의 경우에도, 신변잡기에 대하여 이야기하는 공간은 거의 예외 없이 카페의 한 영역을 차지하고 있다. 살아가는 이야기를 하고 상대의 이야기를 들으며, 고민을 털어놓고 조심스러운 조언을 해가면서 구성원들은 "삶"에 대한 성찰을 강화해 나가게 된다. 특정한 방식의 "얽힘"만 있다면, 사람들은 자신의 삶에 대한 성찰을 증대해 가는 학습을 시도하게 되는 것이다. 이런 이야기는 한편으로 의미 없는 이야기쯤으로 폄하되지만, 사실상 자신을 성찰하게 되는 중요한 계기가 된다. 즉, 적응적 학습과 구분되는 자신에 대한 지식의 생성으로 나아가게 하는 것이다.

> 도구적 행위는 장애가 생길 경우 주체에게 단지 잘못 평가된 현실에 대한 창조적인 적응을 요구할 뿐이다. ... 오히려 중요한 것은 행위자가 장애의 순간에 자신의 주관적 태도에 대해 생각해보게 하는 행위유형에 대한 접근이다. 곧 자기의식이라는, 자신의 행위가 지니고 있는 의미에 대한 지식의 생성이 중요한 과제로 등장한다(Hognet, 1998: 133-134).

이런 점에서, 많은 카페들은 자신의 존재조건에 대한 비판적 성찰이라는 학습공동체의 요건을 자연스럽게 구현하고 있다고 볼 수 있다. 사이버 학습공동체로서의 규정성을 가지게 되는 것이다.

다른 한편으로, 사이버 학습공동체는 인터넷의 기술적 특징에 근거하여 학습소재를 다양하게 갖추고 있으며, 이로 인하여 학습자들은 특정한 학습을 유예한 채 머무를 수 있는 여유를 가지게 된다. 다양한 학습소재를 가지고 있다는 것은 선택을 선별적으로 할 수 있다는 것을 의미하며, 이는 지나치게 진지하다거나 학습의 내용이 무거울 경우 다른 소재를 선택함으로서 학습자가 다소 이완될 수 있는 공간이 존재함을 의미한다.

예컨대, 명목으로 내건 큰 주제 안에 영화나 생활이야기, 문화나 비밀 일기 등 성격이 다른 소주제들은 구성원들이 주제 이외의 게시판을 선택함으로써 카페의 틀을 이탈하지 않은 상태에서 다양한 생각을 할 기회를 가지도록 해준다. 단지 학습 자료만을 찾는 것이 아니라 돌아다니며 놀며 머무를 수 있는 공간을 제시해주는 것이다. 이는 생활에 근거한 결합을 가능하도록 해 준다. 정보를 찾는 데 그치는 것이 아니라 공동체에 거주하는 것이다.

다시 말해서, 사이버 학습공동체는 그것이 학습공동체인 만큼 개인 삶의 사회적 조건에 대한 학습을 주제로 삼고 있으며, 그러한 주제에 대한 학습자의 자발적 선택을 전제로 성립하는 조직이다. 그러나 물론, 선택의 자유로움은 학습공동체의 이탈 역시 용이함을 의미한다. 머무르기를 원하지 않을 경우, 참여 자체가 중지되게 되는 것이다.

이런 문제에 대하여 사이버 학습공동체의 체계는 유연한 편성으로 대처한다. 다양한 수준의 편성으로 인하여 학습자들은 때로는 성찰을 유예하면서 참여할 수도 있고, 생각할 수 있는 여유를 가지게 된다. 개인과 공동체의 공진화는 이런 자율적 선택을 통한 개인과 공동체의 결합을 통해 가능해진다.

4) 공환성 체험

사이버 학습공동체의 네 번째 원리는 공환성 체험의 원리이다. '공환성(共歡性, conviviality)'이란 자율공동성, 연회 등의 의미를 가지는 용어로, 인간적, 창조적, 자율적 상호작용이 갖는 특성을 일컫는다. 일리치는 "개개인을 위해 인식의 모든 순간을 학습하고, 지식 기술 경험 등을 서로 나누어 가지고 서로 도와주는 순간"이 바로 공환적 순간이며 자발적이고 비조작적인 인간가치를 추구하는 제도를 기반으로 하는 사회가 바로 공환적 사회(Illich, 1984: 27)라고 파악한다.

사실 사이버 학습공동체는 인터넷에서 구성되는 만큼 순수한 언어적 소통에 의해 생성되는 집단으로, 여기서는 신체를 사용하여 함께 경험하는 것이 불가능하다. 언어란, 경험에 대하여 명명하는 작업으로, 일반화된 범주를 전제로 하기 때문에 언어만으로 충분히 소통하기는 쉽지 않다. 타인이 지시하는 대상에 대한 이해를 완전히 공유하기 위해 충분한 에너지를 써야 한다. 즉, 존재자에 대한 동일한 존재관계 속으로 들어갈 때에야 언어에 의한 의미소통이 가능하다.

그러므로, 순수히 언어만으로 소통하는 집단이라면, 그 집단 구성원 간에는 사전에 강력한 결합력이 전제되어야 한다. 동시에 다른 구성원과 함께 있음이 즐겁다거나, 그들을 알고자 하는 열정이 존재해야 한다. 놀랍게도, 전자언어에 의해 상호작용이 이루어지는 대부분의 카페는 이러한 열정의 공유지를 가지고 있다. 물론 회원들은 카페의 주제에 대한 공통된 의식을 참여 이전에 가지고 있는 경우가 많다. 사전에 형성한 관심 혹은 견해가 카페를 선택하게 하는 동인으로 작용하는 것이지, 카페에 대한 선택이 공동의 경험지반을 형성하는 것은 아니라는 것이다.

이런 점에서 카페는 유사한 관심과 유사한 수준의 친구를 시-공간의 틀을 넘어 발견한다는 희열과 즐거움을 제공한다고 볼 수 있다. 이미 살아왔던 과거의 경험이 모임의 토대를 이루고 있는 것이다. 일리치는 이런 인간의 욕구를 다음과 같이 묘사한다.

> 체스를 잘하는 자는 언제라도 자기와 같은 정도로 잘하는 사람을 찾아서 시합을 하는 데서 기쁨을 발견하고, 초심자는 초심자대로 또 다른 초심자를 발견하고 좋아한다. ... 특수한 책이나 논문에 관해서 의논을 하고 싶은 사람들은 아마도 논의의 상대를 발견하기 위해 노력할 것이다. ... 그들의 노력에 대한 보수는 그 친구를 찾아내는 일이다(Illich, 1984: 159).

노력에 대한 보수는 고작 '친구를 찾아내는 일'일 뿐이다. 그런데 바로 그것이 사람들에게 기쁨을 주며, 조직을 유지시키는 힘으로 작용한다. 사이버 학습공동체를 유지시키는 힘은 바로 이러한 체험이 가지는 '함께 함의 즐거움', 즉 공환성의 체험에 있다고 볼 수 있다.

그러나 참여 이전에 가지고 있던 관심만으로 공환성이 유지되는 것은 아니다. 지속적인 공환성 체험이 제공되지 않으면, 공동체는 유지될 수 없다. 다시 말해, 언어적 소통과정 자체가 수반하는 공환성이 제공될 필요가 있다는 것이다. 사이버 학습공동체에 구성원들이 참여하는 이유는 활동 속에서 공환성을 느끼기 때문이다. 글을 쓰면서 타인과 함께 한다는 느낌을 가지며, 게시물을 읽어나가면서 "아하!" 하는 탄성을 터뜨린다. 질문에 답하고 채팅을 서너 시간씩 하는 이유도 바로 '타인과 함께 하고 있다'는 느낌 속에 즐거움을 체험하기 때문이다.

교육학적으로 보면 이러한 공환성은 진정한 의미에서의 가르침과 배움이 생성될 수 있는 최적의 조건이다. 물론 특정한 기능과 목적을 위한 가르침과 배움이 일상화된 현실 속에서 가르침은 쉽게 보상과 연결되며, 배움은 때로는 자존심을 상하게 하는 행위처럼 인식된다. 현대사회에 일반화된 '완전성(mastery)'의 신화가 가르치는 사람을 더 이상 배울 것이 없는 존재로, 배우는 사람을 아무것도 모르는 존재로 위치 짓기 때문이다. 가르침과 배움은 양극에 있는 행위 혹은 역할로 규정되며, 이어서 가르치는 자와 배우는 자는 존재론적으로 구분되게 된다. 특정한 목적이 있어서 배우고자 할 경우, 그 관계는 '도구적' 관계가 된다. 목적을 위해 생겨난 관계이므로 목적이 달성되면 관계는 사라진다. 특정한 역할을 부여받았기 때문에 가르치는 경우도 마찬가지이다. 가르치는 역할을 제도적으로 담당해야 하기 때문에 가르치는 경우, 제도가 사라지면 가르침 역시 중단된다.

공환성이란 이와는 달리 '관계'를 중심으로 하는 개념이다. 상대의 존재 자체가 소중한 것이다. 공환적 관계 속에서 가르침과 배움은 관계로부터 출현한다. 상대가 더 많이 알고 있으면 그로부터 배우며, 자신이 더 알고 있을 경우, 상대에게 새로운 것을 가르쳐준다. 이런 가르침과 배움의 과정은 관계의 유지와 긴밀히 결합되어 있으며, 그것은 자신의 존재유지의 방식이다. '함께 함'의 즐거움이란 자신의 삶에 환희를 던져 줄 수 있는 근원을 제공하는 것이다.

성별이나 신체적 조건, 인종이나 나이 등 존재조건에 기반한 카페의 경우, 공환성은 유사한 처지에 있는 사람들의 모임에서 비롯된다. '소외집단'의 경우, 사람들은 모임 자체에서 힘을 얻는 것이다. 이런 카페의 구성원들은 자신과 유사한 처지에 있는 사람들이 궁금해 하는 바에 답하고 서로의 경험을 나누는 과정에서 자신의 문제가 개인의 문제가 아님을 깨닫게 된다. 이런 깨달음은 독특한 집합적 즐거움을 수반한다. 상호 인정과 처지에 대한 공감, 그리고 집합적 실천의 실마리가 연쇄적으로 제공하기 때문이다. 물론 이러한 즐거움은 상호작용을 통해 무엇인가를 나누어 가질 때 발생하게 된다.

사이버 학습공동체에서의 '나눔'은 '배움'과 결합되어있다. 앞의 사례에서 밝힌 바와 같이, 여성주의 카페의 경우, 사람들이 '함께 함'의 즐거움을 느끼고 계속적으로 활동에 참여하게 되는 계기는 "공감할 수 있는 소외의 경험을 나누고", "나보다 훨씬 강한 입장"의 사람들을 만나 그 사람들에게 무엇인가를 '배우며', 더불어 자신의 이야기를 "눈치보지 않고" 할 수 있게 되는 데서 찾아진다. 정팅에서 대화를 끝냈을 때, "무엇인가 내가 그럴싸한 이야기"를 한 것 같은 마음, 게시물에서 "더 정확한 해석을 알게 된 것 같은 느낌" 속에서 사람들은 진정한 '함께 함'을 느낀다. 타인과의 소통 속에서, 특히 '유사성'을 가지는 타인과의 전자적 만남 속에서 스스로 '배움'을 느낄 때 사람들은 '함께 함의 즐거움'을 느끼게 되는 것이다. '여성주의적'이라는 차원에서 자신과 관점을 같이하며, 소외의 경험을 나눌 수 있는 관계인 동시에 구체적인 장면에 대한 해석은 서로 달라 도움이 되기도 하고 도움을 받을 수도 있는 관계가 바로 '함께 함'의 관계구조라고 볼 수 있는 것이다.

그러므로 사이버 학습공동체가 유지될 수 있는 것은 '유사한 타인'이 함께 모여 소통을 하되, 그 소통이 자신의 경험이나 의미지평을 높이는 데 기여할 경우, 사람들은 사이버 학습공동체에 애정을 느끼며 계속적으로 참여하게 되는 것이다. 곧 사이버 학습공동체의 흡인력은 '공환적 체험'의 원리에서 비롯되는 것이다.

보다 넓게 보면, 공환적 학습의 장면은 학습의 출발점인 동시에 지향점이 어디인가를 드러낸다. '쓸 데'와 '할 일'을 강조하는 성인교육의 논리는 근본적으로 교육이 '도구'라는 입장을 취하고 있다. 배운 것은 무엇인가 '유용한' 것이어야 한다는 것이다. 그러나 학습자 중심적 관점을 취하면 이러한 '유용성'은 인간을 도구로 격하시키는 것이다. 인간존재란 '유용성'을 넘어서는 데서 시작된다. '쓸모'가 따로 없는 것, 그 자체가 목적인 것이 바로 인간이며, 그 인간의 인간됨이 바로 학습이기 때문이다.

공환적 학습의 장면은 인간이 서로를 인간으로 대접하는 장면, 인간이 인간존재 자체를 찾아가는 장면을 드러낸다. 가르치는 것은 배우는 것과 다른 것이 아니며, 인간의 상호작용활동은 가르침/배움과 결코 분리될 수 없다는 사실을, 그리고 자신의 삶에 대한 조망의 욕구를 보여준다. 공환적 학습의 원리란 가장 원초적 의미에서의 학습인 동시에 근본적으로 지향해야 할 학습의 원형이라고 볼 수 있는 것이다.

5) 일상적 전환

사이버 학습공동체를 구성하는 마지막 원리는 '일상적 전환'의 원리이다. 대개 전환이란 '시각 전환(perspective transformation)'을 뜻하는 말로서, 생각이나 태도, 신념 등을 특정한 방향으로 틀지우는 시각, 소위 '의미관점'에 전반적인 변화가 이루어짐을 뜻한다. 사이버 학습공동체가 사이버 공동체가 아니라 '학습' 공동체인 까닭은 학습주체의 내면에 변화가 일어나기 때문이다.

사이버 학습공동체에서는 인터넷인 만큼, 자신이 이미 가지고 있던 시각 자체의 근본적 변화가 일어나기는 힘들다. 학습을 거부하는 반학습 혹은 자신의 관점을 논리적으로 강화하는 경향이 지배적이다. 다시 말해, 사이버 학습공동체에서는 시각의 근본적 전환 보다는 시각을 구성하는 개별 단위요소에서의 전환이 이루어진다. 민족주의적 시각을 가지고 있는 사람이라고 하더라도 일상의 체험 하나하나를 그 관점에서 바라보기는 어렵다. 또한 모든 사태를 맹목적 민족주의의 관점에서 재단하는 경우도 있을 수 있다. 사이버 학습공동체는 주로, 각 장면에서의 전환에 기여한다. 하나의 체험, 하나의 사태에 대하여 기존의 규정으로부터의 전환이 일어나는 것이다. 대개 이러한 전환은 일상적인 장면과 결합한다.

이러한 전환은 학습자의 생활과 연관하여 보면 인터넷에서 학습한 것을 오프라인으로 확장하는 과정, 그리고 오프라인에서 경험한 사실을 인터넷에 해석하여 올리는 이중적 과정을 통해 이루어진다. 한편으로, 학습자들은 인터넷에서 학습한 사실을 오프라인에 적용하거나 확장한다. 구성원들은 게시물을 통해 특정 사건에 대한 특정한 관점의 해석을 읽게 되는데, 유사한 사건이 발생할 경우 이런 시각을 통해 사건을 해석하게 되는 것이다. 학습자들은 어떤 게시물로부터 알게 된 시각을 다양한 사례에 대하여 적용하여 그것이 흡족하게 해석되었을 때 "의미 있는 게시물"이나 "좋은 게시물"이라는 용어를 사용한다.

다른 한편으로, 학습자들은 오프라인의 경험을 인터넷에 올리는 과정에서 일정한 전환을 경험한다. 특정한 학습공동체에 애정을 가지고 있으며 다른 구성원으로부터 인정받기를 원하는 구성원들은 좋은 게시물을 올리고자 하는 욕구를 가지고 있으며, 따라서 "글을 올리기 위해" 일상을 곰곰이 성찰한다. 다양한 분석 지점을 동원하여 경험을 분석하는 것이다.

물론 경험이 논의된다는 것이 그 자체로 비판적 성찰을 보증하는 것은 아니다. 일정한 문제의식을 경유하는 것이 요청된다는 것이다. 고백은 경험한 것에 대하여 언어화하는 과정이다. 언어화는 일반적인 질서화의 과정으로, 경험이 상황에서 지니는 의미를 조명하도록 한다(이돈희, 1993). 중요한 것은 언어화의 지향성이다.

다시 사례로 돌아가 보면, 여성주의 카페에서의 고백이 의미를 가지는 것은 언어화의 과정에 '여성학적' 시각이 결합하였기 때문이다. 여성주의 카페에서의 학습은 모든 일상의 단편들이 이러한 시각으로 재단될 수 있는 소재로 보는 데서 시작된다. 고백을 하고, 고백을 읽으면서 사람들은 일상 하나 하나를 주의 깊게 '여성학적으로' 보는 반복을 경험한다. 비판적 성찰의 시각에서 보면, 이렇게 자신의 생활 전반에 대하여 면밀히 바라보는 자세는 자아의 사회적 구성을 밝힘으로써 사회에 대한 비판적 시각을 가지게 되는 중요한 전제이다.

이렇게 보면 사이버 학습공동체에서 구성원의 발길이 잦은 곳의 특징이 일상에 대한 이야기를 담은 내용이 게시되어있는 것은 우연이 아니다. 사람들은 다른 여성의 일상을 통해 자신의 문제를 보고자 하며, 다른 사람이 일상을 보는 법을 읽고자 한다. 이는 일상과 해석이 결합된 이야기가 공동체 유지의 핵심적 요건일 수 있음을 드러내 준다. 구성원들은 사이버 공간 안에서라도 세계를 일관되게 경험하기를 원하며, 그것은 일상에 대한 언설화의 과정을 통해 가능한 것이다.

인터넷에서 알게 된 사실을 오프라인에 적용하고 확장하는 것이 인터넷 학습의 전환효과라면, 오프라인의 경험을 가장 적절한 해석의 틀로 재단하여 인터넷에 올리는 것은 현상에 적극적으로 의미부여하는 과정이라고 볼 수 있다. 인터넷의 오프라인에 대한 적용이 "맞아, 그렇구나!"라는 감탄의 차원에서 이루어진다면, 오프라인의 인터넷으로의 전환은 "바로 이거야!"라는 의미 발견의 기쁨을 제공하는 것이다.

이런 전환의 과정은 근본적으로 비판적 사고를 지향한다. 비판적 사고란 자신이 행하는 바나 내면적 신념의 가정(assumptions)이 무엇인지를 깨닫는 과정, 즉 가정을 구성하는 '사회적 맥락'에 대한 이해를 동반한다(Brookfield, 1986). 비판적 사고는 일상적 사유과정의 전제에 대한 의문을 제기하는 종류의 학습인 것이다. 여성이나 유색인종, 동성애자와 같은 소외집단의 개인은 아동기에는 '객관적'인 이해방식을 받아들이고 그에 의해 자신의 정체성을 형성해 가지만, 이런 이해방식은 자신의 경험을 드러내 주지 못하기 때문에 성인이 되면서 점차 자기 경험을 되살리고자 노력하게 된다. 지배적 논리에 의하여 '사소하고, 어떠한 정치적이거나 일반적인 중요성도 가지고 있지 못한' 경험에 대하여 이야기하는 과정을 통해 그 사소한 문제가 공동의 문제이며, 정치적이며 일반적인 문제라는 점을 인식해 나가는 것이다. 일상적 전환은 바로 이러한 인식의 작은 고리에 해당한다.

이런 시각에서 보면 사이버 학습공동체의 전자 텍스트들은 그 구성원들이 발언할 수 있도록 한다는 점에서 그 자체가 비판적 성격을 가진다. '살아있는 경험'의 고백과 그에 대한 공감의 과정은 동질적 집단 간의 연대감을 제공하고, 개인이 자신의 문제를 집단적 차원에서 볼 수 있도록 하며, 기존의 시각을 비판적으로 재조명할 수 있도록 한다는 점에서 '비판적'이다. 개인은 개별적 존재가 아니라 사회적인 존재로 인식되고, 사적인 존재가 아니라 정치적 존재로 규정될 수 있는 입지점을 얻게 되는 것이다.

이렇게 볼 때, 사이버 학습공동체에서 이루어지는 활동은 일상성과 성찰성의 상승적 결합 속에서 유지되는 것이라고 볼 수 있다. 집단적 문제를 해결하기 위한 정치적 행동을 고안한다거나 집합행동을 위한 교육을 실시하는 것이 아니라 '일상'의 문제를 '학습자 스스로' 숙고하고, 이야기한다는 점이 두드러지는 특징인 것이다. 이러한 숙고의 과정은 일상에 대하여 '집단적 자아'의 눈으로 해석할 수 있게 됨을 의미하며, 이러한 해석의 과정은 다층적 소통을 통한 합의를 통해 이루어지고 있다는 점에서 쉽게 붕괴되지 않는 힘을 가진다. 사이버 학습공동체가 발전할 수 있는 것은 이런 역설적 과정을 통해서이다.

3. 사이버 학습공동체 구성전략

다섯 가지의 구성 원리는 개별적으로 도출된 원리가 아니라 상호관련 속에서 출현한 것으로, 나름의 구조를 가지고 있다. 이런 구조는 곧바로 사이버학습공동체의 구성 전략으로 이어질 수 있는데 집단의 창출-유지-발전이라는 시각에서 위의 논의를 표로 정리해 보면 다음과 같다.

〈표 10-2〉 사이버 학습공동체의 단계별 구성원리

	공동체의 창출	공동체의 유지	공동체의 발전
학습자의 시각으로 읽어낼 수 있는 고리	학습자가 어떻게 참여하는가?	학습자들이 어떤 관계를 맺고 있는가?	학습자들이 어떻게 성찰을 심화하는가?
기술적 기반	하이퍼텍스트성 (Hyper-textuality)	다방성(multi-way communication)	준익명성 (gmasi-anonymity)
사이버 학습공동체의 구성 원리	자기선택 및 자기결정	공환적 관계형성	역설적 과정
구성 원리의 내용	학습환경/학습동료/학습속도/학습방법의 자기선택	취향/관점의 유사성에 근거한 인간적 관심과 소통의 기쁨	온라인-오프라인/나-공동체중심성의 모순적 결합

우선, 사이버 학습공동체는 구성원들의 자기선택 및 자기결정의 과정을 통해 집단을 창출/재창출해간다. 구성원들은 인터

넷 상의 소통을 통해 무엇인가를 끊임없이 배워가는 학습자로서, 자신의 취향에 맞는 카페의 발기인이 되어 새로운 카페를 만들어내고, 새로운 메뉴나 공간을 요구함으로써 공간을 재창출해나간다. 이러한 학습자들의 태도는 학습환경에 대한 능동적 창출이자 학습동료에 대한 선택이다. 학습자들은 또한 카페에서의 활동에 자발적으로 참여하는데, 이 때 읽는 자료 및 속도, 양 등도 스스로 결정한다. 학습자들은 학술적인 자료로부터 채팅에 이르기까지 다양한 자료 중 취향에 맞는 자료를 선별하며, 학습속도 및 학습량 역시 상황 변수를 고려하여 적합하게 선정한다.

구성원들이 사이버 학습공동체를 유지할 수 있는 힘은 그들이 카페를 좋아하기 때문이며, 이렇게 좋아할 수 있는 것은 카페에서 자신의 내면을 읽어줄 수 있는 사람을 만나기 때문이다. 유사한-많은 사람들이 서로 소통하는 과정 속에서 사람들은 서로를 존중하고, 서로에게 도움이 되는 존재가 되기를 바라는데, 이는 도구적 목적이 제거된 인간적 관계맺음의 방식으로서, 공환성으로 명명될 수 있다. 즉, 유사한 취향이나 관심을 가진 학습자들은 서로 관여할 수 있는 조직만 보장된다면 적극적으로 학습에 나서게 되는 것이다.

학습집단의 발전은 근본적으로, 그 구성원인 학습자가 얼마나 학습하게 되었는가에 따라 달라진다. 사이버 학습공동체에서 그러한 발전의 기제는 모순적인 접합의 과정에서 발견된다. 인터넷 카페이지만, 구성원들은 오프라인 속에서 인터넷에 대한 학습자원을 얻고, 인터넷에서의 학습결과를 적용한다. 다양한 구성원이 얽혀있는 상황 속에서, 서로가 '나'를 강조하되 지배문화에 대한 '우리'를 형성해 가는 과정에서 자신의 태도와 생각을 변화시켜나가는 공간이다. 카페는 그러한 역설적인 상황을 수용하는 공간을 제공함으로써 학습자들은 그 안에서 자기존재에 대하여 학습하는 기회를 가지게 되는 것이다.

이러한 사실들로부터 우리는 기관의 특수한 배려가 없는 자연상황에서도 사람들은 서로를 학습자로서 존중한다는 사실을 알 수 있다. 물론 기술적 · 제도적 장치가 없는 것은 아니다. 하이퍼텍스트성이나 다방성, 준익명성 등은 기술이 파생한 특성이며, 제도적으로 '제명'이 가능하다는 사실은 상호 침해의 문제를 급속히 줄이는 효과를 가진다. 그러나 그런 장치들은 전적으로 참여자에 의해 그 성격이 규정된다. 아무리 다방성이 보장되어 있어도, 활동을 하지 않으면 다방성은 일방적 소통보다도 의미가 없으며, 제명 제도 역시 구성원들의 문제의식과 운영진의 결정이 없이는 발휘되지 않기 때문이다.

정리하는 의미에서, 구성 원리를 아우르는 하나의 해석을 제시해 보자. 그것은 카페가 하나의 놀이공간이라는 것이다. 구성원들은 왜 참여하고, 그렇게 좋아하며, 보상도 없는 학습을 하는 것일까? '놀이'라는, 학습과 관련된 인간의 본원적 욕구 때문이라는 것이다. 카페에는 아주 심각한 게시물이 오르기도 하고, 특정한 지식을 알기 위한(때로는 시험공부와 유사한) 노력이 진행되기도 하지만, 카페는 네티즌들이 즐겁기 때문에 선택한 공간이다. 거기서 사람들은 이런 저런 이야기를 하며 '논다'.

구성원들은 마치 전쟁놀이를 하는 아이들처럼, 때로는 적이 되고 때로는 동료가 되면서 편가르기를 하며 논다. 논쟁과 토론은 적대적 대립이 아니라 이런 저런 생각을 펼쳐보는 실험적 과정이다. 때로는 숨바꼭질을 하듯이 자신의 ID을 숨기기도 하고, 남들이 밝혀주기를 은근히 바라기도 한다. 가면놀이의 가면을 벗었을 때처럼, 오프모임에서 얼굴을 보며 놀라워하기도 한다. 망을 정확히 맞추었을 때의 쾌감이 적확한 사회비평을 해냈을 때 그대로 일어난다. 이렇게 보면, 카페는 어떠한 '어른다운' 목적도 없이, 그저 아이처럼 '놀 수' 있는 공간이라는 점에서 수십만의 네티즌을 동호구성원으로 끌어들이고 있다는 해석이 가능한 것이다.

조금만 따지고 보면 놀이는 공부에 비해 훨씬 역동적인 학습 과정이다. 대부분의 모든 놀이들은, 집단역학과 전략, 승부와 협력의 정신을 가지고 있다. 놀이는 삶을 즐기는 하나의 방식인 것이다. 놀이는 학습에 불가결할 뿐 아니라 그자체가 학습의 대가이다. 문제는 학교교육이 인간의 모든 활동가운데 가장 가치있다고 볼 수 있는, "개인과 문화의 종의 존속을 확보하는데 절대적으로 필요하며 성장하고 성숙하며 진화하는 데 필수적인" 학습활동(Hall, 1999: 296)을 고통스럽고, 진부하고, 지루하고, 단편적이고, 정신과 영혼을 위축시키는 경험으로 바꾸어놓는다는 것이다.

결론적으로, 네티즌들은 끊임없는 상호조율의 과정을 통해 변화해 가는 학습자로서, '파편화', '개인화', '단절화' 등의 용어로 묘사되는 전자공간을 태곳적부터 진행되어온 놀이의 영역으로 바꾸어놓은 주체이다. 사이버 공간을 학습의 시각에서 파악하는 것은 이런 점에서, 우리가 그저 지나치고 있는 대안적 학습의 양상에 한 발 접근하는 일이다.

PART 04

인터넷에 대한 평생학습적 조망

인터넷에서의 여러 활동을 교육학적으로 조명하기 위해서는 교육학이라는 '그물'이 우선적으로 마련되어 있어야 한다. 그러나 교육학이 학문영역으로 형성된 지 100여년이 지났음에도 불구하고, 교육학이라는 그물, 즉 교육현상에 대한 독자적 이론적 접근은 체계적으로 제시되지 못하고 있는 상태라는 점이다. 예컨대, 학교에 대한 경제학적-정치학적 분석은 어렵지 않게 접할 수 있지만, 일상에 대해 교육학적 분석은 좀처럼 발견하기 어렵다. 이는 새로운 일상으로 등장한 인터넷의 경우에도 마찬가지이다.

*

4부에서는 인터넷에 대한 교육학적 조명을 시도한다. 11장에서는 인터넷을 포함한 '원격'상황에서의 교육적 소통이 이루어지기 위해서는 어떤 조건이 필요한지를 따져보고, 12장에서는 인터넷에서의 학습이 가지는 특수성에 입각한 학습의 의미를 추출한다. 마지막으로 13장에서는 공학적 접근을 넘어서서 평생교육적 차원에서 원격교육을 실천하기 위한 전략을 제안한다.

chapter

11

원격매체의 교육적 소통 조건 탐색

'교육'이라는 말처럼 다의적인 경우도 드물다. '학교', '가르침', '가르침과 배움', '바람직한 인간을 키움' 등, 교육은 말하는 이의 의도에 따라 다른 쓰임새로 변용된다. 원격교육도 마찬가지다. 원격교육은 학교를 원격방식으로 모방한 것 정도로 사용되고 있다. 이 장에서는 이런 문제의식 하에 '원래적 의미에서의 교육'을 원격상황에서 실시하기 위한 조건이 무엇인지를 검토하고자 한다. '교육적 소통'을 핵심개념으로 삼은 것은, 그것이 단순한 정보전달과의 차이를 분명히 하면서 교육에 핵심적인 교육적 교섭(transaction)의 양상을 구체적으로 드러내 줄 것이기 때문이다. 우선, 원격매체의 발달에 따른 교육의 위상변화와 현재의 기술상황이 교육적 차원에서 의미하는 바를 분석하고자 한다. 이어 원격매체를 통한 교육적 소통의 개념을 정의하고, 교육적 소통을 위한 조건을 정리하기로 하겠다.

1. 교육-테크놀로지의 위상-결합방식

1) 교육매체에 대한 관점

매체란 라틴어의 'medius'에서 유래한 말로서, medius는 '사람과 사람 사이를 매개하는 어떤 것'을 총칭한다. 곧 언어에서 의복, 컴퓨터에 이르는 거개의 인공물(artificial)이 매체로 해석될 수 있다. 물론, 보다 좁은 의미의 매체란, 정보의 원천과 수신자 사이에서 정보를 전달하는 수단이나 방식을 일컫는다. 여기서 중요한 것은, 정보를 전달하는 수단에는 항상적으로 정보를 재현하는 방식이 내포된다는 점이다. 예컨대, 전화로 전달된 정보는 상대방의 음성과 전화할 당시의 분위기가 담겨있다는 점에서 필체만을 담은 편지가 전달하는 정보와 다르다. 이런 점에서 미디어는 그 자체로 하나의 메시지(McLuhan & Fiore, 2005)인 것이다.

교육학적 관점에서 보면, 매체는 교수자와 학습자를 명시적으로 연계하는 수단이나 방법을 말하는 것으로, 교수매체란 교수-학습 과정에서 송신자인 교사와 수신자인 학습자 사이에 정보를 전달하여 상호간에 의사소통을 가능하게 하는 수단과 방법으로 정의된다. 예컨대, 학교에서 학생들에게 인터넷으로 과제를 제출하도록 할 경우, 인터넷은 하나의 교수매체라고 볼 수 있다. 매체가 가지는 '매체 자체의 메시지성'을 고려한다면, 교수매체는 각 매체에 따라 다른 교육효과를 수반하면서 교육의 장면에 개입한다고 볼 수 있다. 예컨대, 책은 학습자의 전적인 노력을 수반할 경우에만 학습효과를 낼 수 있으며, 텔레비전은 학습자가 다소는 냉담한 상태에 있는 경우에도 학습자에게 쉽게 교육내용을 전달할 수 있는 차가운 매체(cool media)라고 볼 수 있다. 이는 매체가 단지 영상이냐 문자냐와 같은 접속국면차원에서가 아니라, 학습자와 더불어 사회문화적으로, 그리고 맥락적으로 분석되는 것이 필수적임을 말해준다(Schramm, 1977).

이런 시각에서 보자면, 지금까지의 교육매체에 대한 이론적 접근은 다분히 기술중심적이었다고 볼 수 있다. 예컨대 교육매체에 대한 시대구분 연구를 보자. 교육매체의 구분을 비교적 체계적으로 정리한 학자는 게리슨이다. 게리슨(Garrison, 1985)은 원격교육의 발달과정을 원격교육의 개념화와 기술혁신을 중심으로 3단계로 구분하면서, 제1세대를 학습자료를 체계적이고 과학적으로 만들어 우편, 라디오, 텔레비전 등으로 전달하여, 학생들이 학습자료를 내면화했는지 평가하는 세대로 규정하였고, 제2세대를 통신회의를 활용하여 둘 또는 그이상의 집단이 소통하는 세대로 정리하였다. 현재의 원격교육은 제3세대로서, 이들은 원격교육을 컴퓨터와 인터넷을 통한 교육으로 정의한다. 즉, 전반적으로 사람들이 원격교육을 어떤 방식으로 규정하였는가라는 차원의 원격교육의 개념 변화에 주목하지 않은 것은 아니지만 기술중심의 접근이라고 볼 수 있다. 이런 게리슨의 구분은 로전과 무어의 세대구분으로 이어져 체계화되는데(Lauzen & Moore, 1989), 이들의 구분도 원격교육의 발전을 통신, 통신회의, 컴퓨터에 기초, 컴퓨터 네트워크의 4단계로 구분하는 기술발달 중심의 구분이라는 특징을 강하게 띠고 있다.

우리나라의 경우 원격교육의 세대구분은 게리슨의 논의보다 좀더 기술중심적이다. 가장 대표적으로 인용되는 정인성의 논의를 보자(정인성, 1999). 여기서 제1세대는 인쇄매체를 통한 통신교육의 단계로서, 학습자는 교사와 학습교재 등의 인쇄자료를 통해 상호작용하는 것으로 상정되며, 제2세대 원격교육은 인쇄매체 및 여러 발달된 매체를 활용한 다중매체 통신교육의 단계로서, 학습자는 인쇄에서 텔레비전에 이르는 멀티미디어를 활용하여 상호작용하게 된다. 제1세대 원격교육과 다른 점은 제1세대의 인쇄매체가 가지는 단점이 보완된다는 점이다. 제3세대 원격교육은 컴퓨터 커뮤니케이션을 통한 교육이다. 게리슨이 개인학습자의 학습과 통신회의를 통한 집단적 학습을 구분하게 된 것은 그가 일정정도 학습자의 상호작용을 세대구분에 적용하였음을 의미한다. 그러나 정인성의 경우, 원격교육의 구분은 학습자가 학습하는 방식의 차이에 따른 구분이라기보다는 기술의 발달을 시대 순으로 반영한다. 이런 경향은 교수매체를 인쇄, 청각, 시각, 컴퓨터로 구분하는 키간(Keegan, 1983)의 경우에도 유사하게 나타난다.

우리가 주목해야 할 것은, 교수매체 분석에서 매체가 학습자에 대하여 갖는 사회문화적 의미는 제외되어 왔다는 점이다. 학습은, 학습자의 생활맥락과 떨어져서는 진행될 수 없는 문화적 현상이고, 매체는 가르칠 내용을 전달하는 것을 주요한 기능으로 삼고 있는 경우에도 매체가 기존에 활용되어왔던 경험과의 연장선상에서 학습자에게 받아들여진다. 즉, 매체를 바라볼 때 그 매체가 활용되는 맥락 및 학습자와 매체가 맞닿는 방식에 대한 통찰 없이는 '교육적'으로 사용하기 어려운 것이다. 교수매체에 대한 기술중심적 접근은 필연적으로 탈맥락적으로 '개발된 기술 자체'에 주목하게 함으로써 매체의 활용맥락을 간과하게 하는 결과를 낳게 되고, 활용맥락에 대한 문화적 분석이 없는 연구는 결국 매체의 특징을 단순 기술하는, 다분히 당위적인 연구에 그치는 결과를 초래하게 되는 것이다.

2) 인터넷의 교수매체적 활용방식

인터넷이 원격교육의 대명사로 부상하게 되는 1990년대 이후 원격교육담론 차원에서 진행된 큰 변화가운데 하나는 원격교육을 면대면 교육 '이상'의 효과를 가지는 교육으로 보기 시작하였다는 점이다. 인터넷의 다매체성 및 상호작용의 다차원성으로 인하여, 교육의 장면에서 면대면교육보다 오히려 나은 교육적 지원이 가능하게 되었다는 것이다. 물론 이런 시각이 학습자가 '무엇을', '어떻게' 학습하는가보다는 '얼마나 빨리', '얼마나 많이' 학습했는가를 주로 다루고 있지만, 그럼에도 불구하고 인터넷의 등장이 교육장면의 지평을 극적으로 확대했다는 점은 누구도 부인하기 어려우며, 따라서 긍정적 차원에서 원격교육을 바라보는 시각이 일반화되기 시작한 것이다.

구체적으로, 정보통신기술의 발달은 정보의 전달과 저장, 접근에서 상당한 변화를 가져왔다(Wright, 1993). 그래픽 인터페이스는 교육적 차원에서 학습자들의 접근권을 신장시켰고, 온라인/그래픽 데이터베이스는 교수과정에 있어서의 툴 제작 및 풀 텍스트/그래픽의 복구를 용이하게 하였다. 대안적 입출력 하드웨어와 소프트웨어는 터치스크린, 목소리입출력, 비디오와 그래픽을 제하여 면대면에 버금가는 상호작용을 가능하게 하였고, 원격 소통장치는 속도와 원격 데이터베이스에 대한 저렴한 접근권을 보장하였으며, 정보창출과 조작을 위한 새로운 소프트웨어는 저작 시스템의 단순화와 인공지능 프로그램의 간단화를 통해 다차원적 학습내용을 제공할 수 있게 해주었다. 이는 기술의 발달이 얼마나 '급속하게' 교육내용의 제공영역을 확장하는가에 대한 제시로서, 연구의 관심이 인간의 학습현상보다는 제공자에 있음을 보여준다.

하드웨어/소프트웨어 차원의 기술력이 교육에 미치는 영향 분석이 교육자료의 제공이나 접근권에 관심을 두고 있다면, 1990년대 중반 이후로는 휴먼웨어차원의 관심이 연구의 주축을 형성해 왔다. 학습자와의 상호작용이라든가, 학습자 차원에서 테크놀로지가 어떻게 작용하는가 등에 대한 관심이 이에 해당된다고 볼 수 있는데, 예컨대 메이필드 등은 컴퓨터 테크놀로지를 통해 언어학습능력이 신장되고 있음을 보고하였고(Mayfield-Stewart et al. 1994), 이러닝을 통해 비판적 사고력 및 정보조작과 문제해결, 의사소통과 사고의 재현능력이 재현된다는 점도 연구의 결과로 제시되었다(Means & Olson 1994). 전자적 자료의 사용을 통한 동기

부여와 자신감의 신장(Borgman, Hirsh, Walter and Gallagher1995: Mendrinos, 1994), 사고기술, 단어발달, 대화능력의 증대(Morton, 1996), 그리고 지식의 급속한 증대(Suthers and Hundhausen 2001) 등 지적-정의적 차원에서 테크놀로지의 도입으로 다양한 학습효과가 나타나게 되었음이 제시되었다.

우리나라의 경우에도 사정은 크게 다르지 않아서, 원격교육 관련 연구의 중심적인 영역 역시 주로 학습효과와 관련된 것이다. 다만 그 초점은 인터페이스의 구성전략에 따라 학습효과가 어떻게 달라지는지 라든가(백영균, 2000), 멀티미디어를 이용한 수업에서의 효과 및 그 한계(이준, 2001), 웹 설계방식에 대한 효과(임철일, 2001)와 같이, 기술에 의해 새롭게 열린 수업설계의 효과성에 두어지고 있다고 볼 수 있을 것이다.

우리가 주목해 보아야 할 점은, 이런 연구들이 대부분 특정한 능력을 선정한 후 정보통신기술을 활용한 학습이 효과적이었다는 식의 해석을 하고 있다는 점이다. 사실상 이러닝과 같은 정보통신기술을 이용한 학습은 닫힌 공간에서의 교육이 아니기 때문에 학습자의 생활맥락에 대한 이해가 필수적이며, 따라서 학습결과에 대한 측정 역시 교육기관에서의 학습과는 다른 방식으로 이루어져야 한다. 곧, 학습자집단이 가진 특성 및 조건에 대한 분석 위에서 그 과정과 결과가 분석되어야 학습자에 대한 교육적 판단이 가능하지만, 현재의 연구추세는 이런 특성이 반영되어 있지 못한 것이다.

이런 점에서 뉴만(Neuman)의 연구는 주목해 볼 만하다. 그는 이러닝에서 정보의 정교화, 복잡성, 특수성이 지나쳐서 학생의 수준에서 필요한 내용이 전달되지 않는다고 비판하면서 부적합한 도메인 지식은 학생들이 성공적으로 정보를 찾아내는 능력을 저해하고, 검색 용어를 효율적으로 선택하는 능력을 저해한다고 보았다(Harada, 2003). 카파이 등(Kafai and Bates 1997)도, 어린 학생들은 모든 것이 인터넷에 있다고 여기고 있으며, 이런 태도가 정확성이나 적합성과 같은 범주를 적용하는데 실패하게끔 한다고 보았다. 학생의 배경지식 수준은 그들이 필요로 하는 자원의 유형뿐 아니라 그들이 최종적으로 도달해야 하는 정보와 자원의 적절성도 결정한다는 것이다(Gross, 1997; Hirsch 1997).

이런 시각에서 보면, 인터넷의 등장으로 인한 '기술'에 대한 관심은 특정한 기술이 유발할 수 있는 교육적 '가능성'을 제시하기는 하지만, 정작 '학습'을 증진시키지는 못한다는 것이 명확하다. 학생이 어떤 영역지식을 가지고 있는지의 문제라든가, 기술활용을 할 수 있도록 돕는 일, 정보검색을 위해서는 사실상 문제의 범주 간 관련을 이해해야 한다는 것 등을 주지하는 것은 정보통신기술의 효과를 최종적으로/선제적으로 결정하는 영역이라고 볼 수 있을 것이다. 결국 중요한 것은 기술력이 아니라 현재의 학습자들에게 어떤 핵심적 지식이 필요하며, 학습이 맥락-정보통신의 교감 속에서 어떻게 진행되는가에 대한 발견이다.

3) 차세대 매체, 유비쿼터스 컴퓨팅과 교육

그간의 원격교육이 면대면교육과 상치되는 의미를 가지고 있었다면, 이러닝에 이어 등장한 유러닝(u-learning, u-biguitous learning)

은 유비쿼터스 컴퓨팅 기술을 이용한 교육으로, '보이지 않게 생활에 스며들어 있는' 컴퓨터 네트워크를 이용하여 학습자가 개별적 요구에 입각하여 편재적인 학습을 수행하게 되는 것을 의미한다(정민승, 2005). 유비쿼터스 컴퓨팅은 보이지 않는(비가시성), 동시에 어디에나 있는(편재성) 컴퓨터를 통해 작업을 수행한다는 점에서 이전의 컴퓨팅과 차이를 가진다. 우선 컴퓨팅의 비가시성(invisibility)이란 컴퓨터가 소형화 된 나머지 '보이지 않게 된' 상태를 의미한다. 예컨대 손톱만한 컴퓨터칩이 사물에 내장되어 있을 경우, 사람들은 그 사물에 대한 정보 및 사물에 대한 조작을 네트워크를 통해 할 수 있게 되고, 따라서 컴퓨터의 생활 밀착성은 높아지게 된다. 휴대성에서 좀더 나아간 개념으로서의 비가시성은, 실제로 인간이 '컴퓨터'라는 대상화된 존재를 인식하지 않도록 해주는 조건이 되는 것이다.

여기에서 좀더 나아가게 되면, 사람들은 '어디에나' 컴퓨터가 있기 때문에(pervasiveness) 주변 물리적 환경 속에 컴퓨터를 사용하게 됨으로써 컴퓨터를 뚜렷한 기술로 인식할 수 없게 된다. 사이버 공간이 인터넷 안에서의 '가상세계'라는, 다소 현실과 동떨어진 세계를 구축하고 있다면, 유비쿼터스 컴퓨팅은 컴퓨터를 통해서가 아니라, 일상 속에 내장되어 있는 컴퓨팅 시스템을 통해 현실세계를 가상화할 수 있게 되는 것이다. 즉, 사용자가 컴퓨터가 존재하는 것을 의식하지 않으면서도 자연스럽게 컴퓨터를 사용할 수 있어야 한다는 것이 유비쿼터스 컴퓨팅의 조건이다.

따라서 유비쿼터스 컴퓨팅은 유비쿼터스 네트워크의 구축을 전제로 한다. 사실상 컴퓨팅의 핵심이 네트워크에 있음을 명확히 하면서 노무라 연구소에서는 유비쿼터스 네트워크를 전면적으로 사업화 한다. 구체적으로 유비쿼터스 네트워크란 고정-이동, 유-무선, 인터넷-방송이라는 영역을 넘어 이용 장소에 관계없이 상시 접속이 가능한 모바일 특성을 갖춘 브로드밴드 네트워크를 전제로, 대형범용컴퓨터에서 휴대폰에 이르기까지 여러 물체에 부착한 전자태그 등 각종 정보기기나 센서가 IP 등의 프로토콜을 이용해서 서로 연결된 상태로, 문자나 숫자, 동영상이나 음성을 가진 콘텐츠, 이용자의 수요에 맞춘 솔루션, 안전한 정보의 송수신, 다양한 플랫폼 등에 활용 가능한 IT 환경을 말한다(김완석 외, 2003).

이렇게 '보이지 않고 휴대 가능한' 것을 특징으로 하는 유비쿼터스 컴퓨팅 개념은 마크와이저[1])가 창안한 것으로, 컴퓨터의 도래와 더불어 '일보다는 컴퓨터 기술 익히기'에 몰두해야 하는 정보사회의 상황을 '인간중심의 컴퓨팅 기술'로 바꿔보고자 하는 의도에서 출현한 개념이다. 컴퓨터 자체가 아니라 일의 본질에 신경을 쓸 수 있는 환경을 창출해 주자는 것이다(김재윤, 2003).

일반적으로 유비쿼터스 컴퓨팅 기술의 발전 방향은 모바일화, RFID에 기반한 실시간 모니터링, 센싱기술 등을 기반으로 한 지능화, 모든 활동에 대한 기술의 내재화 등을 특징으로 한다(한국전산원, 2004). 이렇게 유비쿼터스 컴퓨팅 기술은 사람들이 언

1) 마크 와이저(Mark Weiser)는 PARC(The Palo Alto Research Center)에서 근무했던 1988년 유비쿼터스 컴퓨팅을 위한 연구를 시작하였다. 그리고 1991년 9월 ScientificAmerican에 그의 논문을 발표하였다. 그 제목은 "The Computer for the 21st Century"였으며 여기에서 유비쿼터스 컴퓨팅이라는 용어와 개념이 처음 사용되기 시작했다. 논문에서 그는 '가장 심오한 기술은 사라지는 것'이라고 밝히고 있다(www.ubiq.com/hypertext/weiser/ SciAmDraft3.html).

제(any time) 어디서나(any place) 원하는 정보를 이용할 수 있도록 할 뿐만 아니라, 적시(right time), 적소(right place)에서 정확한 정보(right thing)를 적절한 방법(right way)으로 제공받을 수 있게 하는 기술이라는 점에서, 개별화된 학습 환경은 학습자의 생활 세계를 장악 혹은 내재하게 된다(Ogata & Yano, 2004).

다소 극단적으로 말하자면, 유비쿼터스 컴퓨팅은 학습자의 일상생활에 컴퓨터 칩이 깊숙이 박혀있는 상태에서의 학습을 가능하게 하는 것이라고 볼 수 있다. 이는 한편으로 모든 생활 및 선택이 통제될 수 있다는 점에서 개인단위 학습주체의 소멸로 나아감을 의미할 수도 있고, 다른 한편으로 보다 많은 사람이 학습자원에 대한 접근권을 가진다는 점에서 전 생활의 학습화로 나아갈 수 있음을 의미하기도 한다. 교육학적 차원에서 보자면, 문제는 유비쿼터스 기술에 대한 '교육적' 전유보다는 유비쿼터스 기술의 '교육장면에 대한 적용'이 일반화되어 있다는 점이다. 실제로, 학교장면에 대한 유비쿼터스 기술 적용은 학생들에게 모바일 컴퓨터를 사용하여 수업을 하도록 한다는 점에서 교사에 대한 또 하나의 업무 부담으로 작용할 수도 있다.

이런 점에서, 학습과 생활이 완벽하게 결합되어 있는 상태가 유비쿼터스 컴퓨팅(네트워크) 사회라고 볼 수 있음에도 불구하고, 주체가 되는 '시민=학습자'가 어떻게 학습주체로서의 자신의 권한을 보장받을 수 있는지, 학습자원(resource)의 생성 및 접근은 어떻게 가능한지에 대한 논의는 학습자의 권한에서 출발하는 학습사회를 위해 필수적인 절차가 되어야 할 것이다. 안타깝게도 현재의 상태는 충분한 기술의 전유방식 설정이 되지 않은 상황에서 유비쿼터스 도시 등 정책입안이 이루어지고, 기술에 대한 소외계층의 실질적 접근권이 얼마나 보장되어 있는가, 소수에 의한 정보집중이 제어될 수 있는가 등의 핵심적 문제가 뒤로 미루어지고 있다는 점에서, 여전히 학습/학습자보다는 기술/성취 중심의 교육'사업'이 진행될 가능성이 높다고 볼 수 있을 것이다.

2. 교육적 소통의 필요조건

앞서 우리는 현재까지의 교수매체에 대한 관심이 '교육'을 중심에 놓고 있기보다는 '기술'을 중심에 놓고 있음을 살펴보았다. 교육을 중심에 두고 사고하는 것은, 달리 말하면 인간을 중심에 두고 사고하는 것이다. 물론 생산력이나 성과, 경제성장 등이 내생적으로 '비인간적'인 속성을 지닌 것은 아니다. 그러나 하버마스가 '체계'와 '생활세계'를 구분한 것처럼, 각 영역은 영역 나름의 성장논리/법칙을 가지고 있다. 예컨대 정치적-경제적 성취는 뚜렷한 '도구적 합리성'을 통해 실현가능한 반면, 인간적 성장과 같은 일상적 성장은 목표를 설정하고 성취하는 도구적 합리성과는 구별되는 '의사소통적 합리성'의 구현을 통해 가능하다. 이런 구분을 염두에 두고 보면, 교육 영역은 절대적 기준에 의해 결과가 산출되고 평가가 이루어지는 도구적 영역이 아니라 개개 학습자의 특성에서 출발하여 상대적 성취와 진전이 존중되는 소통적 영역이라고 볼 수 있다. 그렇다면 교육적 소통은 구체적으로 어떻게 정리할 수 있는가? 이는 크게 다음과 같은 세 가지 특성을

통해 정리해 볼 수 있을 것이다.[2)]

1) 교육적 소통은 주체-주체의 관계를 생성한다

소통은 관계 위에서, 동시에 관계를 재생산하면서 진행되는 상징적 차원의 상호작용이다. 소통은 관계라는 하드웨어를 전제로, 하드웨어를 작동하게 하는 소프트웨어이다. 교육적 소통이란 교육적 관계 안에서 일어나는 다양한 방식의 언어적-비언어적 내용의 교류를 말하는 것으로, 교육적 관계를 성립시키거나 강화시키는 인간의 상호교섭적 행위이다. 곧, 교육적 관계의 유지를 위해서는 소통이 필수적이며, 교육적 소통을 위해서는 교육적 관계가 선행될 필요가 있다.

현재까지 교육적 소통에 대한 논의는 교육의 렌즈로 소통을 바라보았다기보다는 '의사소통과 교육'과 같이 병렬적으로 제시되어왔다. 이는 교육을 학교와 같은 교육현장 개념으로 바라보는 시각으로, '의사소통이론이 교육현장에 어떻게 적용될 수 있는가'와 같은 연구관심을 가지고 있다. 교육적 소통은 이와 달리, '교육이라는 가치를 소통 속에 구현하고 있는 소통'에 주목하는 개념이다. 그러므로 교육적 소통에 대해 질적으로 규정하기 위해서는 교육본위적 시각이 필요하다고 할 수 있다.

교육본위적 시각으로 교육적 관계를 정의하면서, 양미경

2) 개념정립이 미비한 상태에서 특정 개념을 정의하기 위해서는 다음 몇 가지 추진방식이 유용하다. 첫째, 타개념과의 비교를 통한 정의, 둘째, 개념의 활용방식에 대한 정의, 셋째, 개념의 속성에 대한 정의. 이 글에서는 기존의 '소통', '교육적 관계', '교육의 재개념화' 등의 문헌을 기반으로 해석학적 순환을 통해 도출한 세 번째 정의방식을 택하기로 한다.

(2002: 182)은 "교육적 관계는 자발적이고 내면적 요청에 의해 형성-유지되는 것으로, ... 자신의 잠재적 위대성을 실현시켜 좀더 높은 세계의 실재성과 접하려는 의도"로 유지되는 관계라 정의한다. 교육적 관계는 서로가 상대의 교육적 요구에 응하기 위해 형성하는 것으로서 서로간의 이해가 일치되는 한 유지되고, 그 이해가 충족되지 못하면 와해되는 관계라는 것이다. 필자는 여기에 주객모델의 위치성을 전제로 주체-주체의 관계가 창조되어 나가는 관계라는 특성을 추가하고자 한다. 즉, 교육적 관계는 가르치는 자와 배우는 자가 주체와 객체라는 위치설정을 가지고 출발하나, 그 소통의 과정에서는 주체와 주체의 전면적 결합이 이루어지는 관계라는 특성을 갖는다는 것이다. 좀더 구체적으로 분석해보기로 하자.

우선, 교육적 관계가 성립하기 위해서는 가르치는 자와 배우는 자의 일정한 격차가 필요하다. 내용전문성이건 경험상의 차이건 간에, 배우는 자가 가르치는 자에 대해, 그가 자신을 '가르칠 만한 사람'이라는 것을 받아들일 때 교육적 관계가 성립된다. 즉, 교육적 관계는 가르치는 자의 우월성을 전제로 성립되는 관계이다. 더불어 배우는 사람은 자신을 가르침의 '대상'으로 내어놓을 수 있는 겸허함을 가지고 있어야 한다. 자신에 대해 배움이 각인될 수 있도록 허락하는 것, 자신이 가르치는 사람의 전적인 영향 하에 있도록 허락하는 것은 교육적 관계의 또 하나의 성립조건이다.[3] 이런 점에서 서양철학에서의 주객모델과는 차별적

3) 문제는 상당수의 제도교육의 경우, 교육적 관계가 제도로 화(化)하게 된다는 데 있다. 가르치는 자가 자신의 우월함의 근원을 '제도', 예컨대 교사자격증이나 강사의

인, 대상 그자체가 스스로 대상이 될 것을 선택하는 주체-객체의 모델이 교육적 관계의 성립조건이 된다고 볼 수 있다. 이것이 교육적 관계가 '주체와 객체의 위치설정'에서 출발한다고 보는 이유이다.

그러나 선생이 늘상 주체이고 학생이 늘상 객체로 남아있는 관계는 소외된 제도적 관계는 될지 모르나, 교육적 관계라고 볼 수는 없다. 교육적 관계는 우월성-객체성의 출발점 관계를 주체-주체의 전면적 만남으로 바꾸는 관계이다. 이는 부버의 나-그것의 관계가 나-너의 관계로 바뀌는 국면이기도 하다. 타자와의 관계를 객체적 관계에서 주체-주체의 관계로 바꾸기 위해서는 이미 자신 안에 들어와 있는 타자에 대해서 자신의 중심성을 비우고 자리하도록 해주어야 한다. 학습자가 '객체'로서 자신을 내어놓는 다는 것은 교육자에 대한 믿음을 말해주는 것이고, 이런 학습자에 대해 교육자는 자신의 중심성을 비우고 온전히 자신의 중심에 학습자가 존재할 수 있도록 자신의 이해관계나 개인적 관심 등을 버리게 된다. 이때가 '교육적 관계'가 이루어지는 순간이다. 이런 교육적 관계는 교육자가 학습자의 '열등함'을 학습자의 관점에서 극복할 수 있도록 자신을 버리는 과정을 통해 성립될 수 있다. 학습자가 객체적 존재로 자신을 내어맡긴 것과 마찬가지로 교육자는 학습자를 위해서만 존재하는 비어있는 존재가 되어야 하는 것이다. 이는 약자에 대한 연민에서 출발하는, 생각이나 판단 이전의 행동을 말한다. 약자가 더 잘 살아갈 수 있도록 돕고

지위 등에서 찾고, 배우는 자에 대하여 열등한 자아규정을 강요하게 될 경우 교육적 관계는 사라지고 소외된 주객모델만이 남게 되는 것이다.

자 하는 것, 자신의 우월함을 나눠 어려움을 극복할 수 있도록 하는 것, 이런 종류의 행동이 객체화된 학습자를 다시 주체로 세우는 교육적 행위인 것이다(Manen, 1990).

교육적 소통은 이런 교육적 관계를 성립시키고 강화시켜가는 상호적 행위이다. 학교에 아이를 맡기면서 서양에서 'in loco parentis'라고 한다거나 우리나라에서 '사람구실하게 만들어주십시오'라고 말하는 것은, 아동의 권한을 위임받은 부모가 아동의 교육적 객체성을 교사에게 전달하는 언어적으로 관행화된 진술이라고 볼 수 있다. 교사는 부모로부터 아이를 건네받으면서, 아이를 주체로 키워나갈 의무를 함께 위임받게 되는 것이다.

교육적 소통은 학습자로부터는 자신의 무지를 인정하고, 자신의 향상의지를 드러내며, 교육자를 존경하는 과정을, 교육자로부터는 학습자에 대한 연민과 향상에의 의지를 드러내고, 우월함을 입증하며, 명료한 지도력을 드러내는 과정을 수반한다. 주-객의 위치설정을 전복하지 않으면서 주체-주체간의 전면적 만남을 가능하게 하는 것이 바로 교육적 소통인 것이다.

2) 교육적 소통은 차별화-동질화의 나선형적 상승과정이다

소통은 항상 내용수준과 관계수준을 생산-재생산한다. 내용수준은 메시지의 내용을 말하며, 이는 곧 가르치고 배우는 지식이나 기술, 태도 등을 말한다. 교육자와 학습자는 내용수준의 생산, 즉 학습자의 새로운 의미창출이 없이는 교육적 관계를 맺을 수 없다. 대개 교육이 진행된다고 할 경우 우리는 쉽게 내용의 전달과 습득을 떠올리는데, 이것이 바로 내용수준의 생산이다.

그러나 교육적 관계에서 더욱 중요한 것은 관계수준의 생산-재생산이다. 발화가 단지 의미전달에 그치는 것이 아님은 오스틴의 화행론 논의(장석진, 1987) 이후로 상식적이 되었거니와, 호칭 및 발화의 방식에 따라 관계는 끊임없이 변화한다. 담화(discourse)가 권력이 집행되고 권력투쟁이 이루어지는 주요 단위로 설정되기도 하는 것은 바로 언어적 소통이 관계를 생산-재생산하기 때문이다. 자신을 표현하는 방법은, 자신이 의사소통하는 것에 대해 타인과 자신이 어떻게 느끼고 있는가에 영향을 미치며 이는 동시에 자신과 타인의 관계를 재생산한다. 소통의 과정은 자기정체성의 반영과정이자 자기정체성의 형성과정인 것이다.

이런 시각으로 보면, 교육적 소통은 특정 소통을 통해 교육자와 학습자의 관계를 생산-재생산하는 효과를 낳는 소통이라고 볼 수 있다. 그렇다면 교육자와 학습자의 관계를 생산-재생산한다는 것은 무엇을 말하는가? 이는 한편으로 소통을 통해 교육자는 자신을 교육자로, 학습자는 자신을 학습자로 재규정하면서(관계의 재생산) 다른 한편으로 처음/이전단계의 관계와는 사뭇 다른 관계규정이 생산되는 것을 의미한다. 우선 교육자와 학습자 관계의 재생산부분을 보자. 교육자는 가르치는 과정을 통해 자신의 우월성을 입증하고 가르치는 자로서의 위치를 확인/강화한다. 반면 학습자는 교칙을 따른다거나 수업시간에 '듣기' 등의 역할을 수행하며 나타나는 것과 같이 '배우는 자'로서의 행위를 재생산함으로써 자신의 위치를 확인한다. 교육자와 학습자의 위치규정 및 교육적 격차는 사회문화적으로 상당한 차이가 있지만, 매우 평등한 교육자-학습자의 관계에서도 교육자는 학습자를 돕고 '이끌어가는 자'로서의 자기규정을 생산해 낼 때에만 교육자이다.

그러나 전형적인 교육자-학습자의 관계가 재생산되는 것만으로는 교육적 소통이 이루어진다고 보기 어렵다. 교육자와 학습자가 자신의 위치를 재생산하는 동시에 상대방의 위치를 포함하는 과정을 통해 위치의 지평을 넓히는 과정이 수반되는 것이 다른 하나의 필요조건이다. 다시 말해 학습자가 자신을 배우는 자로서 위치지우지만 동시에 가르치는 자의 지식이나 태도를 전유하는 과정을 통해 가르치는 자의 지평을 획득하고, 이 과정에서 교육자와의 관계설정이 새롭게 이루어진다면 이는 기존의 교육적 관계의 단순한 재생산을 넘어 새로운 관계의 생산으로 나아가는 국면이라고 볼 수 있다. 마찬가지로, 교육적 소통을 통해 교육자는 교육자로서의 자신의 부족함을 인식하고 학습자로서의 정체성, 즉 '끊임없이 배우는' 교육자로서의 정체성을 획득하게 될 때 교육적 관계가 제대로 확립된 것이라 볼 수 있다. 따라서 우리는, 교육적 소통에 대하여 교육자와 학습자가 상호 교차적인 인식영역을 가질 수 있도록 하는 상징적 상호작용이라고 정의할 수 있을 것이다.

이런 교육적 소통은 기본적으로 동질성과 차별성의 결합을 통해 진행될 수 있다. 비고츠키의 비계설정논의에서 논증되는 바와 같이(Wertsch, 1995), 교육적 접합의 과정은 '너무 동질적이지도, 너무 이질적이지도 않은 한 단계 앞선 결합'이다. 학습자가 교육자와 근본적으로 동질감을 느끼되, 교육자의 일정한 정도의 우월성이 입증될 때, 그리고 역으로, 교육자가 학습자로 하여금 자신은 충분히 도전할 수 있는 존재라는 것을 명확히 느끼도록 하는 소통이야 말로 교육적으로 최적의 소통이라고 볼 수 있는 것이다.

이는 교육적 소통이 교육자와 학습자의 나선형적 상승의 특정한 지점을 차지하고 있음을 말해준다. 교육자와 학습자가 구조적으로 결합되어 보다 넓은 지평을 획득해 가는 과정이 교육적 소통의 주요 영역을 차지하게 되는 것이다. 교육적 소통에 성장의 속성이 매우 중요하다는 점은, 교육자와 학습자가 '학생' 혹은 '교사'라는 호칭에 적합하게 제도적으로 스스로를 재생산하면서도 얼마든지 비교육적일 수 있다는 사실을 떠올리면 보다 명확해진다. 교육자가 스스로를 배우는 자로 인식하지 못하고, 학습자가 지식의 생산자로서의 태도를 갖지 않을 경우, 교육자와 학습자의 구조접속은 오래 유지될 수 없으며, 교육적 소통 역시 중단되고 만다.

3) 교육적 소통은 체제적-직관적이다

넓은 의미에서 소통은 "상징을 가지고 진행되는 인간 상호작용에서 의미가 창조되고 반추되는 역동적이고 체계적인 과정"(Wood, 1992: 162)으로 정의된다. 인간은 상징을 사용하는 피조물이며, 상징은 추상성 및 임의성을 동반한다. 구체화된 사물로부터의 거리가 사유의 영역을 생성하는 것이다. 이렇게 인간 상호작용이 상징적이기 때문에, 직접적이고 자동적인 반응(response)이 아니라, '자기 나름대로' 해석해야 하는 영역이 생겨나게 된다. 여기에 개별자간 해석의 편차가 생겨난다. 그러나 해석이 임의성을 가지고 있다고 해서, 완전하게 자유로운 해석이 가능한 것은 물론 아니다. 개인이 속한 사회집단이나 특정한 준거집단은 해석의 기준을 제공한다. 소통은 특정한 상황이나 시스템 안에서 일어나며, 따라서 상황이나 체제에 대한 이해 없이는 소통의 정확한 의미를 파악할 수 없다. 이런 점에서 모든 소통은 체제적(systemic)이다.

교육적 소통 역시 특정한 상황맥락 속에서 일어나며, 총체적 이해를 필요로 하는 체제적 활동이다. 교수설계에서 '체제모델'의 도입을 통해 학습자분석에서 학습결과에 이르는 전 과정을 '체제'의 관점에서 총체적으로 이해하고자 했던 것은 체제적 이해가 교육장면의 이해에 핵심적임을 드러낸다(김홍래·임병춘, 2000). 교육적 소통이 교육활동 전반의 혈류로서 작용하고 있음을 염두에 두면, 보다 적극적인 소통이 일어나도록 하기 위해 해당 교육상황에 대한 체제적 이해를 하는 것은 필수적이다.

이때 중요한 것은, 조직적 편제와 달리 소통은 끊임없이 생성되고 소멸되는 일종의 '흐름'이라는 점이다. 즉, 교육적 소통은 '그 순간'에 하나의 발화가 어떤 의미로 이해되고 있는지를 총체적이고 직관적으로 이해하는 능력을 전제로 하여 이루어지는 즉시적인 상호작용을 전제로 한다. 일상언어학자들의 말처럼, '언어는 맥락에 따라 전혀 다른 의미를 가지고 있기' 때문에 특히 교육자는 교육적 소통을 위해 상황과 학습자에 대한 총체적인 이해를 갖추고 있어야 하며, 동시에 즉각적이고도 적합한 반응을 보이는 것이 필요한 것이다. 이런 점에서 맥락과 분리되어 존재하는 '교육적 언어'는 없다(김지현, 1991). 때로는 대단히 무례한 용어가 학습자에 대한 자극을 위해 필요하며, 때로는 자기반성적인 언어가 매우 피상적으로 작용할 수도 있기 때문이다. 이런 점에서, 교육적 소통은 소통이 이루어지는 상황 및 주체에 대한 체제적 이해를 토대로 지속적으로 일상적 대화를 교육적 대화로 전이시켜내는 상호교류라고 볼 수 있다. 일상적 대화가 대화자 간의 생활을 단순재생산하기 위해 복무한다면, 교육적 대화는 비일상적 체험/자극을 통해 대화자를 상식적 사고에서 벗어나도록 한다는 특징을 가진다. 따라서 예컨대, 적절하지 않은 질문에 대하여 침묵하는 것과 같은 비언어적 표현은 중요한 교육적 소통의 한 사례라고 볼 수 있다. 이제, 가설적으로 도출한 세 가지 속성을 토대로 원격매체를 통한 교육적 소통을 위해서는 어떤 조건이 필요한지를 정리해보기로 하자.

3. 원격매체를 통한 교육적 소통을 위한 조건

앞에서 정리한 교육적 소통의 세 가지 속성은 1) 주체-주체관계의 생산, 2) 나선형적 성장지향 3) 체제적-직관적 소통으로 정리될 수 있다. 그렇다면 원격교육에서 이 세 가지 소통조건을 구현하는 것은 어떤 어려움이 있으며, 따라서 어떤 조건을 마련하는 것이 필요할 것인가? 각각을 살펴보기로 하자.

1) 메시지의 인격화

현재 원격교육이 작동되는 방식에 주목한다면, 앞서 제시한 교육적 소통의 세 가지 속성은 원격교육에서 구현되기 쉽지 않음을 알 수 있다. 우선 주-객모델에 입각하되 주체-주체관계를 생산해내는 교육적 소통의 특성을 원격교육에 대입해보자. 일반적으로 원격교육에서 교육내용의 제시방식은 멀티미디어를 활용한 일방향적 전달방식을 택하고 있는 경우가 많다. 이런 강의를 우리는 '멀티미디어 강의형'이라 부를 수 있을 것이다.

멀티미디어는 학습을 보다 유연하게 할 수 있도록 돕는 기술활용이 될 수 있다는 점에서 교육적 소통을 돕는다고 볼 수 있으나[4], 그것이 일방향적인 전달을 지향하고 있는 경우 교육적 소통은 불가능하다. '원격'으로 인해 교육자와 학습자가 만나지 않는 상황에서 교육자로부터 학습자로의 일방적인 내용전달은 대중매체를 통한 정보제공이상의 의미를 가지기 어렵다. 멀티미디어 강의형 콘텐츠는 학습자의 개입이 필요 없는 완성성을 지향한다는 점에서 교육자는 학습자에게 지식이 자신에게 내재하게 된 과정을 드러내는 '형성적 지식'을 제공하기보다는, 쿤(T. Kuhn)이 말한 대로 공인된 '정상적' 지식을 자료의 형태로 제공하게 된다. 교육자가 내용을 제공하는 순간부터 타인으로부터 공격받지 않는 '안전한 지식'을 추구한다는 점에서 '흐름'으로서의 교육적 소통의 가능성은 줄어들게 된다.

4) 예를 들어 하이퍼텍스트 저작은 정보의 분산과 비계열적 조작을 가능하게 하며, 전자적 데이터베이스와 색인은 다양한 그래픽, 문헌, 멀티미디어 정보에 대한 위계적-하이퍼링크적 접근을 가능하게 한다.

멀티미디어 강의형 콘텐츠는 학습자에게 '반복가능성'과 '자료의 풍부함'을 제공한다는 점에서 흡인요인을 가지고 있다고 평가된다. 그러나 교육적 소통의 차원에서 보자면 멀티미디어로 제작된 일방향적 강의형 콘텐츠만으로는 교육자-학습자의 적절한 소통은 불가능하다. 객체로 위치 지워진 학습자를 주체로 호명하기 위한 전환영역(milieu)을 제공하는 것이 힘들기 때문이다. 대부분의 이러닝 기관에서 튜터를 활용한다거나 게시판을 통해 학습자의 '존재감'을 부상시키기 위해 노력하는 것은 그런 과정을 통해서라도 일방향적 강의의 교육부재 상황을 극복할 필요가 있다고 느끼기 때문이다.

지금까지는 이를 '온라인 사회화'라 명명해왔으나(Palloff and Pratt, 2000), 엄밀히 보면 학습자가 자신을 드러내고 교육적 소통의 과정에 주체로서 등장하는 것은 기존의 교육기관이 제공하는 교육에 익숙해지는 '사회화'와는 본질적으로 다르다. 학습자는 '교육적 존재'로서 호명받기를 원하는 것이다. 따라서 매 과목/과정마다 다른 교육적 관계가 수립되기 때문에 이미 인터넷에 익숙한 학습자의 경우에도, 혹은 온라인교육기관에서 일정 과정을 이수한 학습자의 경우에도 새로운 과목을 접할 경우 또 다른 태도/정체성을 보이게 되는 것이다. 그러므로 학습자가 콘텐츠를 내려받기만 하는 수업의 경우 학습자의 만족도는 물론 수료율이 낮은 것은, 교육적 소통을 통한 교육적 관계수립의 궤로 학습자가 진입하지 못했기 때문으로 해석할 수 있는 것이다.

이렇게 보면, 우리나라의 문화적 상황 속에서 학습자는 교육자가 '교육비 이상의' 풍부한 학습자료를 제공해 줄 것을 원하면서도 다른 한편으로 다감하게 학습자를 적극적 교육의 주체로 호명해 줄 것을 요청하고 있다고 볼 수 있다. 전면에 부상되지 않지만 교육적 보살핌과 자극을 받기를 원하는 다소 수동적 학습자로서의 태도를 보이고 있는 것이다. 이는 주체-주체의 관계로 적극적으로 나서기보다는 학교교육과 같은 주체-객체 모델을 더 익숙한 모델로 채택하는 관행화된 습성을 보여준다. 단적으로, 교육자가 보다 정교하고 엄격한 지식을 체계적으로 제시하고, 학습자가 이를 수용하는 과정에서 주체-주체의 관계가 생성되기는 어렵다.

따라서 주체-객체모델로부터 주체-주체모델로 나아가기 위해서는 몇 가지 선행조건이 충족될 필요가 있다. 우선 지식은 객관적으로, 절대적 진리의 형식으로 제시되기보다, 그 지식에 영향을 미친 계보를 추적하는 영향사 및 지식의 개인적 전유의 과정과 함께 제시될 필요가 있다. 지식이 끊임없이 변화하는 상대적 성격을 가지며, 교육자도 그런 지식의 일부를 전유할 뿐이라는 것, 따라서 학습자도 그런 지식의 역사의 일부로 인식될 수 있다는 인식은 학습자를 스스로 주체화할 수 있도록 해주는 중요한 배경지식이 된다. 따라서 교육자의 개인적 지식 또는 지식의 전유에 대한 개인사에 대한 수업은 하나의 중요한 고리가 될 수 있다.

또한 학습자가 자신의 객체성을 그대로 드러낼 수 있는 공간이 필요하다. 학습자가 어떤 애로사항을 겪고 있는지, 수준이 어떤지에 대한 정보는 사실상 교육자에게 잘 전달되기 어렵다. '소위 Human Touch'를 주창하는 이러닝 기업에서는 전화 등을 통해 학습자의 상황을 정확히 파악하고 튜터를 통해 피드백하는 수업이 상당한 효과를 거두고 있다고 보고한다. 우리나라의 경우 학습자는 자신을 '객체적 존재'로 규정하는 측면이 강하며, 따라서 스스로를 드러내지 않는 이들에 대한 보다 세심한 접근이 필요한 것이다.

2) 공동체 생성적 미디어 활용

두 번째로 제시한 교육적 소통의 특성, '동일성과 차별성의 접합을 통한 나선형적 상승'이라는 속성은 첫째, 교육자와 학습자가 구조접속을 한 상태에서 진행되는 과정 교육이며, 둘째, 지속적인 성장이라는 점에서 학습자들의 출발점 상황을 이해하고 학습자들의 변화를 감지할 수 있어야 한다는 점을 전제로 한다. 따라서 '비동시성'이 일상화되어 있는 이러닝 상황의 경우, 학습자와의 구조접속 및 지속적 형성평가는 매우 어려운 과제가 된다고 볼 수 있다. 학습자와 교육자가 원거리에서 만나 상대의 상태를 정확히 파악할 수 없고, 비가시적인 성장의 징후를 포착하기 어려운 상태에서는 동일성과 차별성의 접합이라는 예술적 상호작용의 과정이 진행되기 어려운 것이다.

물론 이러닝에 면대면 교육을 넘어서는 몇 가지 특장점이 없는 것은 아니다. 학습자는 기본적으로 비가시적이기 때문에 타인의 눈치를 보지 않고 스스로가 진단한 자신의 상태를 드러낼 수 있는 환경에 놓여있다. 학습자는 "자신이 원하는 때에 접속하여 질문을 올리고 자신이 올린 질문에 답을 받을 수" 있고, 이런 점에서 이러닝은 학습자가 여타 이유로 교육자에게 질문하기 어려운 면대면 상황과 달리 학습자에게 더 많은 기회를 부여하는 '민주적' 교육의 측면을 가지고 있는 것이다. 또한 동시성과 비동시성의 적절한 결합, 예컨대 채팅과 게시판의 조화로운 운영은 면대면 교육보다 나은 다양한 소통채널을 형성한다는 것이다.

그러나 교육적 소통과 관련해서 보면, 학습자가 면대면에 비해 의견을 자유롭게 올릴 수 있다는 가정은, 인터넷을 통한 '교육'에서는 면대면 교육제도의 권위적 성격이 그대로 유지된다는 맥락을 제거한 낭만적 믿음을 반영한 것이다. 우선, 학습자들은 교육장면에서 쉽게 의미생산의 주체로 나서지 않으며, 설혹 특정한 내용에 대해 비판적이라 하더라도 자신의 의견을 드러내지 않는 한 '암묵적 동의'로 간주되기 때문에 교육자는 학습자의 도전을 느낄 수 없다. 비가시적이라고 해서, 학습자가 교육자만큼의 권한을 갖는 것은 아니기 때문에 이러닝 장면에서 학습자들은 대개 소극적이며, 따라서 교육자가 받는 도전의 양은 면대면에 비해 줄어들기 쉽다고 볼 수 있다. 마찬가지로 교육자의 비언어적 가르침이 매체를 통해 충분히 전달되기는 쉽지 않으며, '정련된' 논의로 정리된 콘텐츠는 교육자의 추상성을 극대화하기 쉽다. 교육자는 인격체로서보다는 내용전문가로서 나타나게 되는 것이다. 인터넷 공간에서 교육자와 학습자들의 비언어적 단서들은 대개 보이지 않으며, 이는 상호거리를 좁힐 수 있는 확신을 갖는 데 장애로 작용한다. 따라서 교육자와 학습자, 콘텐츠만을 놓고 볼 때 교육자가 학습자와의 접속을 통해 자신의 인식지평을 확대할 수 있는 가능성은 그리 높지 않다.

반면 온라인 학습공동체는 학습자 중심의 공간으로, 다양한 학습자들이 상호 동질성/차이를 경험하도록 해 줌으로써 교육적 실재감(educational presence)을 갖도록 해주는 매우 중요한 기능을 실질적으로 담당할 수 있다. 주지하듯이, 온라인 학습공동체(learning community)는 개인적-집단적 학습자 행동에 의해 창조되고 그러한 행동을 하기 위한 조건에 의해 틀 지워진 일종의 '장소'로서(Fjuk, 1998: 70), 시스템을 학습자의 자발적 학습에 통합해 내는 가장 효율적 매개로 인식되어왔다. 학생들이 학습의 과정과 결과를 공유하고, 타인의 결과에 대해 상호 의견을 제시하며, 과제 외의 일상까지 공유하는 장으로서의 학습공동체는 협력적 온라인 학습툴을 이용하여 참여자들이 상호 기록에 대해 응답하도록 하고, 질문을 촉발하며, 관심 있는 것을 증폭시켜주었고, 공동의 전자적 지식베이스에 기초한 학습공동체는 콘텐츠 등을 통해 '주어지는' 지식을 학습자 스스로의 것으로 만들어 실질적인 학습력을 증대시키는 주요한 전환적 장이 될 수 있었다(Palloff & Pratt, 1999).

그렇다면 구체적으로 어떤 기제가 인터넷에서의 학습공동체를 교육적 소통의 공간으로 만들어내는가? 우선적으로 학습자간의 만남의 공간이 만들어짐에 따라 인터넷이라는 '기술적 공간'이 '인격화'되어 느껴지게 된다는 점을 들 수 있다. 교육자와 학습자간의 일대일 또는 일대 다수의 만남은 학습자가 스스로를 '능동적' 학습자로서 위치 짓기 어렵게 한다. 대중매체를 통한 교육에서 대표적으로 드러나듯이, 학습자는 매체를 통하여 '전달'되는 내용을 수용하는 존재로 자신을 위치 짓게 되기 때문이다. 학습자가 학습자로서의 집단적 정체성을 갖는 것은 자신을 다른 학습자와의 만남을 통해서이다. 자신이 '학습자'임을 자각하고 어떻게 학습하는 것이 필요한지, 다른 학습자는 어떤 생각으로 해당 학습을 하고 있는지를 확인하는 과정을 통해 학습자는 메타 학습능력(learning how to learn)을 높이게 된다. 단지 '효과'의 차원이 아니라 정체성에서의 일정한 변화가 진행되는 것이다. 다른 한편으로 학습공동체에서의 '학습자스러운' 이야기는 학습자 스스로가 지식생산의 주체로 나설 수 있도록 자신감을 부여한다. 지식수용자가 아니라 지식생산자로서의 부분적 경험을 해나가는 과정을 통해 학습자는 능동적 학습자로서의 정체성, 즉 학습자로서의 지평확대를 경험하게 된다.

이런 점에서 학습공동체는 학습자의 정체성 변화를 추동하는 주요한 기제라고 볼 수 있다. 학습자는 다른 학습자와의 관계 속에서 동질적 존재감을 느끼는 동시에 학습공동체에서의 자기 나름의 기여방식을 찾게 되고, 다른 학습자의 헌신을 보면서 학습자로서의 태도를 익혀가게 된다. 학습공동체는 단순히 학습자에게 '위안'을 제공하거나 다른 학습자로부터 배우는 것이 크다는 점에서 의미를 갖는 것이 아니라 존재감의 변화를 수반하는 교육적 소통을 가능하게 해주는 연결 장치인 것이다. 학습자는 거리감이 전제된 콘텐츠를 통해 만난 교육자를 학습자와의 대화를 통해 근접화하고, 다른 학습자의 교육적 행위를 통해 교육자의 상(image)을 체득한다. 또한 교육자는 학습공동체에서 진행되는 학습자 간의 대화를 통해 학습자의 현주소를 파악하고 교육자가 학습자에게 구체적으로 도움이 되는 지점을 간파하며 학습자로서의 교육자라는 개념을 획득하게 되는 것이다.

3) 표현역동(dynamics of expression)에 대한 이해

앞서 세 번째로 제시한 '체제적-직관적'이라는 교육적 소통의 특성은 원격교육에서 찾아보기 힘든 소통 특성이기도 하다. 대중매체를 사용하는 원격교육의 경우, 매체가 가지고 있는 '매개성'은 면대면 소통에 비해 상당히 두터운 편이어서 학습자가 어떤 사회문화적 특성을 가지고 교육의 장에 참여하는지, 특정한 학습이 이루어지는 순간 어떤 결핍을 느끼는지 등의 문제에 대해 정보를 주기 어렵다. 인터넷은 동시적-비동시적 소통의 결합은 물론 다차원적 매체의 제공을 통해 이전의 원격교육매체보다 소통의 벽을 보다 얇게 만들었고, 바로 이런 점이 '교육매체로서의 우수성'으로 받아들여져 왔다(권성호, 2005). 그러나 다각적 차원의 소통채널을 제공한다고 해서 면대면 상황에서의 교육적 소통이 그대로 재현될 수 있는 것은 아니다.

한계가 생겨날 수밖에 없는 이유를 정리해보면 다음과 같다. 우선, 체제적-직관적 소통의 핵심적 특성은 '암묵적-비가시적' 차원의 소통을 매개로 학습자에 대한 언어적 촉진을 이룬다는 점이다. 이는 마넨이 말한 tact에 의한 학습자 지원과 같은 맥락으로써, 그는 언어적 촉진보다 비언어적 소통이 학습자를 자극하고 향상시키는 데 더 잘 기능한다고 본다(Manen, 1990: 156). 학습자가 필요로 하는 바를 직관적으로 파악하여 감동을 통해 성장하도록 하기 위해서는 정해진 룰이나 원칙이 아니라 '그 순간 작동할 만한' 비언어적 소통을 해야 하는 것이다. 대표적인 세 가지 비언어적 소통매개는 침묵, 눈, 제스처이다.

- 침묵도 말한다. tact는 침묵을 통해 매개된다.
- 눈을 통해 전달된다.
- tact는 제스처를 통해 매개된다. 우리는 서로를 몸과 제스처를 통해 만난다.

암묵적인 교류가 감정의 차원에서 보다 중요하다는 점을 생각할 때, 아무리 다양한 방식을 동원한다고 하더라도 인터넷을 통해 인간의 모든 감각이 총체적으로 작동하는 것은 불가능하다. 이런 점에서 특히 아동기의 교육을 위해서는 인터넷을 통한 원격교육만으로는 불충분하다는 주장이 제기될 수 있는 것이다.

다음으로, 원격교육의 생리적 특성과 체제적 이해가 상치된다는 점이 지적될 수 있다. 원격교육은 출발부터 기존의 교육제도에서 소외된 사람들에게 보완적 교육기회를 부여하기 위해 생겨났다(Verduin & Clark, 1991). 따라서 원격교육의 기본지향은 한명한명에 대한 교육적 성장이라기보다는 보다 많은 사람들에게 접근권을 부여하는 일이다. 교육기관에서 원격교육을 채택하는 경우 우선적으로 검토하는 사항이 비용효과성이라는 점 역시 원격교육의 '대중적 특성'을 보여주는 것이다. 물론 인터넷의 등장은 원격교육의 방향을 일정정도 변화시켰고, 변화시키고 있다고 볼 수 있다. 면대면 교육보다 자상한 지도와 소통을 통해 더 나은 교육의 질을 보장하고자 하는 다양한 연구가 제출되었고(박선주-류영란, 2000; 왕경수, 2003), 실제로 면대면 교육장면에서 어려움을 느끼는 상당수의 소외계층은 인터넷을 통해 새롭게 자신감을 획득하기도 한다.

문제는, 이렇게 '질'의 차원에서 접근할 경우, 비용효과성은 급속하게 떨어지게 된다는 점이다. 각 학습자 개인에 대한 맥락적 이해와 체제적 지원을 위해서는 면대면 상황의 곱절 이상의 에너지와 비용이 투여되어야 하기 때문이다. 이렇게 되면, 애초의 원격교육에 대한 목적, 즉 대중적 교육접근성의 측면은 줄어들게 되고, 이는 곧 기관에서의 목적에 위배되는 사안이 되는 것이다. 현재, 대부분의 이러닝 기관에서 질 제고가 어려운 것은, 근본적으로 원격교육의 위상에 대한 기관의 접근이 '질'보다는 '접근성'에서 출발하기 때문에 더 높은 비용지출이 어렵기 때문이다.

그럼에도 불구하고, 교육적 소통 특성에 대한 분석으로부터 도출할 수 있는 몇 가지 교육적 노력들이 무의미하지는 않을 것이다. 우선, 교육자는 우선적으로 기술이 보장하는 각 단계의 특성을 충분히 숙지하고 투명한 소통을 이룰 수 있는 정도의 매체친숙성을 가져야 한다. 여기서 '기술이 보장하는 각 단계'란 예컨대 화상 채팅이 가능한 상태와 글쓰기만이 가능한 상태 등 개발된 기술에 의거한 차이를 말한다. 게시판 글쓰기가 주된 이러닝의 수단이라고 할 경우, 교육자는 '게시판'이라는 특성과 게시판에서 단말마적 글쓰기가 학습자들에게 어떤 의미를 가지고 있는지, 학습자들이 이런 방식으로 스스로를 표현할 때 어떤 어려움과 한계를 느끼는지에 대해 충분히 파악하고 있어야 한다는 것이다. 그렇지 않을 경우, 교육자는 학습자에게 '그 순간' 필요한 조치를 취해주기는커녕 거꾸로 상처를 줄 수도 있는 것이다.

다음으로, 학습자들이 스스로 학습할 수 있는 능력을 키우는 일(learning to learn)과 교육내용의 전달이 함께 진행될 필요가 있다. 원격교육이 진행되는 체제에 대한 이해, 자신이 하고 있는 이러닝이 가진 특성에 대한 이해, 이를 통해 스스로 획득할 수 있는 바에 대한 이해 등은 학습자들이 학습에 대해 조금만 더 성찰적 이해를 할 경우 쉽게 도달할 수 있는 학습결과이다. 사실, 이러닝은 함께 일하는 법(working in group)을 익힐 수 있는 협동학습체제를 시스템적으로 구현하고 있기도 하고, 자원을 찾아내는 일(gathering data)을 기본적인 학습내용으로 삼고 있다는 점에서 어떤 학습집단을 막론하고 현대사회에서 보편적으로 필요한 능력을 갖추는 데 적절한 측면이 있다. 따라서 이러닝에 대해, 단순히 면대면 교육을 매체를 통해 전달한다는 시각이 아니라(예: 일방향적 멀티미디어 강의) 인터넷 등 정보통신기술을 함께 학습해 나가면서 전자적 표현방식 및 상호작용에 대한 이해 능력을 학습내용의 조직화를 통해 함께 키워낸다는 시각으로 교육과정을 편성한다면(예: 전자적 토론데이터 생성) 이러닝을 통한 교육적 소통은 보다 높은 교육적 성과로 이어질 수 있을 것이다.

chapter

12

정체성 재구성 공간으로서의 인터넷

인터넷은 일상적 실천의 과정 속에서 네티즌들의 자아정체성이 지속적으로 형성-변형된다는 점에서 교육학적 조망을 필요로 한다. 정체성은 행위와 독립적으로 존재하는 것이 아니라 수행성 속에 녹아 자신의 내면으로 스며들기 때문에, 네티즌이 스스로의 정체성을 형성하는 과정에 영향을 미친 요인이 있다면 그것은 곧 정체성 형성과 관련된 교육적 요소로 포착될 필요가 있다. 인간의 정체성 형성과정이 곧 학습이며, 이 학습에 체계적으로 개입하는 활동이 교육이기 때문이다. 그럼에도 불구하고, 지금까지 교육학에서 정체성 문제는 정면에서 다루어지지 않았다.

간헐적으로 논의가 진행된 경우에도, 정체성 논의의 전체는 '고정되고 고립된' 정체성이었다. 신체라는 안정되고 독립적인 정체성의 저장고가 존재하기 때문이다. 그런 점에서 신체가 존재하지 않는 인터넷은 기존의 논의를 넘어서게 하는 공간이다. 순수하게 상호작용에 의해서 정체성이 구성되는 것이다. 나아가 사이버 학습공동체에서의 활동은 사실상 자신의 정체성을 확인하고 실험하며 재구성하는 의미로 해석될 수 있다. 이 장에서는 인터넷에서의 정체성연구가 왜 교육학적으로 의미있는지, 사이버 학습공동체에서의 활동은 정체성의 시각에서 되짚어보면 어떤 의미로 해석될 수 있는지를 살펴본다.

1. 인터넷에서의 정체성 문제

자아정체성이란 "내가 누구인가"에 대해 자신이 대답하는 방식을 통해 형성되는, 자신의 자신에 대한 규정이다. 그것은 타인과 나를 다른 존재로 위치 지우고, 행위자에 의해 성찰적으로 해석되는 의식구조이자 감성구조이다(Giddens, 1997: 110). 근대에 들어 정체성 문제가 핵심적인 주제로 떠오른 것은 신분질서에 의해 규정되지 않는 자기창조, 그리고 다양한 선택을 통해 자신이 원하는 모습을 창출할 수 있을 것이라는 기대가 등장하였기 때문이다. 삶의 행로가 미리 정해져 있는 전통 사회와 달리, 현대 사회에는 자신의 노력에 의해 미래상을 바꿀 수 있는 여지가 존재하며, 이는 '나의 내부'로 시선을 돌리게 한다. 사회과학, 인문학에서는 열려진 공간 속으로 던져진 '나'들이 어떻게 자신을 만들어 가는가라는, 다분히 교육학적인 문제에 자주 관심을 기울인다. 특정한 집단의 사람들은 어떻게 공동의 의식을 가지게 되는지, 다양한 조직에서는 어떻게 나름의 정체성을 창출하는지 등 현대사회이론의 중심적인 문제인 '정체성'과 관련되어 있는 것이다(Giddens, et als, 1994).

이렇게, 인문사회과학의 핵심 문제가 인간이 인간의 형성에 개입하는 교육의 문제였음에도 불구하고 교육학에서 정체성 문제는 정면에서 다루어지지 않았다. 학생들이 어떻게 자기정체성을 형성해 나가는지, 그것을 어떤 상호작용의 결과라고 볼 수 있는지, 교사가 어떻게 개입하는지에 대한 연구는 본격적으로 이루어지지 못했다. 대중문화와 미디어가 학생들의 정체성 형성에 기여한다는 연구는 오히려 학생들의 정체성 문제를 교육학의 관심사 밖으로 밀어놓게 하였다. '학교'가 관여되지 않는다면 '교육학'의 문제가 아니기 때문이다[1].

그러나 우리가 익히 알고 있듯이, 교육은 그 자체로 정체성을 형성하는 과정을 일컫는다. 사람들이 정체성을 형성하는 과정에는 자신의 처지와 상태에 대한 타인의 시선이 지속적으로 개입하며, 이러한 개입을 보다 체계화・조직화한 것이 교육이다. 물론 정체성은 '타고나는' 것 혹은 '주어지는' 것에서 출발한다. 내가 여자라는 사실, 나이가 얼마라는 사실, 얼굴이 어찌어찌 생

1) 지루는 이런 문제제기를 하면서, 대중문화와 미디어에 대한 연구를 본격적으로 진행한다. 학생들이 정말로 많은 영향을 받는 것이 미디어와 그에 의해 창출되는 대중문화라면, 그에 대한 분석 없이는 학생에 대해, 그리고 그 학생을 교육하는 문제에 대해 이야기할 수 없기 때문이다(Giroux, 1990).

겼다는 사실, 어떤 집안에 태어났다는 사실은 '주어진' 조건이며, 다소의 정체성은 이러한 '거부할 수 없는 현실'에서 생겨난다. 그러나 조건 자체가 정체성은 아니다. '여성'을 받아들이는 방식, '생김새'를 대하는 태도는 다른 사람의 가르침, 인도, 조언, 평가에 따라 달라진다. 즉, 교육적 상호작용을 경유하여 정체성이 생성되는 것이다.

어떤 정체성을 가지는가 하는 것은 일상의 장면에 존재하는 수많은 상호작용 속에서 결정되고 변화되어가는 것이다. 교육을 '경험의 재구성' 과정으로 볼 경우, 내가 나를 규정하는 방식은 자신의 경험을 해석하는 방식과 긴밀하게 결합되어 있다는 점에서 교육은 정체성과 직접적으로 결합한다. '여성'이 '여성주의'적으로 해석될 경우, 기존의 여성에 대한 태도는 변화된 여성에 대한 태도와 다르다. '노동자'는 수동적일 수도 있지만 변혁의 주체로 자리매김 될 수도 있다. 곧 정체성은 주어지는 것이기도 하지만 끊임없이 변동의 선상에 있다고 볼 수 있으며, 교육이 이루어지는 지점은 바로 그러한 변동의 선상에서이다. 이런 점에서 정체성 논의는 교육적 상호작용을 보기 위한 중요한 고리라고 볼 수 있다.

문제는 지금까지 정체성을 조망하는 방식이 주어진 규정방식에 대한 '저항과 순응'의 양 구도의 틀에 따라 분석되어 왔다는 사실이다[2]. 예컨대 윌리스의 저작 『교육현장과 계급재생산』

2) 이는 다른 연구에서도 마찬가지이다. 집단역동에 대한 연구의 경우에도 초점은 특정한 정체성을 이미 가지고 있는 사람들 사이의 상호작용이 어떻게 이루어지는가에 맞춰지고, 정치학에서도 지도자상은 '카리스마적'이라거나 '민주적'이라는 성격유형과 관련하여 자리매김된다. 정체성은 변화하고 형성되는 것으로 인식되면서도 동시에 변화하지 않는 어떤 것으로 간주된다.

Learning to labor (1985)는 '학교교육의 기능'을 역설적으로 보여주는 동시에 노동자 계급의 자녀가 육체노동직을 선호하게 되는 과정, 즉 그 정체성의 형성과정을 추적한다는 점에서 중요한 교육학 저작이다. 그런데 그 분석의 틀은 계급변동과 관련된 '저항과 순응'으로 한정된다. 노동자들의 다양한 경험이 이원으로 정체성을 구성하는 주요틀을 구성하고 있는 것이다(Marcus, 1999: 312). 이는 안정된 사회구조가 있고, 안정된 개인이 있으며, 그 양자 간 관계에서 정체성이 특정한 방식으로 창출된다는 구도에 의존한다. 개인은 안정되고 통합된 실체로서, 특정한 성격을 가지고 있다는 것이 전제로 작용하고 있는 것이다.

인터넷 공간에서의 정체성은 이러한 현대적(modernistic) 사고방식에 기초한 정체성 연구를 역동화 한다. 인터넷 공간에서의 정체성은 자기가 자기에게 이름을 붙이고, 스스로 창조한 자기가 행위의 주체가 된다는 점에서 기존의 면대면 정체성과는 '생성'부터 다르다. 구체적으로, 인터넷은 사람들 간의 새로운 관계를 엮어내고, 면대면과는 다른 상호작용을 하도록 하며, 그 과정 속에서 사람들을 변화시킨다. "사이버의 효과는 망치의 효과가 아니라 독일의 효과에 가깝다"라는 포스터의 말(Poster, 1999: 67)에서 더 나아가 사이버는 거주하는 이들을 생성하고 특정한 문화양식으로 변모시키는 '장소'로서의 의미를 가진다.

일반적으로, 상호작용은 나와 타인을 규정한다. 인터넷이라는 장 역시 새로운 상호작용에 기반한 새로운 정체성을 형성하도록 '터'를 제공하는 것이다. 인터넷에서 사람들은 키보드를 통해 '나는 이런 사람이다'라는 정체성을 형성하며, 동시에 인터넷 속의 단서에 근거하여 타인을 이해한다. 곧, 인터넷은 '정체성의 형성'의 장인 것이다(Donath, 1999). 이러한 매체에 의한 정체성 형성의 가능성을 펠스키는 다음과 같이 말한다.[3)]

> 의사소통과정들은 다양한 정도와 방식으로 개인의 정체성을 만들어 나간다... (인터넷에서) 의사소통은 소설이나 텔레비전보다 훨씬 분명한 언어적 행위를 요구한다. ... 인터넷에서 개인들은 순수한 의식적 행위를 통해서가 아니라 지속되는 대화들과 맺는 관계 속에서 자신의 정체성을 구성한다... 담화행위는 일방적 언명으로 제한되지 않고, 대면적 소통에 새겨져 있는 성과 인종의 흔적들에 의해 제약되지 않는다(Felski, 1989: 76).

곧 사이버 공간은 사람들에게 인터넷을 통한 의사소통의 체계를 경유하는 상호작용이라는 '다소 색다른' 경험을 제공하며, 사람들은 이런 경험 속에서 새로운 정체성을 구성한다. 만약 정체성이 완전히 자신의 의도에 따라 창출 가능한 것이라고 한다면, 이는 이전의 정체성을 보는 방식에 대한 비판을 수반하는 것이다. "다원적 정체성", "초과 정체성" 등의 용어는 기존의 "단일한 정체성"을 공격하기 위한 사이버 공간에서 창출된 용어이다(Newitz, 1995). 이러한 비판은 연구의 차원으로도 연결된다. 뚜렷한 정체성을 전제로 개인의 정체성과 사회구조와의 관계를 분석하는 오프라인의 연구로부터, 끊임없이 협상되고 재창출되는 정체성에 대한 조명으로 연구의 기본시각이 이동할 수 있게 되기 때문이다. 이제, 사이버 공간에서 구체적으로 정체성이 다루어지는 방식을 보도록 하자.

---

3) 이하 문헌인용은 명조체로, 면담인용은 필기체로, 인터넷 자료인용은 고딕체로 처리한다.

2. 정체성의 실험 : 다른 '나'의 도입

일상적인 장면에서 '나'는 나의 신체에 결박되어 있다. 하나의 신체가 하나의 정체성을 보장한다. 누구나 어릴 적 자신이 현재의 자신과 같지 않음을 알고 있고, 시간의 흐름이 동반하는 그 급속한 변화에 약간의 전율을 느끼지만, 여전히 '나'는 나의 신체를 벗어나지 않으며, 그로 인해 안정성과 통합성을 유지한다. '나'는 때에 따라 엄격하기도, 친밀하기도, 원칙적이기도, 방만하기도 하지만, 그것이 정신분열을 의미하는 것은 아니다. 오히려 하나의 신체가 보장하는 '나'는 다양한 관계 속에서 그 위치가 끊임없이 이동하는 '부유하는 존재'이다.

인터넷이라는 공간이 흥미로운 것은, 그러한 '떠다니는' 모습이 그대로 드러난다는 점에 있다. 인터넷에서의 상호작용이 가지고 있는 가장 두드러진 특징은 상대의 신체와 접촉하지 않는다는 점이다. 상호작용을 하려면 상대가 있어야 할 것인데, 인터넷에서는 상대의 이름도, 직업도 알 수 없으며 모습을 보거나, 상대의 목소리를 듣는 것도 선택사항이다. 물론 그렇다고 해서 상대가 없는 것은 아니다. 수십 분, 혹은 수 시간 동안 인터넷을 하는 것은 분명한 상대가 있기 때문이다. 인터넷에서의 상호작용은 상대는 존재하되, 명시적이지 않은 상황에서 이루어진다고 볼 수 있다.

이렇게 '나'로 묶을 수 있는 안정적인 '신체'가 삭제되기 때문에 인터넷에서는 다양한 실험이 가능하다. 남성이 여성이 될 수 있고, 고등학생이 30대 주부가 될 수 있으며, 노인은 젊은이처럼 행동할 수 있다. 자신이 여성이라고 말하면 그 순간 여성이 '되는' 것이다. 인터넷에서는 대화명이나 ID를 자신이 정하는데, 이는 '나의 창조자가 나'라는 사실을 의미한다. 인터넷에서 활동하는 것은 '나'이지만, 그런 나를 어떤 존재라고 규정하는 주체가 바로 '나'인 것이다.

인터넷을 처음 하는 사람들이 흔히 느끼는 긴장감은 기존의 상호작용에서 당연히 보장되던 전제들, 또는 '주어짐'들이 사라지고 있다는 점에서 비롯된다. 사람들은 상대가 보이지 않는 상황을 "불안한 상황"이라고 느끼며, "내가 누구인지를 스스로 말해야 하는 상황"을 부담스러워 한다. 자신의 말이 상대를 기분 나쁘게 할 수도 있을 뿐 아니라 자신의 말에 따라 자신에 대한 규정성이 달라지기 때문이다.

> 좀 어색하더라구요. 그냥... 그래서 처음에 채팅할 때는 한참을 그냥 보았어요. 언제 끼어들어야 할지, 나를 어떻게 소개해야 할지 그런 게 좀 어색해서요. 하도 잘 떠들어서 내 존재를 궁금해 하는지도 잘 모르겠고 좀 기분도 나쁘고 그렇더라구요."

사람에 따라 이런 '주저함'의 과정은 짧기도, 제법 길어지기도 한다. 그러나 일단 '말하기'에 성공하면, 그 이후로는 그러한 자기 규정에 근거한 정체성 형성 작업이 진행된다. 대개의 경우 네티즌들은 면대면의 자신과 별반 다르지 않게 자신을 소개한다. 성별을 바꾼다거나 나이를 속이는 것과 같은 자기규정은 '자신이 규정한 바로 그 사람'이 되기 위해 애써야 하는 또 다른 비용을 요구하기 때문이다. 따라서 때로 "한번 남자로 행세해 볼까"

혹은 "한번 미혼인척 해볼까"라는 생각을 해보지 않는 것은 아니지만, 네티즌들은 그러한 시도가 "혹시 드러나면 너무 창피"하기 때문에, 그리고 "그 입장에 서기 위해 애를 써야 하기 때문에" 자신의 모습을 있는 그대로 드러내게 되는 경우가 많다.[4)]

흥미로운 것은, '거짓'으로라도 자기규정을 하는 경우에는 별 문제가 없지만 그러한 규정을 거부할 경우에는 문제가 된다는 점이다. 인터넷의 경우에도 가장 잦은 질문은 "당신은 여자입니까 남자입니까?"라는 질문이며(Kendall, 1998), 우리나라의 경우에도 예외가 아니다. 성별과 나이, 직업은 대화에 앞서 확인된다. 이는 우리가 대개 눈으로 보면서 상호작용을 조율하는 단서들이 바로 이러한 것들임을 말해준다. 따라서 속일 수는 있지만, '숨겨서는 안 되는 것'이 기본적으로 자신을 규정하는 정체성의 내역들이다. 면대면 공간에서 남자로 사는 것이 너무 피곤해서 인터넷에서는 자신의 성별을 드러내는 것을 별로 흔쾌히 생각하지 않는 한 네티즌은 이렇게 말한다.

> "정말 끈덕져요. 내가 남자라는 사실을 밝히고 싶지 않을 때가 있는데요, 사실 온라인에서까지 남자로 행세해야 하나 해서요... 근데 그러면 대화가 안돼요. 어떨 때는 막 욕도 해요. 너 호모냐부터 웃기는 새끼, 뭐 그런 거... 아휴... 정말 그러고 나면 말하고 싶은 생각이 싹 없어져요."

---

4) 흥미로운 것은 이렇게 자신의 존재규정을 바꾸었을 때, 그 대상에 대해 가지고 있던 고정관념이 강하게 드러난다는 점이다. 예컨대 여성으로 자신을 명명한 남성은 '호호호' 등보다 '여성적'이라고 보이는 의성어・의태어를 사용하거나 소극적으로 상호작용하는 양상이 두드러진다. 이렇게 현실보다 더 강한 '여성성'과 '남성성'이 나타나는 것을 오브라이언(O'brien, 1999)은 'hypergendering'이라고 명명한다.

이렇게 반드시 '기본적인 사항'들, 정체성을 구성하는 기본 내역들을 꼭 알고자 하는 것은, 그것을 알지 못했을 경우 '상대에 대한 이미지'가 그려지지 않기 때문이다. 소통을 하기 위해서, 자신의 이야기를 전개해 나가기 위해서 필요한 상대에 대한 규정이 불투명해진다면, 소통 자체가 어려워진다. 이야기로 나아갈 수가 없는 것이다. 인터넷에서는 '사실'인가가 중요한 것이 아니라 상대를 '규정'할 수 있는 정보를 제공하는가가 더 큰 문제로 작용하고 있는 것이다.

그렇다면 이렇게 '사실'을 알 수 없는 사람과의 대화는 대화자들에게 도대체 어떤 의미를 가지는 것일까? 면대면의 상황을 떠올려보면 이런 대화는 '진실성 없는' 대화에 속할 가능성이 높다. 누구인지도 모르고, 말하는 것이 사실인지도 알 수 없는 사람과의 대화에서 진정성을 기대하기란 쉬운 일이 아니기 때문이다. 그러나 의외로, 인터넷에서의 대화에 대해서는 다른 평가가 이어진다.

> 제가 인터넷을 시작하기 전에는 채팅은 '담배보다도 더 해로운' 것으로 생각하고 있었지만, 막상 카페에서 채팅이라는 걸 해보고 나니 훨씬 솔직한 자신의 생각들을 볼 수 있었다는 점에서 좋았거든요. ... 일면적인 인터넷이 아닌 인터넷이 담보할 수 있는 부분은 아직 열린 가능성이라는 생각.(등록자: Philonia)

> 채팅은 이상한 힘을 가지고 있는 거 같아요. 뭔가 누구에게도 할 수 없는 이야기를 하게끔 하는 힘이 있달까. 하고 나서 내가 미쳤나, 그런 생각도 했어요. 생판 모르는 사람에게 미주알고주알 사는 얘기, 내 사생활 그런 얘기를 했으니깐... 근데 여하튼 너무나 이해받는 느낌이었어요.

상대방을 알 수도 없고, 상대방이 진실을 말하는 지 역시 불투명한 상태에서 네티즌들은 어떻게 이렇게 쉽게 자신의 이야기를 하는 것일까? 물론 위 두 사례는 모두 '카페'라는 틀이 있으며, 따라서 인터넷 일반과는 달리 '집단성'이 보장되고 있다는 점에서 대화상대에 대한 믿음이 상대적으로 높다고 볼 수는 있다. 그러나 그렇다고 해서, 대화의 상대를 면대면 상황처럼 '알고 있는' 것은 아니다.

인터넷에서의 진솔성은 역설적으로, '나와 어떠한 관계도 가지지 않은 사람'이라는 거리감에서 비롯되는 것으로 보인다. 면대면의 경우, 단일한 신체로 귀속되는 소통은 '그 사람'과의 지속적인 관계를 지향하며, 대화자는 일반적으로 상대의 반응을 지속적으로 살핀다. 이미 정해져 있는 사회적 관계가 대화 안으로 잠입해 들어온다. 그러나 인터넷에서는 구조적으로 이러한 '살핌'이 불가능하다. 대화자들은 기분이 나쁜 경우에도 표시하지 않으면 알 수 없는 상황에 놓여있다. 따라서 사람들은 자신의 방식대로 소통을 진행하게 된다. '일반적' 차원에서 내가 가지고 있는 타인에 대한 배려, 말하기의 방식에 따라 자신의 이야기를 전개해 나가게 되는 것이다.

이런 과정에서 '나'는 '나'를 향해 이야기하게 된다. "보이는 것은 컴퓨터와 모니터밖에 없는" 상황 속에서 사람들은 "마치 일기를 쓸 때의 편안함과 숙연함"을 가지고 대화를 진행하게 된다. 대화는 철저히 타인이 보내온 메시지에 근거하여 이루어지기 때문에 상호텍스트성이 매우 높아진다. 서로가 대화해 나가는 과정은 날실과 씨실이 엮여져 가는 과정과 유사하다. 시간의 흐름에 따른 대화의 진행을 통해 하나의 작품이 짜여지는 것이다. 이런 가운데 사람들은 '나 아닌 나'를 창출할 여지도 가지게 된다. 상대방을 모르기 때문에 확보되는 적당한 거리, 표정을 볼 수 없기 때문에 생기는 여유 속에서 사람들은 '내가 바라는 나'의 모습으로 소통하고 있음을 발견한다.

> "무슨 책을 좋아하느냐고 묻는데, 사실 저는 책을 잘 안 읽는데, 이 책 저 책을 막 대게 되더라구요. 뭔가 지적인 여자로 보이고 싶었던가 그랬나봐요... 그냥 그러고 싶었어요. 재밌는건요, 그렇게 거짓말을 했어도 전혀 뭐 미안하거나 그렇지는 않았어요. 진지하게 거짓말을 했달까."

이렇게 '--인 척' 하는 것은 '나 아닌 나'를 실험한다는 의미를 가진다. 성별, 지식, 직업, 구애받지 않고 그 위치를 전유하면서 마치 그 위치의 사람인 것처럼 보이려고 하는 노력은 대화 전체에 침윤되어야 한다. 그럴 때에만 대화가 지속되기 때문이다. 이러한 '척하기'는 사회적으로 보면 그 위치가 가지고 있는 사회적 이미지를 재생산하는 과정이다. 소통과정 속에서 여성은 더 여성적으로, 노인은 더 노인답게 재규정되는 것이다. 그러나 교육학적으로 보면, 그러한 시도는 자신이 가지고 있는 타인에 대한 이미지를 다시 보게 하는 과정임과 동시에 타인의 입장을 전유함으로써 자아를 넓혀나가는 과정이기도 하다. 예컨대 '여성인 척' 하는 경험은 여성에 대해 자신이 어떻게 생각하고 있는지를 구체적으로 드러내는 체험이 되며, '책 많이 읽는 척' 하는 경험은 자신의 지향성을 다시 확인하는 과정이다. 또한 타인이 그 '척' 한 대상에 대해서 가지고 있는 태도를 구체적으로 접하게 해주는 과정이기도 하다. 많은 '척'이 '재미로 한 번' 이루어지지만, 그럴 경우에도 '내가 왜 그런 행위를 했는가'라는 질문으로 쉽게 이어지며, 진지한 '척하기'는 자신의 정체성을 다시 보게 하는, 때로는 중요한 준거가 되는 것이다.

3. 정체성의 재구성 : 경험의 교류

정체성과 관련하여 인터넷이 가지는 또 하나의 가능성은 '경험의 교류를 통해 정체성을 재구성한다'는 것이다. 앞서 살펴본 '실험'이 인터넷 공간 일반에서 이루어지는 채팅에서 비교적 잘 나타난다면, '재구성'의 양상은 여성이나 동성애자, 장애인등과 같은 소외계층의 성원들이 구성한 사이버 공동체에서 잘 드러난다.[5] 이런 집단의 경우, 네티즌들은 자신의 경험을 드러내고 타인의 경험을 수용하는 과정을 통해 공동의 인식지반을 형성하면서 자신의 정체성을 재구성하게 된다. 경험이 교류되는데 '공

5) 소외계층과 관련해서 사이버는 '권력이나 자본'과 같은 외적인 힘이 드러나기 어려운 장면이라는 점에서 사회의 평등에 기여할 것이라는 기대를 받아왔다(한상진, 1995; Heim, 1993) "부자나 빈자, 권력자나 힘없는 자 모두 하나의 ID"만을 가지고 있는 사이버 상황에서 사회적 지위나 재력 등을 알 수는 없으며, 바로 이 점으로 인해서 소외계층은 면대면과 같은 차별을 벗어나 자신의 권리주장을 할 수 있을 것이라고 예측되었다. 즉, 사이버는 사회의 소외계층의 목소리를 대변하여 사회평등에 이바지할 수 있는 매체로 평가되었던 것이다. 그러나 사실상 소외계층은 사이버에 접근하는 것 자체가 어려우며, 따라서 그러한 가능성이 쉽게 열리고 있다고 보기는 어렵다. 학력은 물론이고 성별에 따라 사이버 이용도가 유의미하게 차이가 나는 것이 현실이기 때문이다. 이런 점에서, 사이버의 사회적 기여에 대한 문제를 다루는 경우에도, 소외계층의 '집단적 목소리'가 얼마나 강도 높게 실현되는가라는 문제보다는, 비록 소수이지만 소외계층이 사이버를 '어떻게' 이용하고 있는가의 문제가 보다 주된 관심의 대상이 되고 있다.

동체'라는 테두리가 필요한 이유는 경험고백이 자신의 내면을 표상하는 과정이어서, 상대방이 '무책임하게' 그에 대해 반응할 경우 쉽게 상처받게 되기 때문이다. 이로 인해서, 보다 "진지한" 이야기를 지속적으로 나누고 싶어 하는 네티즌들은 카페나 뉴스그룹 등의 '공동체'를 찾게 된다.

물론 많은 사이버 공동체에서는 '진지한' 이야기보다는 '흥미로운' 이야기가 선호된다. 취향이나 관심분야가 같은 사람들끼리의 만남을 통해 자신이 '좋아하는' 이야기가 오갈 수 있기 때문이다. 그러나 '게임카페'와 같은 취미 중심의 카페의 경우에도, 카페 공간 안에는 '삶의 이야기'가 오가는 '방'이 있게 마련이다. 사람들은 자신의 관심을 발전시키기를 원하지만, 동시에 '누가' 자신과 같은 관심을 가지고 '어떤' 인생의 경로 속에서 살아가고 있는지를 알고 싶어하기 때문이다.

이런 모든 카페에서 공통적으로 나타나는 삶의 문제를 집중적으로 거론하는 존재조건을 기반으로 한 카페들이 있다. 나이(노인카페)와 성별(여성카페), 계급(빈민카페)이나 성적 취향(동성애자카페) 등 존재의 유사성에서 시작된 모임에서는 자신이 겪은 어려움이나 설움, 그 서러움을 파생하는 사회구조의 정교함에 대한 논의가 오간다.

이는 소통되는 내용이 '경험'이라는 사실을 의미한다. 물론 학문적-정보적 내용이 오가지 않는 것은 아니지만, 그러한 지식조차도 '삶'에 접목되지 않을 경우 '의미 없는 정보'로 격하된다. 자신의 삶에 관심이 있는 사람들의 모임이기 때문이다. '경험'이 중심소재로 소통된다는 것은 이 집단에서 정체성의 문제가 본격적으로 다루어지고 있음을 말해 주는 것이다. 나의 정체성은 내가 나를 어떻게 규정하는가에 의해 구성된다는 점을 염두에 두면, 자신의 경험에 대하여 이야기하는 일은 자신이 보는 자신을 드러낸다는 점에서 정체성을 다루는 일이라고 볼 수 있다. 어떤 경험에 대한 서술이건 자신의 평가가 개입되지 않은 서술은 드물기 때문이다.

인터넷에서의 경험의 소통과정은 몇 가지 특수성을 가지고 있다. 우선 '매우 솔직하게' 경험의 교류가 이루어지고 있다는 점이다.

네티즌들이 꼽는 '솔직한' 이야기들을 분류해 보면 어느 정도 그 단서를 발견할 수 있다. 회원들은 자신의 인상에 남는 게시물로서 체험의 문제에 대한 고백과 자신의 치사스러움 혹은 한계를 그대로 이야기한 글을 주로 꼽는다.[6] 가장 "입 밖에 내기 어려운" 성 체험에 대한 고백, 그리고 지나친 경쟁심 등 가장 "인정하기 싫은" 자신의 문제를 드러내는 글을 보면서 그 솔직함에 "감탄"한다는 것이다. 예컨대 한 회원은 다음과 같이 말한다.

---

6) 솔직한 글 전체가 아니라 특정한 유형의 솔직한 글이 인상에 남는 이유는 집단차원의 선별이 이미 이루어지고 있기 때문이다. 회원들은 위 두 유형을 인상적인 글로 꼽았지만, 역으로, 게시자들 역시 일정한 여성주의적 틀로 게시화될 경험을 선별한다. 이런 차원에서 동회의 글은 다음과 같은 여성주의적 고백에 속한다고 볼 수 있다. "고백적 글쓰기는 그러므로, 일상의 영역에 개입하는 모순과 문제들에 대한 주관적 경험에서 출발한다. 그러나 동시에... 그것이 전달되는 여성 청중과의 관련에서 대표성을 가지는 것으로 인식된 경험의 측면을 선별해 낸다. 개인적 경험으로부터의 추상과 개인적 경험에 대한 토론을 진행해 나감으로써, 여성주의적 고백은 정치적 담론의 기능을 갖게 된다."(Felski, 1989: 95)

야, 이 사람 대단하구나, 했어요. 사실 성문제나 그런 거를 읽으면 우리는 이미지를 떠올리게 되잖아요. 그렇다고 오프를 안 하는 것도 아니고. 그러면 나 같으면 글을 읽은 사람들이 날 보면서 그 글을 생각할 것 같아서 절대 못 올리거든요. 근데 **는 자주, 아주 리얼하게 올리잖아요. ... 정작 그 안에서는(그 글을 읽으면) 진실성 같은 게 느껴져요. 처절하달까. 성문제를 아주 몸으로 고민하는구나, 싶어요. 나도 그런 거 고민 안하는 건 아니니까요."

귀엣말로 하는 비밀스런 감정, 사적인 체험을 '공적'인 장에 올린다는 것에 사람들은 일단 "놀라"고, 자신도 유사한 체험을 해왔음을 새삼 깨달으며, 그런 체험을 자신의 벽 안에 가두는 것이 아니라 많은 사람들이 읽을 수 있는 글로 올린다는 점에서 "감탄"하는 것이다. 한편으로, 예컨대 여성의 성 체험은 남성의 성 체험과 달리 "발설해서는 안 되는" 금기로 인식된다. 어릴 적부터 각인되어온 이런 '발설금지'의 규율은 "이미 성 체험을 한" 여성들에게 굴레로 작용한다. 자신의 체험을 왜곡 혹은 억압하여야 하기 때문이다. 따라서 특히 미혼여성의 경우, 다른 여성의 성 체험에 대한 게시물은 상당히 "용감"한 일로 여겨진다. 자신의 체험의 주체로 다시 자신을 자리매김한 여성으로 생각되기 때문이다. 이렇게 자신의 침묵을 벗어나야할 상황이라고 판단한 회원들은 따라서 자신의 체험에 대한 '게시물화'의 작업을 시도한다.

다른 한편으로, '나의 열등감' 혹은 '치사함' 등에 대한 언급은 자신의 인격과 감정에 대하여 공감과 성찰을 제공한다는 점에서 '의미있는 솔직함'이 된다. 예컨대 신체적 열등감으로 인해 겪게 되는 어려움, 다른 여성에 대한 시기심 등은 인정하기 싫지만

'현재의 나'를 구성하는 부분이다. 채팅이나 게시물을 통해 이런 이야기가 오감에 따라 사람들은 "이런 공간에 참여하는 사람들도 그런 문제로 고민하는 평범한 사람"이라는 사실을 깨닫게 된다. 자신에게도 있는, 버리고 싶지만 쉽게 버려지지 않는 그러한 감정을 다른 사람도 가지고 있으며, 발화를 통해서 해결해보고자 한다는 사실에 감동하게 되는 것이다.

사실 게시물을 써서 올린다는 것은 이미 그런 상태에 대한 '거리두기'를 성공하고 있다는 점에서 성숙의 지표라고 볼 수 있다. 자신에 대해서 발화한 사람은 바로 그 발화만큼, 그리고 그것을 공감적으로 읽는 사람들은 그에 자극받는 만큼 성장하고 있는 것이다.

정체성은 나의 경험과 역사를 어떻게 엮어내고 있는가에 따라 끊임없이 재구성된다. 따라서 기존에 가지고 있던 정체성을 다른 방식으로 규정하게 될 경우 그것은 정체성을 새롭게 구성해 나간다는 것을 의미한다. 마치 한 대학생이 이전에는 수치스럽게 생각했던 자신의 가난했던 과거를, 학생운동에 입문함에 따라 '역사의 주체인 민중의 딸'[7]의 경험으로 재규정하듯이, 특정 시각에서 자신의 과거 경험을 다시 쓸 경우 우리는 이를 '정체성의 재구성'이라고 부를 수 있다. 이렇게 보면 여성학카페에서의 '솔직한 글쓰기'는 외면하고 싶었던 자신의 경험을 직면하게 해

---

7) 여기서 '딸'이라는 용어를 사용한 것은 여성의 비가시성을 확인하기 위해서이다. 딸이라는 용어에 멈칫한 독자의 경우, 그 이미지 속에는 '학생'과 '남성'이 막연하게 동일시되고 있다는 사실을 알 수 있을 것이다. '아들'이라고 했다면 누구도 별 무리 없이 그다음 문장으로 나아가게 된다. 그러나 '딸'이라는 말을 접하면서 사람들은 자신이 떠올린 장면의 등장인물을 다시 여성으로 바꾸는 '재규정' 작업을 해야 한다. 여성은 대개의 경우, '여성'이라는 발화를 통해 언급될 때에만 이미지의 주체가 된다. 이런 사례들이 일상장면에서 작동하는 '비가시성'의 힘이다.

주고 나아가 그것을 공유한다는 점에서 정체성을 재구성하게 하는 계기를 제공하고 있다고 볼 수 있다.

사람들이 자신에 대해서 다시 생각해보게 되는 또 하나의 계기는 '진짜'가 무엇인가에 대한 의문에서 시작된다. '여성'이라거나 '흑인', '학생'이라거나 '성인' 등 정체성을 구성하는 여러 차원들은 대개 외부적 규정에서 시작된다. 눈에 보이는 신체적인 특성, 제도가 보장해 주는 사회적 지위 등으로부터 우리는 "나는 그런 사람"이라는 인식을 가지게 된다는 것이다. 그러나 이러한 외부적인 규정성이 내적인 속성을 가지지 않는 것은 아니다. 가령 '성인'은 18-20세 이상의 나이를 가진 사람이라는 규정을 가지지만, '자신의 삶에 책임을 가지고 자율적으로 결정하는 사람'이라는 내용적 규정도 수반한다. '학생'은 특정한 교육기관에 등록한 사람을 일컫지만 공부를 업으로 하는 사람을 말하기도 한다. "나 학생 맞아?"라는 농담은 학생의 본원적 업무나 자질에 자신이 걸맞는지를 질문하는 것이지, 등록여부를 묻는 것이 아닌 것이다.

인터넷에서 사람들이 서로를 확인할 수 없다는 사실은 자신의 내적 정체성을 본격적으로 묻게 되는 계기로 작용한다. "건축학 전공자임에도 불구하고" 건축학에 대한 단순한 질문에 답하지 못하는 자신을 발견할 때, 사람들은 오히려 스스로의 자격조건을 의심한다. 나의 자격, 나의 태도, 나의 지식 등이 나의 외적 규정성과 맞는지에 대하여 고민하기 시작하는 것이다. 이러한 양상은 인터넷의 경우에도 동일하게 나타난다. 아프리카계 미국인들의 뉴스그룹인 SCCA에 대한 연구에서 버크할터는 다음과 같은 언급을 인용한다(Bulkharter, 1999: 64).

뭐 클라렌스 토마스가 흑인이 아니었어? 몰랐어. 정말 난 그 사람이 흑인인 줄 알았어. 도대체 이럴 경우 '진정한 흑인'이라는 게 뭘까?

토마스의 글을 보면서 "흑인만이 이런 말을 할 수 있다"고 생각한 게시자는 토마스가 흑인이 아니라는 사실을 알고 고민에 빠진다. 만약 백인인 토마스가 흑인인 자신보다도 더 흑인다운 말을 하고, 흑인다운 사고를 하며 그렇게 살아간다면, '진정한' 흑인은 껍데기가 흑인인 자신이라기보다는 토마스일지도 모른다는 사실을 생각하게 되었기 때문이다.

존재의 유사성에 근거한 카페에서는 자신의 삶 혹은 정체성의 문제를 다루는 글이 주류를 이루기 때문에 글은 존재를 표상하는 것으로 간주된다. 여성, 흑인 혹은 동성애자가 그에 대한 고민을 실은 내용을 글로 올릴 것이라 여겨지는 것이다. 그러나 글은 다른 한편으로 충분히 수행적인 것이기 때문에, 존재를 직접 반영하지는 않는다. 의식의 굴절이나 개인의 경험사 속에서 백인은 흑인 이상의 흑인이 될 수 있고, 남성은 여성 이상의 여성이 될 수 있다는 것이다.

따라서 상대가 보이지 않는 인터넷에서는 '누가 어떤 말을 하는가'가 '누가 어떤 존재인가'보다 중요해지며, 존재(being)는 수행(performing)과 결합된다. 인터넷은 '정체성의 진정성'이 고민될 수 있는 장으로서의 가능성을 가지는 것이다. 따라서 "사이버에서 우리가 우리의 내적인 다양성을 파악하게 됨에 따라 우리는 자신의 한계를 알게 된다. 알아가는 자아는 결코 완전하고 전체적이라거나 단순히 어떤 장소에 있고 진정성을 가진 존재가 아니"며(Turkle, 1995: 261) 끊임없이 자신을 구성해 간다는 판단이 가능한 것이다.

그러나 그렇다고 해서 존재와 수행이 동등한 비중으로 결합하는 것은 아니다. 좋은 게시물이건 문제가 되는 게시물이건, 사람들은 끊임없이 '존재'에 대한 궁금증을 갖는다. "도대체 누가 이런 글을 올렸는가"라는 궁금함은 면대면 공간의 존재에 대한 궁금함이다. 예컨대 사이버 공동체에서 벌어지는 게시자의 시각을 문제 삼는 논쟁은, 논리보다는 저자의 (면대면) 정체성에 도전하는 경우가 많다. 예컨대 충분히 정교한 논리를 동원한 글이라고 하더라도 공동체의 정신을 위배하는 글이 게시된 경우, 공격의 초점은 논리보다는 상대의 정체성에 모아지는 경우가 많다. 다음의 논쟁은 정체성 간의 대립장면을 잘 드러내준다.

> 〈주장〉
>
> 실상 내 개인적으로 보았을 때 못생긴 여자들이 여성학을 많이 한다..
>
> 이유를 살펴보자,,
>
> 첫째, 남자를 오해한다..
>
> 실상 못생긴 여자들은 남자를 잘 모르는 측면이 강하다. 그래서 남자를 매우 공격적으로 파악하기도 한다... 못생긴 여자들은 자라면서 남자들에게 외면당해 온 것을 사회적 피해와 동일시 여기려 한다... 둘째, 남자를 미워한다.. 이것은 사랑을 못 받아온 것에 대한 당연한 결과이다...
>
> 셋째, 미적 가치기준의 차이. 이들은 자신의 외모에 심한 콤플렉스를 느끼지만 나이를 먹으며 자포자기하는 경향이 있겠다... 그리고 또한 자본주의 미적 가치기준에서 벗어난 사람들과의 인간관계를 맺으면서 또다른 가치를 찾아 나선다 하겠다...

〈반박〉

일반화된 법칙을 제시하는 것이 불가능한 사회현상에 이렇게 "명료한" 이론을 제시하신 아래 몇 남자분들의 지적 성과에 경탄을 금할 길이 없습니다. 이렇게 뛰어난 분들이 다 남자들이니, 여자들이 모여서 하는 일들이 다 우습게 보이는 것은 당연하죠. 같은 남자로서 어깨가 으쓱해집니다. 하지만, 사회과학을 공부하는 학생으로서 한 가지 여쭙고 싶습니다. 위와 같은 대이론은 어떠한 근거를 토대로 한 건가요?(이하생략)

주장은 '개인적' 시각에서 '못생긴 여자가 페미니스트인 이유'를 설명하지만, 반박은 그 이유에 대한 해명이라기보다는 '남자들'이기 때문에 그토록 '명료한' 이론을 제기하고 있다고 본다. 논의의 정합성보다는 정체성이 중요한 문제로 대두되는 것이다. 반박 글을 쓴 사람은 동시에 자신도 "같은 남자"이며, 따라서 역설적으로 남자들 가운데서도 자신과 같지 않은 생각을 가지고 있는 사람이 있음을 드러낸다. 반박 역시 자신의 정체성을 밝히는 방식으로 진행되는 것이다.

이런 논의 과정은 존재와 수행간의 경합이 이루어지는 장면을 보여준다. '논리'보다는 '의도'가 중요하기 때문이다. 이런 과정 속에서 사이버공동체의 회원들은 한편으로는 외적으로 부여된 면대면 공간의 정체성이 갖는 힘을, 다른 한편으로는 정체성이 고정된 것이 아님을 알아가게 된다. 그리고 그러한 계기들에 맞서면서 회원들은 자신의 정체성을 새롭게 교직해 가게 된다. "소극적인 성격"으로 자신을 묘사하는 가입 2년차 한 회원은 그런 변호의 계기를 다음과 같이 이야기한다.

"처음에 저는 여기 참 대단한 사람들이 많구나, 그런 생각을 했어요. 그 다음에는 아, 그 사람들도 다 한계도 있고, 어려움도 있고, 약하기도 하구나, 그랬어요. 다들 너무 외롭구나. 여자라는 틀에 갖히는 것도, 그걸 벗어나는 것도 정말 어려운 일이죠. 요즘에 저는 집단상담에 참여해요. 지나치게 막 어떤 틀에 갇히는 것도 아닌 거 같구, 나를 찾아가고 싶다, 그런 생각 때문에요."

4. 교육공간으로의 전환을 위한 조건

앞서 논의한 바에 따르면 인터넷은 사람들이 자신을 새로운 방식으로 성찰하게끔 하고, 자신에 대해 재인식할 수 있도록 하는 공간으로서의 가능성을 가진다. 그리고 그 가능성의 틈새에서 우리는 교육적 상호작용의 단면을 발견할 수 있다. 물론 이렇게, '교육적'이라고 부를 수 있는 공간이 되기 위해서는 구조적 · 상호작용적 차원에서 몇 가지 전제가 필요하다.

우선, 구조적 차원에서 보자면, 사이버 공간이 교육적 공간이 되기 위해서는 어느 정도 '상호인정의 틀'이 요청된다는 것이다. 같은 주제로 토론을 하는 경우에도, 일정한 지속성과 안정성을 가지는 사이버공동체와 일회성 토론이 이루어지는 공개게시판을 비교해보면, 토론의 질이나 수준에 있어서 사이버공동체가 월등하다는 사실을 알 수 있다. 특히 '군가산점'이나 '스크린쿼터'와 같은 논쟁적인 쟁점의 경우, 누구나 게시가 가능한 공간에서는 욕설과 비난, 무책임한 발언 등이 주류를 이룬다. 진지한 논의는 오히려 이질적이다. 이러한 양상은 익명성과 비가시성이 결합된 결과 출현한 것이라고 볼 수 있다. 누구도 나를 모를 뿐 아니라 누구도 나를 볼 수 없는 상황에서 사람들은 자신의 욕망을 가감없이, 어떠한 이성적인 검열도 없이 "내뱉는다". 한편으로 그러한 욕구의 해소를 위해 인터넷을 찾는 사람이 존재하는 것 역시 사실이다.

그러나 사이버공동체의 경우, 공동체에 참여하는 사람들은 서로를 볼 수는 없지만 '일정한 ID'를 인지한다. 면대면에서 누구라는 사실은 몰라도, 이 글을 올린 사람은 이전에 어떤 글을 올린 사람이며, 언젠가 나와 채팅을 한 적도 있는 사람이다. 심심치 않게 열리는 오프모임은 소수의 사람과의 면대면 친분을 맺게 해주기도 한다. 이런 '일정한 앎'의 관계로 인해서 사이버공동체에서의 대화 혹은 토론은 공개게시판에 비해 진지하고 연속적이며, 책임 있게 진행된다. 발언한 사람은 자신의 글을 '소중하게' 다루는 것이다.

익명성이나 비가시성이 문제가 된다고 해서, '오프(off)'를 '온(on)'으로 연장하는 것이 바람직한 것은 아니다. 사람들이 인터넷에서 자신의 정체성을 되짚어 볼 수 있는 이유는 자신을 향해 말할 수 있고, 누구의 영향도 특정하게 받지 않는 '온(on)'의 상황 때문이다. 따라서 교수와 학생의 관계가 이미 면대면 공간에서 안정적으로 마련되어 있는 가상대학과 같은 사이버 공간에서는 사이버공동체와 같은 '자유로움'이 생겨나기 어렵다. 적절한 정도의 익명성과 비가시성은 솔직한 토로와 내면의 반추를 가능하게 하는 지반이기도 한 것이다.

인터넷의 교육적 가능성은 인터넷에서 교육적 상호작용이

이루어지고 있다는 것에서 출발한다. 인터넷이 어떠한 물리적 공간도 없는, '상호작용에 의해 창출된 공간'이라면, 그 안에서 사람들을 성찰하게끔 하는 힘이 상호작용에서 찾아지는 것은 당연한 일이다. 모종의 교육적 상호작용으로 인하여 사람들은 자신이 창출한 '자아'를 실험하고, 평가하고, '현실' 자아를 확장하는 거울로 사용한다. 인터넷이 교육적 공간이 되기 위해 상호작용의 차원에서 요청되는 조건은 다음과 같이 정신분석적 관계와의 유비 속에서 설명될 수 있다.

우선, 사람들은 서로 어떠한 이해관계도 가지지 않은 채 결합해야 한다는 것이다. 인터넷이 가지는 강점은 기호나 존재기반, 관심과 취향이 같을 뿐 대개의 경우 '사회적 연출'은 작용하지 않는다는 것이다. 바로 이것이 교육적 상호작용을 하게끔 하는 첫 번째 특징이다. 정신분석에서, 상담자는 내담자와 어떤 구체적 관계도 가지지 않는 '순수히 내담자의 이야기를 들어주기 위해' 존재하는 사람이다. 타인의 이야기가 자신과 어떠한 이해관계도 없이 이루어진다는 점 때문에 신뢰하며, 자신의 이야기를 재조명하는 단서로 사용한다. 내담자와 '아무 관계도 없는' 관계, 그로 인해 내담자가 겪은 감정적 상처가 투사될 수 있는 존재가 바로 상담자이다. 인터넷에서 자신의 이야기는 자신의 문제를 인터넷이라는 공간에 담아냄으로써 자신을 다시 보게 하는 '투사'로서의 효과를 가진다. 정체성에 영향을 미칠 정도의 강력한 힘은 바로 이렇게 이해관계가 없음으로 인해서 생겨나는 거리에서 비롯되는 것이다.

다음으로, 대화(채팅)가 솔직하고 자유로운 표현, 편안한 자기표출로 이루어질 때 사이버 공간에서는 교육적 상호작용이 일어난다. 채팅을 하는 것은 "떠오르는 대로 막 이야기하기"이다. 그런 이야기들이 서로 상승작용을 할 때, 사람들은 '충만감'을 느낀다. 정신분석에서 치료의 방법은 상담자와의 '대화'이다. 솔직하고 자유로운 표현을 통해 내담자는 자신의 무의식을 인식하게 되고, 자기성찰을 통해 왜곡된 자아의 모습을 해체하고 재구성하여 새로운 자기인식에 도달하면 억압에서 자유로워질 수 있다 (Usher & Edward, 1997. ch. 3). 완전히 동일한 것은 아니지만, 인터넷에서의 대화는 다양한 형태의 실험을 통해 자신의 모습을 다시 보게끔 해준다. 곧 교육적 상호작용은 상대의, "막"하는 이야기를 들어줄 수 있을 정도의 여유, 그리고 솔직하고 자유로운 표현에서 시작된다는 것이다.

끝으로 인터넷이 교육적인 공간이 되기 위해서는 관계는 관계에 대한 헌신을 전제로 해야 한다. 관계는 다른 목적을 위해 존재하지 않는다. 신뢰는 외적으로 주어지지 않으며, 계속해서 '작업'되어야 한다. 충분히 공감하고 피드백주지 않으면 끊어지는 상담자와 내담자의 관계에서처럼, 인터넷에서의 권위는 게시물의 내용을 통해 지속적으로 재창출되어야 하며, 대화는 전념을 요구한다. 신뢰나 전념, 열린 관계 등 기든스가 말한 '순수한 관계'의 내역(Giddens, 1997: 162-177)이 작동할 경우에만, 인터넷의 가능성은 실현된다는 것이다. 어쩌면 그러한 순수한 관계는, 교육적 상호작용이 최종적으로 지향하는 관계인지도 모른다.

chapter

13

인터넷의 평생학습적 재구성 전략

평생학습의 시각으로 인터넷을 읽어내는 일의 최종적 목적은 인터넷에서의 교육을 기존의 학교교육적 패러다임을 넘어서서 기획 해 내는 일이다. 인터넷을 통한 교육은 인터넷의 대중화 이후 흔히 '온라인 교육'이라 불리는데, 온라인 교육은 인터넷이라는 새로운 교육장으로서의 강점을 취하면서도, 실제 교육의 현장에서는 교수이론이나 교수법, 학생지도방식에 있어서 학교교육의 모델을 벗어나지 못하고 있다(Peters, 1999; Bates, 1995). 1,712명을 대상으로 한 한국정보문화센타의 수요조사에 따르면, 인터넷사용자들 가운데 15%의 응답자만이 인터넷 유료교육을 고려하겠다고 답하고 있는데, 이는 온라인 교육이 오프라인 교육에 비해 열등재로 인식되고 있음을 보여준다. 온라인 교육이 열등재로 생각되는 주된 이유는 강사의 일방적인 교육, 상호작용의 부실 등이다(황동열 외, 2001). 학교교육적 교육관행으로 기술의 잠재력이 사장되고 있는 것이다.

이 장에서는 온라인 교육의 실행 상 자기제한의 한 원인이 기존의 학교교육패러다임에 근거한 공학적 자기이해방식에 있음을 밝히고, 인터넷의 기술적 잠재력을 평생교육적 차원에서 실현하기 위한 방안을 검토한다.

1. 공학적 이해방식의 한계

1) 도구주의와 경제주의의 결합

원격교육에 대한 논의는 대개기술이 사회변화의 결정요인이라는 기술결정론적 입장을 취하는 경향이 있다. 원격교육의 세대구분은 그 한 예로, 게리슨(Garrison, 1989)은 매체의 발달순서에 따라 원격교육을 3세대로 구분하고 있다. 각종 인쇄매체와 오디오 · 비디오 자료, 면대면 출석강의 등에 의한 전통적인 기법의 제1세대와 다양한 형태의 텔레컨퍼런싱이 가능한 제2세대, 개인용 컴퓨터와 네트워크에 의한 제3세대가 그것이다. 정인성(1999) 역시 우편을 중심으로 하는 1세대, 텔레비전과 라디오를 중심으로 하는 2세대, 인터넷을 통한 원격교육이 진행되는 3세대로 세대구분을 하고 있다. 문제는 이렇게 미디어의 발달에 따라 구분할 경우, '교육'이 어떻게 발달하였는지는 알 수 없다는 점이다. 원격교육의 주된 흐름이 효과 비교 및 설계, 구축 등의 원론적 연구였다는 지적(이명근, 1999) 역시 원격교육이 교육을 다룸에도 불구하고 정작 교육이 대상으로 삼는 '사람'은 부차적으로 다루어졌음을 보여준다.

기술결정론[1]의 인식론은 기술은 자연보다 우월한 것이라는 인식론, 인간을 기술적으로 처리 가능한 심적-육체적-물리적 에너지의 집결체로 보는 인간관, 세계는 기술에 의해 재단될 수 있다는 사고에 기반하고 있다. 그러나 기술이 중요한 것은 기술이 사람들의 존재이해와 진리이해에 영향을 미치기 때문이지[2], 기술 자체가 중요한 변수이기 때문은 아니다. 그러므로 기술을 다룰 때는 언제나 기술의 다양한 측면과 그것에 형태를 부여한 과학적-조직적-사회적-경제적-정치적 과정을 다루는 것이 필요하다(Bijker, 1999: 25). 구체적 기술과 사회적 관계를 동시에 다룰 때 기술이 현실화되는 맥락과, 그 사회적 여파에 대한 '인간' 차원의 대응을 구안할 수 있을 것이기 때문이다.

---

1) 기술결정론은 '정보화사회', '탈산업사회' 등 사회 전반의 특성을 규정하는 용어탄생의 인식론적 기반이기도 하다. 예컨대 토플러(Toffler, 1993)는 새로운 정보기술로 인해 소비자의 기호에 맞는 다양한 상품이 생산된 결과, 사람들의 욕구나 성향들은 다양해지고, 그에 따라 대중을 기반으로 하는 모든 사회적 기제들이 변화하게 된다는 입장에 서 있다. 골드하버(Goldhaber, 1983)역시 정보통신혁명에 의해 도래한 새로운 사회에서는 의미 있는 새로운 노동계급조직의 형태가 출현할 것이라고 전망한다. 현재의 계급과 경제적 관계는 더 이상 존재하지 않으며, 정보에 기초한 사회질서가 기대된다는 것이다.

2) 예컨대 메시지를 전달하기 위해 우편을 사용하던 시대와, 움직임 자체가 메시지가 되는("나 학교에 도착했어") 이동통신을 이용하는 시대는, 하이데거 식으로 말하면 서로 다른 역사적 존재이해와 진리이해를 가지고 있다.

이에 따라 원격교육에 대한 논의 역시 최근에는 '기술의 사회적 구성'을 인식의 지반으로 삼아 웹 환경에서의 '학습자'에 대해 주의를 기울이고 있다. 매체로부터 학습자로 초점이 이동하기도 하고, 학습자의 상호작용을 촉진하기 위한 기술에 대한 관심도 증대한다. 그러나 여전히 기술편향성에 대한 지적은 사라지지 않고 있다.

원격교육의 기술적 영역에 대한 관심이 압도적이다. 교육자들이 본질적으로 '휴머니스트'임을 생각할 때, 이런 관심은 아이러니한 것이다. 원격교육 컨퍼런스에서처럼 기술에 대해 강조하는 곳은 없다. 수백 개의 분과가 원격학습의 기술적인 영역을 다루면서도, 인간의 영역을 다루는 분과는 하나도 없는 경우가 종종 있다(Spitzer, 1998: 52).

왜 이런 상황이 발생하였을까? '사람'을, 특히 '학습자'를 고려의 대상에 넣는 경우에도, 그 사람이란 '기술이 미치는 영향 혹은 효과로서의 학습자'로 환원되기 때문이다. 근본적 이해관심이 '어떻게 하면 효율적인 교육을 할 것인가'에 두어지기 때문에 학습자의 위상은 하나의 종속변인 이상이 되기 어렵다. 기술공학적 관점은 과학적 이론과 기법의 적용을 통해 문제해결을 추구하는데, 그 관점에서 보면 사람은 종속변수에 지나지 않는다. 실제로 교육에 있어서도, 인간존중과 같은 애매한 용어사용보다는 전망 있는 직업 능력의 효율적 배양과 같은 표현이 두드러진다.[3)]

---

3) 이는 하버마스가 『인식과 관심』에서 의사소통적 관심, 해방적 관심과 차별적인 '도구적 관심', 쇤이 『성찰적 실천가』에서 행위 내 성찰과 구분되는 '기술합리성'으로 명명한 영역에 해당한다.

그렇다면 도구주의적 관심의 최종적인 목표는 무엇인가? 여러 논자가 지적하듯이(Harris, 1987; Verduin & Clark, 1991), 대학 혹은 교육기관에서 사이버 원격교육에 대해 관심을 가지는 이유는 '원격'으로 인한 비용절감 때문이다. 한 번 콘텐츠를 개발하면, 유지비용 이외에는 비용이 거의 들지 않으며, 장소 임대료나 인건비 절감의 효과가 크다. 이런 '수익적' 측면으로 인하여 원격교육에 대한 관심이 증대하였으며, 같은 선상에서 어떻게 하면 더 적은 비용으로 더 효과적인 콘텐츠를 제작할 것인가, 어떻게 상품화하는 것이 효과적인가 등이 핵심적인 관심사로 부상하였다. '산업화모델'로 지칭되는 원격교육모델이 등장하는 것이다.

도구주의와 경제주의가 결합된 모델에서 학습자는 '소비자'로 상정된다. 교육이 효과적인 교육상품을 위한 수단의 의미를 가진다고 보면, 학습자가 원격교육에서 중요한 위치를 차지하는 것은 상품판매에서 소비자가 중요하게 다루어지는 것과 같은 맥락이다. 물론 실제 학습 진행에서 학습자의 능동성이 사라지는 것은 아니지만, 이미 '잘 설계된 콘텐츠'를 사는 입장에서 발휘할 수 있는 능동성은 '선택의 자유'이다. 학습자들은 문화 상품의 생산과 소비가 일반화된 사회, 즉 '프로그램화된 사회'에서 허락되는 유일한 자유(Touraine, 1995 : 308)인 선택의 자유만을 가질 수 있을 뿐이다. 원격교육상품에서 학습자들은 '욕구가 있는 존재'일 뿐, '창조하는' 존재로 상정되지 않는다. 창조의 주체는 교육자나 교수설계자이다(Apple, 1990).[4]

4) 물론 원격교육 논의 가운데 학습자의 주체성을 키우기 위한 방법을 고민하는 연구가 없는 것은 아니다. 예컨대 문제제기 능력을 키우기 위해 어떤 지원을 해야 할 것

이런 관점은 물질생산의 영역에 적합한 관점이지, 의사소통이나 비판 또는 일상적 대화나 인격도야의 영역을 해석하는 논리가 아니다. 그렇기 때문에 도구주의적 관점이 교육실천의 장에 적용되면, 교육에서 삶은 사라지고 경제적 관계만이 남게 된다. 사실 교육의 과정은 교환으로는 설명될 수 없는 '덤'의 경제이다. 교육자는 받은 것보다 더 많이 가르치기 위해 노력하며, 학습자는 남에게 이익을 줄 수 있는 자율성을 확보하기 위해 배운다. '받음 만큼 주고 준만큼 받는다'는 원리로는 설명할 수 없는 인간적-정서적 관계에 기반하고 있는 것이다(Strain, M. 1998: 276).

이런 교육에 대한 도구적·경제적 모델은 역설적이게도 그것이 목표로 한 경제적 이익을 얻을 수 없게 한다. 경제적 이익을 위해서는 학습자들이 교육받기를 선택해야 하는데, 더 좋은 교육은 경제외적 관계 속에서만 가능하기 때문이다. '더 좋은 교육'은 교육적 관계 속에서만 발견될 수 있다. 쇤(Schön, 1983)이 도구적 관심의 대명사인 기업교육의 기본원리를 '기술합리성'을 벗어난 인간행동의 과정에서 찾아냈다는 점은 그런 역설의 한 예이다. 인간해방이 아니라 이윤창출이라는 경제적 목적을 위해서조차도 근대적인 도구적 인식론을 버려야 생산적인 논의를 할 수 있다는 것이다. 이것이 평생교육적 관점이 요청되는 지점이다.

2) 학교지향성

인터넷 공간의 교육적 가능성은 학교와는 다른 논리로 교육

인지를 탐색하는 게리슨 등의 연구(Garrison et al, 2001)는 주목할 만하다.

장면이 구성될 수 있다는 점에 있다. 그러나 교육=학교라는 시각으로 인하여 인터넷에서도 학교지향성은 사라지지 않고 있다. 원격교육은 시간-장소상의 제약을 받지 않는 학교를 벗어난 교육으로서 그 자체로 혁신적이지만, 원격교육 자체가 학교교육의 패러다임에서 벗어나는 것을 보장하지는 않는다. 공학적 자기이해방식이 가지는 두 번째 문제는 바로 이런 학교지향성이다. 예컨대 워털루 대학(Canadian University of Waterloo)은 자신의 교육 정책을 다음과 같이 서술한다.

우리는 정해진 시간에, 정해진 과제를, 정해진 기간 동안 진행하며, 시험 역시 정해진 일정에 맞추어 치른다. 우리는 지리적으로는 떨어져 있어도, 학생들을 교실 구성원이라고 간주한다. 그러므로, 우리 학생들은 일반 학교에서의 수업에서 하는 바로 그 방식대로, 일정에 맞추어 수업을 시작하고, 진행하며, 과제를 제출하고 시험을 치른다(Leslie, 1979: 36 : Holmberg, 1993 : 333에서 재인용).

위의 예가 다소 극단적이기는 하지만, 원격교육의 자기이해의 근간에는 위와 같은 학교지향성이 자리잡고 있다. 한 손에는 "학교를 벗어난 새로운 교육"이라는 깃발을 들고 있지만 다른 한 손에는 학교를 움켜쥐고 있는 셈이다.

원격교육이 학교지향성에서 벗어나지 못하고 있는 이유는 다소 역설적이다. 교육 비수혜층에게 고등교육기회를 부여하기 위해 시작되었다는 점에서 원격교육은 애초에 '학교를 지향'하면서 동시에 '학교와 다를' 것을 요청받았다. '원격'은 학교가 아닌 상황의 특수성을 전제로 삼았지만, '학교교육을 받고 싶지만 받을 수 없는' 사람들에 대한 교육기회제공이 원격교육의 설립 근거이기 때문에[5], 원격교육 제공자들은 끊임없이 학교 닮은 교육을 제공하기 위해 노력해왔다. 학습자들은 학교교육과 유사한 교육을 원할 것이라고 상정되었고, 따라서 '원격'의 특성은 되도록 드러나지 않는 방식으로 교육이 진행되었다. 무엇을 배울 것인가, 어떻게 평가할 것인가, 교사와 학생의 관계는 어떠해야 하는가 등의 문제가 '학교'의 상상력 안에서 다루어졌다.

학교가 원격교육의 모델로 쉽게 자리 잡음으로써 원격교육 나름의 교육적 가능성을 살리는 교육모델에 대한 탐색은 등한시되었다. 당연히 원격교육의 방향부재, 교육모델 부재, 나아가 이론의 부재라는 문제가 제기되었다. 그러나 그 문제는 '원격'교육의 한계인 듯이 다루어졌다. 학교모델을 차용하는 한, 학교의 완전한 복제는 불가능하다는 점에서 원격교육은 학교교육을 보완하는 열등재로 남게 될 수밖에 없음에도 불구하고, 복제의 악순환에서 벗어나지 못한다. 그렇기 때문에 원격교육 나름의 모델을 찾아나가는 시도[6]는 필연적으로 학교를 벗어난 상상력을 요청한다.

---

5) 이런 사례는 상당히 많다. 미국 최초의 원격교육은 1840년 성인을 대상으로 하는 성경 교육으로, 직업적-장소상의 이유로 학습을 할 수 없었던 성인들을 대상으로 우편을 통해 교육을 할 수 있다는 사실을 깨달은 지식인에 의해 실시되었다. 1850년대에는 런던대학이 우편으로 학위를 주는 방식을 도입하였고 독일에서도 1856년 처음으로 우편학교가 생겨났다. 스웨덴의 경우 1898년 우편을 통한 교육지원이, 미국의 경우에는 1883년 뉴욕에서 통신대학(Correspondence University)이 설립되었다. 미국의 경우, 쇼토쿠와 운동의 지도자들은 성인들에게 교육기회를 주기 위한 운동의 일환으로 원격교육을 실시하였으며, 가장 대표적인 원격교육기관인 영국개방대학도 모든 국민에게 고등교육을 제공하기 위해 설립되었다. 우리나라의 방송대학교, 중국의 원격교육CRTVU: China's Central Radio and Television University)역시 고등교육의 기회를 갖지 못한 사람들에게 교육기회를 부여하기 위해 세워졌다(Verduin & Clark, ch.2).

그러나 물론 원격교육의 학교지향성은 매우 견고하게 유지되고 있다. 최근 원격교육을 대치하는 개념으로 사용되는 이러닝에서도 그런 경향이 나타나고 있다. 이러닝은 기존의 원격교육에 비해 상호작용을 강조하며, 경험학습이나 기회확대, 지속적인 학습 등을 강조하며, 새로운 교육패러다임을 제시한다는 점에서 가히 혁명적인 교육모델처럼 보이지만, 여전히 학습은 '성과개선을 위해 기술이나 지식을 습득하는 과정'으로 정의되고 있어(Rosenberg, 2001: 40), 그것이 과연 새로운 패러다임인가에 대해서 의문이 제기된다. 학교가 상위학교에 진학하기 위한 지식을 습득하고 시험을 최종적인 목표로 삼으면서 학생의 삶을 탈맥락화하고, 학생을 사례로 계량화하는 메커니즘과 유사하게, 이러닝은 기업의 이윤창출을 목표로 노동자의 학습을 증진시켜 현장역량을 키우고자 네트워크를 강화하고 학습을 모듈화하고 있다. 그런 점에서 이러닝과 학교의 거리는 그리 멀지 않다고 할 수 있다.

학교패러다임에서 벗어나지 못하는 더 구체적인 원인은 기관의 이익을 우선시하고, 학생을 통제하는 실천이 이미 일상 속에 깊이 뿌리박고 있다는 점에서 찾을 수 있다(Johnson, 1991: 25-6). 기관은 '구조화된 콘텐츠'를 통해 보다 많은 수익을 올리는 것이 생리이고, 이는 인터넷에 대하여 '멀티미디어를 통해 콘텐츠를 전파할 수 있는 대중매체'로 파악함을 의미한다. 이 때 모델

6) "원격교육과 전통적인 대학교육 사이에 아무런 차이가 없다고 주장하는 사람들은 교육학적으로 사고하는 사람이 아니며, 다른 아젠다를 따르고 있는 것으로 보아야 할 것이다... 교육학의 관점에서 볼 때 원격교육은 하나의 독자적인 형태의 교수-학습형태이다. 이러한 이유 때문에, 원격교육학이 당면하고 있는 중요한 문제들은 원격교육 나름의 독특한 이론적 접근, 해석, 개념, 그리고 경험에 의해 해결되어야 한다"(Peters, 1999).

은 학교교육에서 전형적으로 사용하는 일인 대 다수의 소통에 기초한 '강의식' 교육모델이라고 할 수 있다. 학생의 경험과 기존의 지식으로부터 새로운 지식을 구성해가는 방식보다는 상품화된 지식전달을 선호하는 것이다. 이런 점에서, 이미 1969년에 영국 개방대학의 총장이 이야기한 "전통적 교육이 세워놓은 기준"을 탈피한 교육적 상상력(Ferguson, 1976)은 30년이 지난 현재에도 여전히 과제로 남겨져 있다.

3) 학습자에 대한 방임

원격교육의 원리 가운데 하나는 '학습자 주도적인 교육'이다. 학교교육이 교실에 앉아있는 학생들을 대상으로 교육을 실시하며, 따라서 교육자는 언제나 학습자를 '집단'으로서 만나게 되는데 반해 원격교육은 자기 생활을 가지고 있는 학습자 '개인'을 대상으로 한다. 대개 원격교육 학습자는 자신의 생업을 유지하면서 학습에 임하는 성인학습자로서, 나름의 생활 맥락을 가지고 있다. 이런 점에서 원격교육학자들은 원격교육이 가지는 강점을 '생활맥락'을 잃지 않는 상태에서의 개인별 학습제공을 해줄 수 있다는 점에서 찾는다(Keegan, 1994).

이러한 원격교육의 '개인'에 대한 고려는 한편으로, 원격교육이 학습자의 요구에 부응하는 교육을 제공할 수 있는 교육임을 드러내 준다. 우편교육의 경우, 궁금한 사항은 학습자 개인별로 처리되어 개인은 교실의 권위에 주눅들지 않고 학습할 수 있는 기회를 가질 수 있으며, 컴퓨터 보조수업이나 반복적 방송수업의 경우, 학습자는 자신이 충분히 이해할 때까지 반복해서 내용을 습득할 수 있다.

인터넷을 통한 교육은 이런 '개인 학습'의 특성을 대폭 강화한다. 게시판이나 채팅 등을 통해 학습자들은 자신의 의견을 교육자 및 동료학습자들에게 제시할 수 있으며, 대개의 사이트에 마련된 Q&A란을 통해 질문에 대한 답을 얻을 수 있게 되어 있기 때문이다. 또한 강의는 기본적으로 반복 학습이 가능하기 때문에 학습자는 자신의 진도나 수준에 따른 학습을 할 수 있다. 또한 원격교육은 대개 모듈[7]로 짜여 있어, 학습자의 구미에 맞는 최소 단위의 다양한 프로그램을 제공한다. 학습자는 주문제 생산처럼, 자신에게 맞는 교육을 다양하게, 개별적으로 선택할 수 있다.

그러나 이렇게 학습자 개인을 강조하는 원격교육의 장점은 역으로, 몇 가지 문제를 가지고 있다. 우선, 원격교육에서 학습자는 '생활인'으로서보다는 '학습 단위'라는 추상적이고 파편적인 범주로 다루어지게 된다. 환자가 치료의 대상이 아니라 이미 정해진 의료적 범주 안에 분류됨으로써 치료의 선택과 적용의 대상이 되는 것처럼, 학습자는 '인간 일반'의 학습과정의 견지에서 고안된 콘텐츠의 사용자로 위치 지워지게 되는 것이다. 문제는 이렇게 될 경우, '개인'이 강조되는 것처럼 보이지만, 사실상 '구체적 삶이 사라진 개인' 즉, '추상적 개인'만이 남을 뿐이다.

---

7) 모듈(module)이란 라틴어의 '독자적 부분'이라는 의미의 'modula'라는 말에서 비롯된 용어로, 자체 내 독립성을 가지면서 구조 자체의 변화나 교체를 방지하고, 작은 단위의 변화를 통해 전체 구조의 유지를 가지게 하는 구조의 최소 단위를 지칭한다. 교육에서 모듈도 마찬가지로, 보다 큰 학문주제나 훈련 프로그램의 한 부분을 형성하는 짧은 코스로서, 다른 모듈과의 결합을 통해 새로운 내용을 편성할 수 있도록 해준다.

'추상적 개인'이란 '특정한 측면이 강조된 개인'이다. 추상화를 위해서는 복잡한 현실가운데 한 부분이 선택되고 그것을 추상하는 작업이 필요하다. 학습욕구로 재단하거나 학습과정으로 탈맥락화하여 보는 과정이 필요하다. 이런 개인관은 인간을 통합적으로 이해하는 것이 아니라 특정한 장면만을 선택하여 본다는 점에서 파편적이다. 추상화되고 파편화된 개인관에 기초한 교육은, 관리의 차원에서 보면 효율적이지만 학습자의 삶의 문제를 자연스럽게 배제하는 편향을 가진다. 문제해결 학습을 위한 학제적 접근 등 생활 장면과 추상적 학습을 결합시키기 위한 시도(Hummel, 1993: 12)에서 조차, 학습자는 이론적이고 일반화된 범주를 넘어서지 못하고 있다.

이런 학습자에 대한 추상적 관점은 결과적으로 학습자에 대한 방기를 낳기도 한다. 학습자가 학습하지 않을 경우, 학습에 대한 책임은 기본적으로 '자기주도적이지 못한' 학습자에게 돌아간다. 질문을 하지 않는 것, 학습을 하지 않는 것, 학습을 포기한 것은 기본적으로 자기주도성이 결여된 학습자 책임이 되는 것이다. 학습부진, 혹은 학습소외의 책임은 '자기가 알아서 학습하지 않은' 학습자 스스로 져야 한다.

실제로, 원격기관교육 참여자 가운데 당당하고 자신 있게 학습을 해나갈 수 있는 사람은 오히려 소수이다. 대부분의 학습자는 오히려 동료집단을 만날 수 없기 때문에 자신의 학습수준에 불안해하고 머뭇거리며 위축되어 있다(Holmberg, 1993: 337). 스피어와 마커가 밝힌 바에 의하면(Spear & Mocker, 1984) 고졸 미만의 학력을 가진 사람들의 경우, 학습자는 자기학습을 사전에 계획하고 치밀히 준비하기보다는, 특정한 환경에 '던져진' 상태에서 학습을 하는 수동적인 존재이다. 많은 학습자들이 자신이 속한 환경에서 알게 된 몇 개의 대안들 가운데 학습 코스를 선택하여 학습을 하게 된다. 즉, 자신이 알아서 계획하기 보다는 주어진 환경에서 선택할 수밖에 없는 것이 학습자의 현실이다. 원격교육의 경우도 마찬가지이다. 원격교육에서 학습자들은 자신이 속한 환경도 혼자 파악해 가야하고, 교육자를 면대면으로 접하지 못하여 교육자의 의도와 성향을 쉽게 알 수도 없다. 원론에 입각한 자기주도성보다는 도움을 받을 수 있는 환경이 필요한 상황이라고 볼 수 있다.

그러나 원격교육 자기주도적 학습자관은, 교육자가 가르치는 것 보다는 '잘 만들어진 콘텐츠'에 의한 교육, 즉 학습자료의 제시만을 배타적으로 강조함으로써, 결과적으로 학습자를 지원하는 교육자의 중요성을 삭감한다. 이미 그로우가 지적한 바와 같이(Grow, 1991: 129), 자기주도적 학습자라고 하더라도 세부단계마다의 차이는 존재하며, 따라서 단계에 적합한 촉진자나 조직자의 역할이 요청된다. 그러나 지식보유자와 교수설계자, 그리고 교육운영자로 나뉜 원격교육 분업체계는 학습자에 대한 지원체계라기보다는 효율적 생산을 위한 지식관리체계에 가깝다. 교사는 내용에 대한 전문가일 뿐 아니라 인터넷에서 학생의 상태를 파악하고 개별적으로 관리할 수 있는 능력을 바탕으로 가장 적합하게 내용을 재조직해야 하지만, 원격교육에서 이런 교사상을 찾아보기는 어렵다.

이렇게 볼 때, 자기주도적 학습자가 원격교육에서 당연시 되는 풍토는 다시 한 번 검토될 필요가 있다. 맥락과 삶의 장면이 사상된 상태에서의 원격교육을 진행하는 것을 학교교육을 개선하기 보다는 학습자에 대한 책임전가 이상이 되기 어려울 것이기 때문이다.

2. 자기이해방식의 정정 : 평생교육적 재구성전략

산업화된 방식으로 원격교육을 이해하는 것이 효율적 교육상품판매의 관점에서 원격교육현상을 재단하는 것이라면, 그에 대한 한 가지 대안은 원격교육의 존재이해를 가능하게 해 주는 토대인 평생교육에 주목하는 일이다. 평생교육의 관점에서 보면 원격교육은 학습생애의 한 환경으로 파악된다. 그리고 인터넷이라는 기술이 마련한 새로운 삶의 공간이 인간에게 어떤 영향을 미치고 있는지에 대한 인식에 기초하여 새로운 교육지원의 방식을 구안하는 일이 중심과제로 떠오른다. 나름의 역사를 가지고 '지금-이곳'에 도달한 학습자에게 원격교육이 어떠한 것이어야 하는가라는 문제가 제기되고, 학습자의 성장에 도움이 되는 방식으로의 기술 재편이 요청된다. 평생교육적 전망은 사이버 교육에 대한 기술공학적인 접근에 의해 사라졌던 삶의 맥락을 복원케 하는 것을 이념적 기저로 삼고 있으며, 이를 위해서는 학교에 의한 '학습'의 억압, 추상적 개인관에 따른 삶의 맥락의 배제 등의 현상을 극복하는 것이 요청된다. 이런 시각을 확장하면 앞서 제시되었던 한계들, 즉 도구주의적-경제주의적 시각, 학교지향성, 학습자의 방임을 낳는 추상적 학습자관 등은 반도구적 기술이해, 탈학교적 평생교육적 상상력, 구체적이고 상황적인 개인관에 의해 새로운 전망을 획득하게 된다. 그림으로 정리하면 다음과 같다.

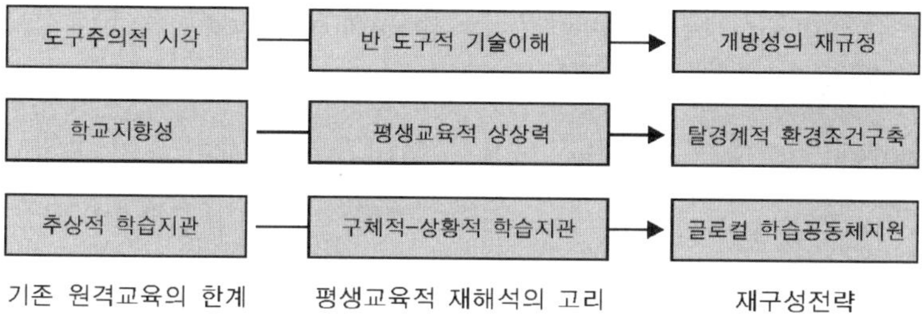

〈그림 13-1〉 평생교육적 재구성 전략 추출을 위한 개념 흐름도

구체적으로, 평생교육의 시각을 가지고 바라보면, 기술에 대한 도구주의적-경제주의적 시각은 그것이 학습자를 얼마나 지원하고 있는가라는 개방성 개념의 재규정을 통해 재해석될 수 있으며, 학교지향성은 평생교육적 상상력으로 확장되면서 기존의 교육이 쳐놓은 경계를 넘는 시도를 통해 새로운 가능성으로 나아갈 수 있고, 추상적 학습자관은 구체적-상황적 맥락을 가진 개인들이 인터넷의 잠재력을 극대화한 지구적 차원에서 학습공동체를 구성하는 과정을 통해 극복될 수 있다. 이렇게 도출된 핵심 개념을 중심으로 원격교육에 대한 평생교육적 이해를 시도해 보자.

1) '개방성'의 재규정 : 접근권에서 학습권으로

원격교육의 짝말처럼 사용되는 동시에 평생교육의 이념적 특성을 대변하는 용어는 단연 '개방교육' 혹은 '개방학습'이다. 세계적인 원격교육기관의 명칭이 '개방대학'(Open University)임을 감안하면, 개방학습과 원격교육은 매우 긴밀한 관계에 있음을 알 수 있으며, 교육의 문이 모든 학습자에게 '열려 있다'는 사실이야말로 평생교육의 이념을 실현하는 구체적인 예라고 할 수 있다. 그러나 지금까지 원격교육의 개방성은 '원격'상황이 가지고 있는 시간-장소상의 폐쇄성 극복이라는 점에 중점을 두었다는 점에서 한계를 가진다. 즉, 학교가 정해진 시간에, 정해진 장소에서 교육을 실시한다는 점을 '폐쇄성'으로 규정하고, 이에 반(反)하는 '원격접근'의 특성을 개방성으로 명명하고 있을 뿐, 무엇이 개방적이 되어야 학습자에게 도움이 되는가를 논하고 있지 않은 것이다. 예컨대 그 교육이 학습자의 '개방적 마인드'를 형성하는데 도움이 되는지, 개방성이 실제로 학습자에게 어떤 이익을 가져다주는지에 대해서는 논의되지 않았다(Maxwell, 1995).

이렇게 개방성이 탈가치적으로 논의되는 것은 기술적 개방성이 열어준 공간의 특성을 규명함에 있어서 '학습자'가 빠져 있기 때문이다. 다음과 같은 1969년 개방대학의 선언과 1996년 제출된 필드의 정의를 비교해 보면, 개방성의 규정이 시대에 따라 변화하고 있음을 알 수 있다.

우리는 사람에게 개방적이다. 우리는 전통적 대학들이 세워놓은 입학허가기준에 의해 교육적 수준을 한 단계씩 높여가는 방식으로 규제하지는 않을 것이다. ... 우리는 장소에 대해 개방적이다. 이 대학은 수도원이 아니다. 닫혀있지 않은 것이다. ... 우리는 방법에 개방되어 있다. 우리는 BBC와 파트너 관계를 가지고, 그에 의존해서 시작할 것이다. 그러나 이미 기술의 발달이 이루어지고 있다, 따라서 방송은 여러 방법 가운데 하나가 될 것이다. ... 우리는 사상에 대해 개방적이다. 개별 인간의 마음을 변화 가능한 화병과 같은 것으로 보건, 피워야 할 불로 보건 모두 수용한다(Ferguson, 1976: 19-20).

개방학습은 교육철학과 지식과 기술을 전달하는 기술을 동시에 지칭한다. 철학으로서 개방학습은 더욱 넓은 접근권과 유연성, 그리고 학습자중심성을 그 내용으로 한다. 이는 학습자를 교육자보다 교육실천의 핵심에 두는 것을 말한다. 기술로서 개방학습은 새로운 의사소통매체와 관련된, 자원(resource)에 기반한 가르침과 훈련을 특징으로 한다(Field, 1996: 7).

1969년의 선언은 철저히 '전통적 대학'과의 차별성 속에서 개방성을 규정하고 있다. 사람에게 개방적인 것은 입학의 제한을 푼다는 의미이며, 장소의 개방성은 수도원과의 비교 속에서 규정된다. 방법상의 개방 역시 기술이 어느 정도 발달해 있는지에 따라 달라진다. 이에 비하여, 필드의 정의에는 '접근권'이 하나의 요소로 자리하고 있다. 더 중요한 것은 해당 교육이 얼마나 학습자 중심적으로 재편되어 있으며, 학습자에 따라 얼마나 달라질 수 있는 유연성을 가지고 있는가 하는 점이다. 기술로서 정의할 때에도, '자원에 기반한' 방식, 즉 학습자들이 다양한 학습자료를 찾아 자신의 경험과 지식을 활용하면서 통합성을 증대시켜 나가도록 돕는 방식에 초점이 맞추어져 있다. 이미 고전적 의미의 개방성 개념은 축소되고, '학습자의 주체적 학습권[8])을 얼마나 보장하는가'가 새로운 척도로 등장하고 있는 것이다.

개방성이라는 개념이 학습자에게 보다 많은 학습의 기회를 주기 위해 원격교육의 이념으로 차용된 용어라면, '학교 학습에 대한 접근권'보다는 '평생에 걸친 학습지원'이 보다 중요한 과제로 대두되는 평생학습사회에서 개방성은 어느 정도 학습자의 주체적 학습을 보장하는지를 살필 수 있는 개념으로 변화될 필요가 있다. 해리스(Harris, 1987)는, 어떤 개방성도 일정한 폐쇄성을 동반하며, 그렇기 때문에 개방성이 학습자의 학습력 증진과 결합하도록 하기 위한 조건을 검토하는 것은 필요하다고 주장한다. 예컨대 시-공간상의 개방성이 보장된다고 해서 교육의 질을 고려하지 않은 채 교육기회를 무한히 개방할 수도 없는 일이며, 사상에 대해 개방적이라고 해서 정보윤리를 지키지 않는 행동까지 받아들일 수는 없다. 이런 점에서 개방성의 개념내용은 '기술적 접근권'에서 벗어나, 학습사회를 살아가는 구성원들의 '학습력'을 증진시키고 '학습권'을 보장하기 위한 조건으로서의 개방성으로 전환될 필요가 있다.

학습권을 고려할 경우, 준거는 '학습권 실현을 위해 얼마나

8) 여기서 학습권이란 '학습자들이 자기 학습을 지원받을 권리'를 의미한다. 김신일(1995)은 교육권을 교육시킬 권리로, 학습권을 학습지원을 받을 권리로 구분한다. 교육권 안에 '교육실시의 권리'가 포함될 수 없는 것은 아니지만, 중앙집권적인 국민교육제도 하에서는 교육실시의 최고권한을 현실적으로 국가가 장악하고 있으므로, 교육권은 현실적으로 국민이 '교육받을 권리'로 해석된다.

개방적인가'가 된다. 이는 개방성의 범위를 교육내용에까지 확대한다. 제4차 유네스코 국제사회교육회의가 1985년에 채택한 학습권선언에 따르면, 학습권에는 '자신의 세계를 읽고 역사를 쓸 권리' 및 '개인 및 집단적 기능을 발전시킬 권리'가 포함되어 있다. 개인이 세계와 자신에 대해 알아나갈 수 있는 기회가 제공되는가하는 것이 학습자의 주체적 학습력의 증진에 필수적이라는 것이다. 이런 기준에 비추어보면, 교육내용에 대한 결정 및 평가에 학습자가 참여할 수 있는 제도적 장치가 마련되어있는가 등의 교육내용 관련 문제가 개방성의 내용에 포함되게 된다.

또한, 기술적인 개방성에도 불구하고 학습하지 못하는 사람들을 고려하기 위한 정책, 즉 정보격차의 문제 역시 개방성의 실질적 구현을 이해하고 해소되어야 할 것이다. 사이버 교육의 시공간적 개방성은 교육기관이 학습조건의 제약을 비교적 덜 가지고 있음을 의미하지만, 학습자의 입장에서 보면 이런 개방성은 학습할 수 있는 능력을 이미 갖춘 사람에게만 해당되는 개방성이다. 컴퓨터라는 기기에 누구나 접근할 수 있도록 한다거나 컴퓨터 문해라는 선결조건이 충족되어 있어야 기술상의 개방성은 학습권 실현을 위한 개방성으로 내실화될 수 있게 된다.

문제는 학습자는 마땅한 계기가 없는 상태에서는 자신의 삶의 조건을 이해하기 위해 쉽게 나서지 않으며, 주어지는 학습의 안락함을 벗어나 갈등상황이 벌어지는 학습내용의 결정 및 평가의 과정에 뛰어들기도 어렵고, 경제적으로 어려운 상태에서 굳이 학습을 하겠다고 나설 리도 거의 없다는 점이다. 즉, 학습권의 실현을 위해서는 학습자가 갈등도 마다않는 능동성을 가질 수 있도록 돕는 교육적 지원이 요청된다고 하겠다.

그러나 사실상 원격교육의 기본 모델이 되고 있는 경제주의적 모델은 앞서 살펴본 바와 같이 '정태적이고 경제적 여유를 가진 학습자'를 상정하고 있다는 점에서 한계를 갖는다. 이는 평생교육적 차원에서 원격교육을 실시하기 위해서는 공공적 차원에서 원격교육의 잠재력을 확장시키는 시도가 필요하다는 것을 의미한다. 평생교육적 차원의 개방성을 위해서는 무엇이 학습자 중심성인지를 숙고하고, 평생학습자로서 자율적으로 자신의 지식을 구성하도록 촉진하며, 접근권이 모든 사람에게 실현될 수 있도록 '교육적 지원'을 제공하는 노력이 필요하다. 개방성은 원격교육의 지나친 상품화를 견제하면서 학습자의 생애 학습을 증진시키는 '열려진 지원체계'로서 재규정되는 것이다.

2) 탈경계적 환경조건 구축

평생교육적 상상력은 낱낱의 학습경험을 개별학습자를 중심으로 평생에 걸쳐 통합할 수 있도록 해준다. 교육이 학교교육으로 한정됨에 따라 파편화되었던 학습경험은 평생교육적 지평 속에서 융합된다. 학교와 학교 아닌 기관에서의 학습, 형식적인 교육과 무형식적인 학습, 강제적 수용과 자발적인 배움이 학습자의 삶 안에 어떻게 통합되고 자리매김될 것인가가 새로운 문제로 대두되는 것이다.

이런 시각에서 보면, 인터넷은 그 자체로 나이나 학력, 성별과 무관하게 학습자가 스스로 무수한 공간에 뿌려져 있는 자료를 찾아다니면서 학습할 수 있는 평생학습공간이다. 문제는 원격교육이 편협한 제도중심적 관점을 취하는 데 있다. 이미 일상과 결합된 다양한 학습장면들이 진행되고 있음에도 불구하고[9], 원격교육의 인식론이 '교육'을 '가르치는 것'으로 동일시함에 의해 대상에서 배제되고 있는 데에 있다고 볼 수 있다. 평생교육적 실천이 자의적이고 제도화된 교육의 벽을 허물고 학습자의 지원체제를 구축하는 것이라면, 사이버 공간에서의 원격교육은 제도적인 '강의전달'이 아니라 '학습지원체제'로 전환될 필요가 있다. 이는 필드가 말한 대로 "경계를 넘나들도록 함으로써 지식이 보다 잘 흐르도록 하고, 이를 통해 학습의 잠재력을 극대화하는"(Field, 1996: 153)일이라고 볼 수 있다. 그러므로, 평생교육적 차원에서 원격교육의 관건은 학습자들이 제도적 경계를 넘나들면서 학습할 수 있는 환경 조건을 얼마나 잘 마련하는가라고 할 수 있다. 이런 문제의식에 기초하여 '자원중심학습'에서는 다음과 같은 지원체계를 제안한다.

9) 현실을 보면, 사이버에서 사람들은 다양한 학습을 실제로 수행하고 있다. 글을 쓰면서 자신의 생각을 발전시키고, 카페 활동을 통해 특정한 관심을 발전시키며, 다른 사람들과의 채팅을 통해 자신의 생각을 수정하기도 한다. 자유롭게 활동할 수 있는 조건이 마련될 경우, 학습자들은 '매우 지적인 매체'인 사이버에서 다양한 종류의 학습을 한다. 이런 점에서 사이버는 중요한 교육적 공간이라고 볼 수 있다. 사이버 글쓰기는 한편으로 단순히 대상을 인식하는 것이 아니라, 스스로 인식이 의거하고 있는 논리를 명백히 하고, 그렇게 함으로써 인식을 갱신하고 그것을 타자에게 전하고 타자와 토론을 벌이는 중요한 학습과정을 제공한다(建夫-康夫, 1996).

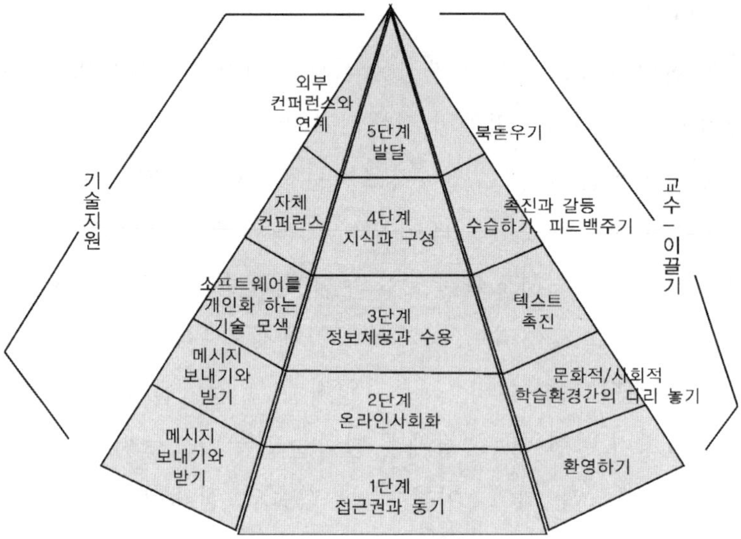

[그림 13-2] 사이버에서의 학습지원을 위한 체계도
(Ryan S. et als, 2000: 111)

물론 구조화된 교육제공을 염두에 두지 않은 것은 아니지만, 이 그림은 평생학습적 문제의식으로 인터넷을 조명하는데 도움을 준다. 우선 그림을 해석해 보자. 가운데 삼각형은 학습의 계열을 의미한다. 학습을 위한 1차적인 선결조건은 학습자가 인터넷에 일단 접근할 수 있는 경제적-지적 능력을 가지고 있고, 학습하고자 하는 동기를 가지고 있어야 한다는 점이다. 그것이 1단계를 형성하는데, 동기를 강화하고 접근권을 넓히기 위해서는 기술적 차원에서의 접근권 확대, 즉 언제나 접근 가능한 인프라의 구축과 교육적 지원, 즉 학습장에서의 인사와 안내가 필요하다.

2단계는 학습자가 어떤 공간에서 학습을 하건, 인터넷 환경에 대해 익숙해 있어야 학습이 진행될 수 있음을 말해준다. 기술적으로 컴퓨터를 다루고 인터넷을 이해하는 것에서 나아가 온라인 문화에 대한 이해 및 내면화를 성공적으로 해낼 때, 지속적인 참여가 가능하다는 것이다. 사회화가 기 구성원의 안내와 조언에 의해 이루어짐을 떠올려 보면, 기술적으로 어려움을 토로하고 도움을 받는 사이버 공간은 온라인 사회화에 필수적이다. 인터넷에서의 학습자가 신체를 가진 인간인 이상, 오프라인과 온라인을 넘나들면서 인터넷의 위상을 스스로 정해내도록 돕는 교육적 지원 역시 필요하다.

1-2단계가 학습장에 대한 학습이라면, 지적 차원에서의 본격적인 학습은 3-4-5단계에 걸쳐서 진행된다. 학습자의 최초의 행동은 여러 사이트에서 적합한 정보를 찾아 읽는 일이다. 따라서 이 단계에서는 많은 정보를 가진 텍스트를 제공하는 교육적 지원과 개인이 정보를 받을 수 있는 기술적 지원이 수반되는 일이 필요하다. 이런 정보는 일반적으로 상호작용을 통해 내면화의 과정을 거치게 된다. 교육자의 피드백과 내면적 갈등에 대한 조언이 이루어질 경우 학습이 극대화될 수 있다는 것이다. 기술적으로는 게시판을 통한 집단적 상호작용이 효율적 학습을 돕는다. 마지막 단계는 최종적으로 교육자로서의 학습자가 되는 단계이다. 학습자는 개별성을 획득하면서 자기 나름대로의 발달을 지속해 나갈 수 있는 힘을 얻게 되는 것이다.

이런 학습의 흐름에는 교육자와 학습자의 역동적 과정은 생략되어 있지만, 학교교육과 같은 형태의 교육장면은 넘어서고 있다. 정해진 내용의 전달이 아니라, 학습자의 학습을 지원하는 형태로의 전환이 시도되는 것이다. 위 그림과 앞의 논의에 기대어 학습자들이 자신의 생활 및 문제의식을 주축으로 접근 가능한 자원을 통합하여 학습해 나가도록 하기 위한 전략을 정리해 보자.

우선, 학습자들이 능동적으로 학습할 수 있도록 하기 위하여 스스로 말할 수 있는 조건을 제공하는 것이다. 학습자들이 말하지 않는 이유는 크게 두 가지이다. 하나는 제도적 제약으로, 학습자들이 말할 공간이 주어지지 않는 경우이다. 오프라인 강의에서 학습자들은 몇 분 안 되는 '질문시간'을 가질 뿐이며, 그나마 교육자가 가지는 제도적 권위에 손상을 입히지 않고자 노력한다. 마찬가지의 경향이 사이버 원격교육에서도 나타난다. 학생 평가가 이루어지는 교육의 경우, 학생들은 말하기를 꺼리며, 학습자들이 자발적으로 구성한 공간은 상당히 적은 편이다. '수업 후 잡담'도 어려운 사이버 상황에서, 공식적 교육에 대한 개별적 담론을 통해 자신의 지식을 구성할 수 있는 채널이 제공되지 못한다는 것은 심각한 교육적 한계를 낳는다.

학습자가 말하지 않는 또 하나의 이유는 문화적인 제약이다. 학습할 수 있는 충분한 시간과 물리적 토론공간의 조건이 마련된 경우에도 학습자들은 이미 '몸에 배어있는' 수동성에서 쉽게 벗어나지 못한다. 학습자는 '학습자다운' 위치를 고수하고자 하는데, '학습자답다'는 것이 수동성으로 인식되기 때문이다. 더욱이 '집단문화'가 강한 우리나라에서 개인이 자신의 생각을 거침없이 발언하는 것은 집단규칙에 어긋나는 것으로 받아들여지기 때문에(이명현, 1998) 교육내용과 관련된 토론이 자연스럽게 이루어지기는 어렵다. 이런 점에서, 교육지침 혹은 학습안내에서 '더 효율적 학습을 위한 태도' 등을 정리-제시하여 관성적인 학습자관에서 학습자 스스로 의식적으로 벗어날 수 있도록 돕는 것이 필요하다.

두 번째로, 소통을 통한 '즐거움'이 유지될 수 있도록 돕는 일이다. 학습은 언제나 환경과의 상호작용 속에서 정서와 결합되어 진행된다. 오프라인에서도 교실은 열정과 냉소, 사랑과 질시가 오가는 '역동적이고 감성적인 공간'이다(bellhook, 1994). 교사를 좋아하면 그 과목이 좋아지고, 따라서 성취도가 올라가며, 왕따를 당하면 성적이 떨어진다. 인터넷의 경우에도 마찬가지이다. 채팅이나 카페 등의 공동체에서 '인터넷만으로도' 충분한 감정적 교류 및 연대가 이루어지기 때문이다. 학습자들은 교육자뿐 아니라 다른 학생과도 네트워크를 맺으며, 때로는 오프라인을 통해 면대면 소통의 욕구를 해소한다. 따라서 학습자 간, 교육자-학습자 간에 '즐거움'이 일어날 수 있도록 수업을 연출하고, 의사소통상의 오해가 일어나지 않도록 인터넷 상의 커뮤니케이션 방식에 대한 사전이해를 제공하는 것이 필요하다.

세 번째로, 학습자가 자신의 생활을 축으로 온-오프 연동체제를 구축하도록 돕는 지원체제를 마련할 필요가 있다. 지식기반사회에서 요청되는 자질 가운데 하나는 전이능력이다(한국직업능력개발원, 1998). 빠른 변화 속에서도 유지될 수 있는 전이 가능한 지식은, 아무리 많은 양이라고 하더라도 파편적 정보의 축적으로는 획득될 수 없다. 오히려 학습자가 자신의 경험 및 생활과 연결시키는 과정이 중요한 지식획득의 과정이 된다. 그런데, 학습자의 생활과 연관하여 보면 인터넷에서 학습자는 인터넷에서 학습한 것을 오프라인으로 확장하는 과정, 그리고 오프라인에서 경험한 사실을 인터넷에 해석하여 올리는 이중적 과정을 통해 성찰을 강화해간다. 언어를 통한 추상적 소통의 과정이 인터넷에서 이루어진다면, 그것을 곰곰이 되씹고 현실 차원에서 생각해 보는 일은 오프라인에서 가능하다. 또한 오프라인의 경험과 활동을 인터넷에서 개념화해 보는 일 역시 중요한 학습의 과정이다. 그러므로 이런 과정이 원활히 이루어질 수 있도록 돕는 일이 교육자의 지원영역을 구성한다.

이런 점을 고려하면, 평생교육의 관점에서 원격교육을 재규정하는 일은, 학습자의 삶을 중심축으로 하는 하나의 교육맥락을 구축하는 일로서, 제도와 제도 아닌 것 간의 강고한 경계를 허무는 것을 주 전략으로 삼는다(Thrope, 2009). 이런 시각은 인터넷이 일반화되는 상황 속에서도 여전히 열등한 교육으로 인식되고 있는 원격교육의 재생 기획이기도 하다.

3) 글로컬 학습공동체(glocal learning community) 지원

인터넷과 평생교육의 교차지점에는 '지구화(globalization)'가 자리잡고 있다. 한편으로, 인터넷은 세계를 광속도로 이동할 수 있도록 하는 네트워크를 제공하며, 평생교육은 학습이 없이는 살아갈 수 없는 세계적 경쟁체제 속에서 국가의 과제로 등장하였다. 다른 한편으로, 인터넷의 속도는 개인이 감당할 수 없는 정보의 과부하를 가져왔고, 평생교육은 폭증하는 정보 속에서도 학습자의 주체성을 잃지 말 것을 권유한다. 이 교차점에서 출현하는 사이버 평생교육의 과제는 세계(global)와 지역(local)이 결합된 커뮤니티로서의 '글로컬(glocal) 학습공동체'의 구축이라고 할 수 있다. 구체적으로 살펴보자.

지구화(globalisation)[10]는 시-공간의 압축을 가능하게 한 통신운송기술의 발달 속에서 필연적으로 나타난 화폐와 상품, 사람과 정보, 기술과 이미지들의 흐름이 국민국가의 경계를 넘어 엄청난 속도로 흐를 수 있게 된 상황을 뜻한다(Featherstone, 1995: 81). 이런 상황을 주도하는 힘은 물론 자본의 힘으로, 사람들은 점차 거대한 자본이 창출한 욕망의 소비구조를 벗어날 수 없게 된다. 지구화된 사회에서는 개인의 자신에 대한 결정력이 극히 쇠퇴한다. 급속한 통신운송수단으로 '하나로 묶인' 사회 속에서, 사람들은 자신이 먹는 음식이 세계의 어떤 지역에서 어떤 과정을 거쳐 생산되어 유통된 것인지, 어떤 유독성이 있는지도 모르는 상태에서 음식을 선택하게 된다. 벡(Beck, 1992: 63)이 잘 지적하듯이, "문제를 객관적으로 결정하기 위해서는 자격있는 전문가의 판정이 필요하다." 최종적인 판정이 '유해하다'라고 나기 전까지는 유해한 것이 아니다. 지구화는 생산이나 자본을 지구화할 뿐 아니라 문제와 위험을 지구화하며, 개개인들의 일상은 매우 지엽적이지만, 그 안에는 매우 지구적인 문제가 담겨있는 것이다. 저녁 뉴스에서 사람들은 '전 지구'적으로 걸러진 정보를 접하고, 아침식사에서 핵폐기물의 영향을 직접적으로 받는다.

10) 세계화의 근원인 시-공간 압축은 애초에 경제적인 용어로 출발하였다. 하비(Harvey, 1994)는 '시공간압축'이라는 말을, 자본의 유연적 축적을 가능하게 하는 현대사회의 재현방식으로 사용하였다. 장소귀속성을 탈피한 공간개념의 등장과 아날로그적인 시간 개념의 쇠퇴로 인하여 자본은 세계를 언제나 접근 가능한 하나의 단위로 인식하게 되었다.

그러나 지구화는 동시에 사람들이 자신의 자율성을 증대할 수 있는 가능성을 보장한다. 압축된 시-공간 질서 속에서, 사람들은 전통적 방식이 당연시하던 억압적 생활 관행에서 벗어날 수 있는 계기를 발견하며, 자신의 성찰성을 높여나가게 된다. 전통적 관행에 대하여 '왜'라는 질문이 끊임없이 제기된다. 이동이 빈번해짐에 따라 고정된 '거처'는 없어지지만, 그만큼 기존의 지역사회가 고수하고 있던 '차별'이나 '억압'의 고질적 관행 역시 줄어들게 되는 것이다(Bauman, 1991).

평생교육의 차원에서 보면, 글로벌 시대의 핵심적 관심사는 개인의 무력감을 최소화하고 자율성을 최대화 할 학습지원으로, 그 가능성은 지구적 문제를 생활 속에서 인식하고, 생활의 문제를 지구적 틀에서 사고할 수 있는 커뮤니티의 활성화에서 발견된다. 구조적으로는 개인과 세계의 문제가 직접적으로 연결되어 있음에도 불구하고, 현상적으로 보면 지구적 연계성은 지역성의 문제를 별로 중시하지 않고, 반대로 가정에 기반한 지역적 문제는 지구적 문제와 별개처럼 다루어진다(Wellman & Gulia, 1999: 187). 글로컬 학습공동체란 이런 별개화의 평행선에 놓는 사다리, 혹은 교차로에 해당한다. 인터넷은 직접적으로 가정을 가정 밖과 연결시킨다. 개인의 문제를 세계의 차원에서 해석하도록 해 주고, 세계의 문제를 개인의 생활 속에서 인식하도록 해 줄 수 있는 기술적 고리이다. 이런 연결이 단순한 '정보'에 그치지 않고 그 정보를 해석한 '사람들'과의 연결로 나아가게 되면 '공동체'가 탄생한다. 지역의 문제가 체화되어있는 개인들이 거리상의 제한을 받지 않고 지구적 차원에서 연계되는 취향이나 관심에 따라 형성된 학습공동체가 가능하다는 것이다.

이렇게 보면, 글로컬 학습공동체는 여러 지역의 사람들이 모여 결성되며, 그 내용에 있어서도 지역의 문제와 세계의 문제를 동시에 고민해 나가는 조직이라고 할 수 있다. 이미 네트워크에 의해 세계가 하나의 망으로 연결되어가는 상황임을 고려하면, 이런 글로컬 학습공동체가 평생학습모델로 자리잡지 못한 이유는 기술이 아니라 문제의식에서 찾아질 수 있다. 예컨대, 다문화주의를 위한 수업에서 글로컬 학습공동체의 구축이라고 할 만한 시도는 성공적으로 이루어지고 있다.

> 이 학습의 학생들은 컴퓨터 텔레커뮤니케이션을 이용하여 교과 활동을 설계하고 조직한다. 초등학교에서 ... '특별활동'이 활용되듯이 학습네트워크의 학습동아리는 학생들이 작성한 정보를 멀리 있는 동료들과 공유할 수 있게 해준다. 학생들은 사회적 문제나 세계적 이슈들에 대해 연구하고, 역사적, 지리적, 환경적인 관심사를 비교하며, 지역의 뉴스, 사건, 그리고 의견들을 그들의 동료들과 공유한다(Riel, 1993: 311).

나아가, 팔로프와 프라트(Paloff & Pratt, 2000)는 원격수업을 위해서는 팀워크, 협력학습, 그리고 지식과 의미의 능동적 생성 등 새로운 인식론에 근거한 교육의 핵심에 '공동체'가 있어야 한다고 주장한다. 학습자들이 중심이 되는, 공동체적 관계 구축의 과정을 통할 때에야 비로소 학습자들은 인격적이며 사회적인 매체로서 인터넷을 경험하며 자신이 주체가 되는 교육에 임할 수 있게 된다는 것이다[11].

이런 글로컬 학습공동체의 맹아들은 교실 수업의 수단 이상의 것으로 발전될 필요가 있다. 주변의 문제와 지구적 문제를 끊임없이 연결시키되, 추상적인 차원에서가 아니라 인터넷을 통해 연결된 동료와의 대화 속에서 이루어 나가는 과정이 평생학습자의 생활 속에 통합될 때, 학습자들은 자신의 문화적-인식론적 한계를 넘어설 지평을 얻게 된다. 개인의 문제와 지역적 지식을 연결시키고, 지역적 문제와 지구적 정보를 연결시키며, 타 지역의 지혜로 자기의 문제를 조명할 수 있는 네트워크는, 평생교육적 차원에서 요청되는 사이버 원격지원시스템의 의미 있는 결실이 될 수 있다.

이런 점에서, 글로컬 학습공동체를 지원하는 교육프로그램을 개발하는 것이 원격교육의 하나의 과제로 설정될 수 있게 된다. 예컨대, 시민들의 자발적 네트워크에 의해 형성되는 국제적 차원의 '지구적 지식연대(Global Knowledge Alliance)' 개념은 개인의 문제를 지구적 학습과 연결시키고 있다는 점에서 원격교육의 차원에서도 유용한 것으로 보인다. 지구적 지식연대란 지구적 지식과 지역적 지식을 연계하여 학습자 집단을 지식창출과 문제해결의 주체로 설정하는 구체적 방안으로서, 모든 과정을 학습으로 규정하고 그것으로부터 사태를 해결하고자 하는 '지구적 학습집단'이라고 볼 수 있다(한숭희, 2001: 270).[12] 이는 지구화된

11) 이는 현명한 중추는 어디에도 없으며, 동일한 기능을 가진 부분의 상호작용에서 전체의 적응기능이 창출된다(建夫-康夫, 1996: 74)는 입장으로, 생활상의 다양한 문제해결집단, 토론집단, 주민집단 등을 교육의 시선에서 조명할 수 있는 근거를 제공한다.

12) 한숭희는 GKA의 전제를 다음과 같이 정의한다. 1. 커뮤니티가 가지고 있는 문제는 매우 복잡한 것이어서 그것을 해결하기 위해서는... 당사자 집단의 경험과 지식이 투여될 필요가 있다. 2. 지구적 지식연대의 지식구축과정의 가치는 그것이 지식경제의 근본원리를 반영하고 있다는 점에 있다. 3. 전문가 지식과 현장지식의 적절한 균형을 유지해야 한다; 학습공동체와 학습프로토콜을 통해 다양한 지식을

삶의 조건에서 사람들이 스스로를 학습자로 규정하도록 지원하는 방략으로서, 원격교육에서의 교육프로그램이 교육지원시스템으로 변화해야 할 필요성을 제시해 준다.

3. 사이버 원격교육의 새 지평을 위하여

교육이 기본적으로 휴머니즘에 입각한 활동임에도 불구하고, 현재의 사이버교육에서 '인간'을 찾아보기는 쉽지 않다. 사이버 교육은 '가장 적은 비용으로 가장 많은 경제적 이익'을 거두기 위한 기술 혁명의 결과로 여겨지고 있으며, 이런 교육에서 학습자는 교육상품 생산을 위해 '학습욕구'라는 기본적 데이터를 제공하는 '소비자'로 위치 지워지고 있다. 교육상품소비자가 무엇이 문제인가? 자본주의에서 소비자가 대접받는 만큼만이라도 교육현장에서 학습자가 대접받으면 되는 것 아니겠는가?

사실, 자본의 논리가 통용되는 것은 관료적 지배에 균열을 가한다는 점에서 '진보'라고 평할 수 있다. 일방향적인 지식전달

접합한다; 주변화된 집단의 목소리를 듣는 데 주력한다. ... ; 모든 과정을 학습으로 규정하고 학습의 눈으로 사태해결을 바라보는 관점을 발전시킨다. 4. 문제해결의 '결과'가 아니라 '과정'을 제공한다.5. 지식은 명시적으로 존재함과 동시에 암묵적으로도 존재한다. 지구적 지식연대는 암묵적 지식의 발굴과 그 데이터베이스화에 주력한다. 1,3,4는 평생교육 구체화작업으로 볼 수 있지만, 경제주의적 사고(2) 및 추상적 학습자관(5)은 여전히 한계라고 볼 수 있다. 예컨대 지식구축과정의 가치를 "지식경제의 근본원리를 반영하고 있다"는 점에서 찾을 경우, 학습자는 여전히 지구화의 경제논리 속에서 무력화된 상태를 극복하기 힘들며, 따라서 이는 3의 논리와 대립되게 된다. 또한 암묵적 지식의 발굴 및 데이터베이스화는 근본적으로 '일반화된' 데이터베이스 구축을 지향하고 있다는 점에서 학습자의 암묵적 지식의 상황성을 포섭하지 못한 명제라고 볼 수 있다.

로부터 학습자가 원하는 학습내용을 제공하고 도움을 주는 활동으로의 전환은 교육 그 자체의 원리에 훨씬 가깝다. 문제는 이 과정에서 관계가 상실된다는 것이다. 교육은 교육적 관계를 맺는 일에 다름 아니며, 교육적 관계란 스승이 제자와의 인격적 관계 속에서 장기적으로 그 성장을 돕는 관계이다. 일회적인 상품판매로 끝나는, 그래서 그 상품에 대해 불만이 있으면 리콜을 요청하는 그런 생산자-소비자의 관계와는 본질적으로 다른 것이다.

평생교육적 차원에서 인터넷이 의미를 가지는 것도, 인터넷이 정보를 많이 전달한다거나 빠르게 유통시키기 때문이 아니라, 인터넷이 '전달'의 매체를 벗어난 '공유'의 매체이며, 접근성과 상호작용성을 갖춘 새로운 학습 공간을 제공하기 때문이다. 헤겔적 시각에서 보자면, 매체의 속성은 존재에 본질적이다. 매체는 사물의 실체성 자체를 구성하는 요소로, 사물의 내적 변화의 운동 자체로 상정된다(김상환, 1997: 25). 존재한다는 것은 타자화되고 이 대타적 차이 속에 외면성을 만들고 그 외면성 속에서 스스로 모순과 소외를 경험하는 일이다. 차이의 산출과 극복은 사물의 존재가 실현되는 모습인데, 자기동일성의 형성원리에는 반드시 자기산출적 외면성의 내면화 과정이 포함되며, 매체란 자기산출적 외면성의 다른 이름이다. 매체는 존재의 유지와 변화에 필수적인, 존재의 일부분이다. 인터넷은 우리가 다른 관계, 특히 교육적 관계를 맺어갈 수 있도록 하는 새로운 장을 제공하는 것이다.

인터넷은 지속적으로 성장해 가는 학습의 과정을 그 존재의 저변에 깔고 있다. 인터넷을 통해 우리는 기존의 인식지평에 포함되지 않았던 외적 환경에 대한 이해가 확장되는 과정을 겪는다. 자신의 경험을 재구조화 하는 것, 외부의 환경에 구조접속하는 것, 외부를 내면으로 받아들이는 것, 교육적 관계를 맺는 것이 바로 그것이다. 인터넷은 엄청난 자본의 시장이지만 동시에 개인의 존재지평의 성장과정, 곧 학습이 일어나는 공간인 것이다.

이런 점에서, '평생교육'을 문화센터와 같은 '분야'로 볼 것이 아니라, 학교를 포함한 여러 교육분야를 '평생교육적'으로 보는 일이 필요하며, 인터넷을 활용한 교육 역시 이런 맥락에서 재위치지워볼 필요가 있다. 인터넷에서의 교육을 통합성과 접근성, 분권성이라는 평생교육의 원리에 의해 재편하고 운영하고자 하는 노력이 필요하다는 것이다. 예컨대, 평생교육의 수직적-수평적 통합원리가 실현되기 위한 인프라로서 이러닝 체제가 작동하게 되면, 소외계층 및 지역사회의 문제는 면대면 차원 뿐 아니라 인터넷을

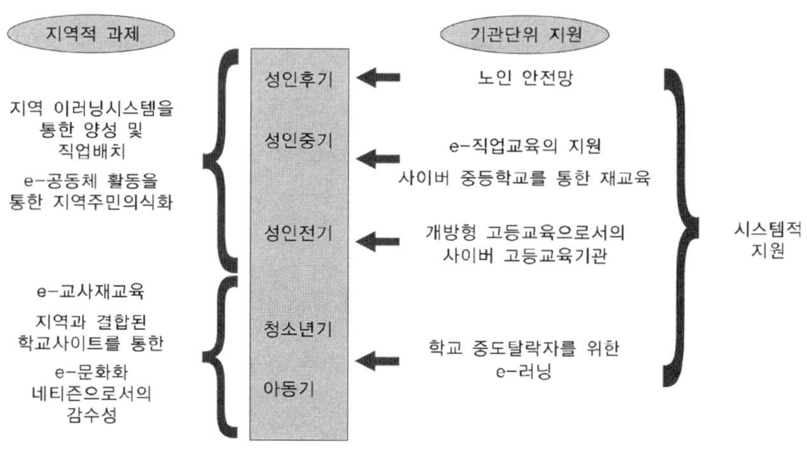

[그림 13-3] e-평생교육시스템

통해 논의-해결의 단서를 가질 수 있게 된다. 위의 그림은 생애단계 및 사회활동 영역에 따라 적합한 이러닝 지원체제로서, 바로 이런 총체적 교육연동체제의 구축과정을 통해, 지금까지의 학교틀에 갇힌 교육은 새로운 교육시스템으로 전환될 수 있을 것이다.

평생교육의 수직적-수평적 원리는 어떤 자리에 있는 사회구성원도 학습자로서 존중받아야 함을 전제로 삼는다. 얼마나 나이가 들었건, 어떤 직업에 종사하건 간에 배우고 싶을 때 배울 수 있도록 사회가 지원해야 한다는 것이다. 생애발달이론은 40대에 이르러 자기 삶의 구조가 안정화되기에 이른다는 것을 밝히고 있다. 학교는 생애초기 마음밭이 생기는 기간을 점유한다는 점에서 중요하지만, 기간으로 따지면 전 생애의 1/4에 불과하다. 이제는 전 생애를 염두에 둔, 전 사회적인 교육시스템이 요청되며, 인터넷은 바로 그런 통합적 시각 위에서 활용되어야 한다. 이런 시각의 전환은 학습자들, 특히 소외된 학습자들에게 빛을 제공한다. 비문해자들은 정보화교육 이후 "컴퓨터를 고장이나 내는 쓸모없는 존재"에서 벗어나 세상이 열리는 기쁨을 느낀다. 인터넷교육 후에 작은 수입이나마 갖게 된 중년 주부는 삶의 전환을 체험한다. 죽을 일만 남았다고 생각했던 노인들이 "배움이 곧 인생"이라며 동영상을 틀어놓고 장구치기에 열중한다. 인터넷과 평생교육의 원리적 결합은 무수한 새로운 교육실천의 사례를 창출할 수 있는 것이다. 평생교육은 이러닝의 이념을 밝혀주고, 이러닝은 평생교육이 실현되기 위한 장치가 될 수 있다. '평생교육분야' 이러닝이 '평생교육적' 이러닝으로서 교육적 전망을 획득하게 되기를 기대한다.

참고문헌

강홍렬 외(2004). IT의 사회문화적 영향연구 총괄보고서. 정보통신정책연구원.

建夫-康夫(1996). 知と論理. 유진우 외 역. 『지의 논리』. 서울: 경당.

권성호(2005). 교수매체의 이론과 방법. 대한예수교장로회총회.

김덕중(2004). 이러닝 프로젝트 가이드. 다산서고.

김문조, 김종길(2002). 디지털 격차의 현황, 전망 및 대응전략. 학술진흥재단 연구보고서.

김병구, 남병탁(2000). 경제교육의 실태와 과제. 산경연구 7(1).

김봉석(1996). 사회변동의 방향성에 따른 교육실천의 문제. 교육논총 13권. 317-328.

김상환(1998). "매체와 공간의 형이상학". 김상환 외. 매체의 철학. 나남출판.

김신일(1990). 학습시대의 교육학 패러다임. 김신일-박부권 편저(2005). 학습사회의 교육학. 학지사.

김신일(1995). "학습권 개념내용과 교육학의 새 연구과제". 『평생교육연구』, 1(1). 서울대학교 교육연구소.

김신일(2003). 평생학습지원체제 구축방안연구. 서울 : 한국교육개발원.

김신일, 박부권 편저(2005). 학습사회의 교육학. 학지사.

김오우, 신혜영(2004). 환경경영에 따른 지속가능발전 효용의 고찰. 經營教育論叢 Vol.36.

김완석 외(2003). 유비쿼터스 컴퓨팅과 기술 그리고 전망. 정보처리학회 10(4). 23-38.

김호기(2009). 정치적 권위주의를 넘어서. 경향신문. 2009. 4.30.
김재윤(2003). 유비쿼터스 컴퓨팅: 비즈니스 모델과 전망. 삼성경제연구소.
김정미(2005). u-City로 바라보는 미래도시의 모습과 전망. 유비쿼터스 연구시리즈 8호. 한국전산원.
김종엽(1994). "PC통신 혹은 새로운 공공영역". 『리뷰』, 가을호. 문예마당.
김종우(2000). 초등 컴퓨터 교육의 과제와 개선방안. 초등교육연구 5(1).
김지숙(2003). 새로운 연구 패러다임 도출을 위한 기술교육 연구 동향 분석. 한국실과교육학회지, 16(2).
김지현(2001). 교육하는 인간의 원형으로서의 유아. 교육원리연구 6(1). 57-63.
김홍래-임병춘(2000). 교수학습과 정보통신기술의 통합을 위한 체제적 접근방안. 과학교육연구 23. 23-46.
김희배(1991). 교육공학 연구의 사회적 함의. 교육학연구 29(4).
김희배(1998). 현대 교육공학 연구의 동향 및 과제. 관대논문집 26(1).
노직수(2000) 실업교육의 특성화와 상업정보 교육의 과제. 산경연구 17.
문인원(1970). 초등학교 교장 교감 직무에 대한 고찰. 교육학연구 8(1).
박도순(2002). 한국교육의 현실과 미래전망. 교육학연구 40(6).
박선주, 류영란(2000). 협동학습모형을 활용한 상호작용적 웹기반 학습시스템에 관한 연구. 정보교육학회 5(1). 89-104.
박성정(2001). 평생교육관점에서 본 인적자원개발체제. 평생교육연구 7(2). 21-33.
박영도(1997). "사이버공간의 발달경향과 민주주의: 병리적 발달경향과 약한 잠재력". 김일철 외. 『한국사회의 구조론적 이해』. 서울: 아르케.
박형준(1996). 정보사회와 사회적 불평등의 메카니즘. 아산 사회복지사업재단 편. 정보사회와 사회윤리. 아산사회복지 사업재단.
방명숙(2003). 소외계층을 위한 ICT 교육정책 분석 - OECD 회원국을 중심으로. 한국교육학술정보원.
백영균(2000). 웹기반 학습에서 텍스트형-아이콘형-메타포형 인터페이스가 학습수행에 미치는 영향. 교육공학연구 16(4) 107-136.
사토루, 우메네(1990). 『세계교육사』. 서울: 풀빛.
서덕희(1999). 매체경험의 교육적 의미. 서울대학교 교육학과 석사학위논문.

서유경(2004). 프락시스 중심의 디지털 리터러시 학습 프레임워크의 개발과 적용, 한양대학교 박사학위논문.

손 미(2000). 정보통신기술과 초등교육과정의 통합 및 실천적 운영을 위한 고찰. 초등교육연구 14(1).

손준종(2001). 평생교육담론의 세계적 수렴현상에 대한 비판적 논의. 평생교육연구 7(2). 3-20.

신나민, 임정훈, 이혜정(2005). 한국 원격교육 연구의 동향과 전망 : 1985-2005 년도를 중심으로. 교육공학연구 21(4).

신용하 편(1986).『공동체 이론』. 서울: 문학과 지성사.

양미경(2002). 사이버공간에서 교육적 관계형성의 가능성과 한계. 교육과정연구 20(3). 173-190.

엄훈(2004). 교실 수업 공개와 참관을 통한 두 국어 교사의 변화와 성장의 체험. 國語敎育學硏究 Vol.19.

오기형(1980). 수업현장의 교육과 민주주의. 교육학연구 18(1).

왕경수(2003). 웹기반 협동학습에서의 상호작용증진방안 탐색. 교육정보미디어연구 9(4). 35-47.

유권종(2005). 한국인의 유교적 마음의 구성에 대한 분석과 이에 기초한 청소년 예교육 모델 개발. 철학탐구 Vol.18.

유태영(1990). 한국교육공학 연구의 경향. 교육공학연구 6(1).

윤창국(2002). 학습공동체 논의의 유형과 특성에 관한 연구. 석사학위논문. 서울대학교.

윤혜경, 라지연, 장병기(2004). 초등학교 과학 연극 수업 사례 연구. 한국과학교육학회지 24(5).

이돈희(1983). 교육이론의 이원적 성격. 이돈희 편. 한국교육학의 성장과 과제. 321-363.

이돈희(1993).『교육적 경험의 이해』. 서울: 교육과학사.

이명근(1999). "온라인 학습자의 학습적응과정 분석".『교육공학연구』, 15(3). 한국교육공학회.

이명현(1998).『근대성과 한국문화의 정체성』. 서울: 철학과 현실사.

이명희, 박은혜(2004). 통합교실에서 또래 대화상대자 훈련이 장애유아의 의사소통에 미치는 영향. 幼兒教育硏究 24(6).
이봉재 (1998). "이미지와 환상"김상환 외. 매체의 철학. 나남.
이상수, 강정찬, 이인자, 황주연, 이유나(2005). 웹기반 교육의 최근 연구동향에 대한 비판적 분석. 웹기반 교육의 최근 연구동향에 대한 비판적 분석. 교육공학연구 21(4) 49-62.
이상오(1995). 정보화 후기산업사회에서 학교교육의 진로찾기. 교육사회학연구 5(2).
이성호(1981). 미국 사설산업기술 초급고등교육기관의 교육과정 행태. 교육학연구 19(1).
이용남(1997). 한국교육학의 두 전형 비교. 교육원리연구 2(1).
이인숙(1999). "대학집합수업과 통합된 웹기반 온라인 수업 학습자의 인식 및 학습유형분석". 『교육공학연구』, 15(1). 한국교육공학회.
이　준(2001). 멀티미디어 기반 수업개발의 효율성제고를 위한 전략들의 가능성과 한계. 교육공학연구 17(3). 195-219.
이학주(2003). 우리 교육학 연구의 정체성. 교육논총 22. 77-93.
임철일(2001). 웹기반 자기조절 학습환경을 위한 설계전략의 특성과 효과. 교육공학연구 17(3). 53-83.
장상호(1991). 교육학 탐구영역의 재개념화. 서울대학교 사범대학 교육연구소.
장상호(2001). 교육연구의 패러다임 전환을 위한 방략. 교육원리연구 6(1). 1-35.
장석진(1987). 오스틴 : 화행론. 서울대학교출판부.
장원섭(2005). 기업교육의 패러다임 전환 -훈련에서 학습으로, 그리고 성과에서 가치로. 職業 教育 硏究 24(1).
정민승 (2002). 사이버공간과 평생학습. 교육과학사.
정민승(2001). '정보화를 위한 교육' 도식 비판. 평생교육연구 7(1).
정민승(2002). 사이버공간과 평생학습. 교육과학사.
정민승(2005). u-City 환경에서의 학습도시구상연구. 한국교육학술정보원.
정범모 외(1993). 교육의 본연을 찾아서. 나남.
정보통신부(2002). 2002 정보취약계층 정보격차 실태조사. 정보통신부.
정순목(1975). 교육과 교육학에 있어서 보편성과 특수성의 문제. 교육평론 23(9). 6-65.

정원식(1987). 서울대학교의 교육학연구. 서울대학교 학문연구 40년. 서울대학교 출판부 371-392.

최병모, 김진영, 조병철(2003). 세계화 · 지식기반사회에 있어서의 새로운 경제원리의 탐색과 경제교육. 경제교육연구 10(1).

최성욱(2005). 교육학 패러다임의 전환: 기능주의에서 내재주의로. 교육원리연구 10(2). 한국교육원리학회. 71-131.

한국교육개발원(2002). 성인학습자를 위한 초중등 학력인정방안 연구. 서울 : 한국교육개발원.

한국교육학회(1991). 사회교육학 서설. 교육과학사.

한국전산원(2000). 소외계층 정보화를 위한 정보격차 실태조사. 한국전산원.

한국전산원(2004). u-Korea 구현을 위한 IT839 전략 분석.

한국정보문화센터(1999). 『정보생활실태 현황』. 한국정보문화센터.

한국정보문화센터(2001). 국민 정보생활 및 격차 현황 실태조사.

한국정보문화진흥원(2008). 2008 정보격차해소 백서. 정보문화진흥원.

한명희(2000). 변화하는 교육패러다임과 인간상의 문제. 한국교육사회학회 연차대회 발표집. 9-45.

한상진(1995). "정보사회에서의 공동체의 변화". 『경제와 사회』, 가을호. 한국산업사회연구회.

한숭희(1997). "전환기에 선 한국성인교육연구". 『평생교육연구』, 3(1). 서울대학교 교육연구소.

한숭희(2000). 한국의 평생교육 : 실천담론의 전개와 그 쟁송지대적 성격. 평생교육학연구 6(1). 1-20.

한숭희(2001). 『평생학습과 학습생태계』. 서울: 학지사.

한숭희(2005). 평생교육론. 교육과학사.

허운나(2001). 디지털시대의 인재상과 미래교육의 방향. 최고정책관리론집 20호.

허정무(2005). 평생학습 패러다임으로서의 학력에 대한 논의. ANDRAGOGY TODAY 8(3).

황동열 외(2001). 『문화학습기회확대를 위한 사이버 문화예술교육 운영방안』. 한국문화정책 개발원.

황상민(1999), "사이버공간의 경험과 정체성 발달-복합정체성과 가상공동체의식의 형성", 사이버 공간의 심리, 박영사.

ALA & AECT(1998), Information Power: Building Partnerships for Learning, 1998.

Alpicon. (1995). No contest : the case against competition. 『경쟁을 넘어서』. 서울: 비봉출판사.

Angus, I. (1988). Ethnicity in a technological age. Edmonton: CIUS. University of Alberta.

Antikainen, A. et. al. (1996). Living in a learning society: Life histories, identities, and education. London: The Falmer Press.

Apple, M. W. (1990). Ideology and the curriculum. New York: Routledge.

Bates, A. W. T. (1995). Technology, open learning and distance education. London: Routledge.

Bateson, G. (1989). Steps to on ecology of mind. 『마음의 생태학』. 서울: 민음사.

Bauman, Z. (1991). Modernity and ambivalence. Cambridge: Polity Press.

Beck, U. (1992). Risk society. 홍성태 역. 『위험사회론』. 서울: 새물결.

bell hooks[1]. (1994). Teaching to transgress : Education as the practice of freedom. Routledge.

Beniger, G. R. (1987). "Personalization of mass media and the growth of pseudo-community". Communication Research, 14(3). pp. 252-371.

Ben-Ze'ev, Aaron.(2000). The subtlety of emotion. NY: MIT Press.

Bijker, W. B. (1999) 송성수 편저. 『과학기술은 사회적으로 어떻게 구성되는가』. 서울: 새물결.

Blid, H. (1989). Education by the people: Study circle. Sweden: Tryckeri AB Plimo.

Borgman, C. L. et. al.(1995). Children's searching behavior on browsing and keyword online catalogs. Journal of the American Society for Information Science 46(9). 663-684.

Breier, M. (1997). "Literacy strategies among unschooled workers". S. Walters. (ed.) Globalization, adult education and training. London: Zed Books.

1) 벨훅은 흑인 페미니스트 교수로, 대문자로 표기되는 성과 이름의 가부장적 논리를 거부하는 의미에서 자신의 이름을 소문자로 표기한다.

Brookfield, S. D. (1986). Understanding and facilitating adult learning: A comprehensive analysis of principles and effective practices. San Francisco: Jossey-Bass Publishers.

Burkhalter, B. (1999). "Reading race online : Discovering racial identity in usenet discussions". in M. A. Smith & P. Kollock. (eds.) Communities in cyberspace. London: Loutledge.

Byström, J. (1996). "Study circles". in A. C. Tuijnman (ed.). International encyclopedia of adult education and training. Oxford and New York: Pergamon. pp. 663-665.

Callan, E. (1991). "Pluralism and civil education". in philosophy and Studies education 11. pp. 65-87.

Cisler, S. (2000). Subtract the digital divide. San Jose Mercury 15. http://www.mercurycenter.com/svtech/news/indepth/docs/sopq011600.htm.

Clark, E. T.(1991). The implications of new assumptions about thinking and learning. in R. Miller ed. New directions in education. Vermont: Holistic Education Press.

Clark, M. C. (1993). "Transformational learning" in S. B. Merriam (ed.). An Update on adult learning theory. San Francisco: Jossey-Bass Publishers.

Clark, RC. & Mayre, RE. (2003). E-learning and the science of instruction. Jossey-Bass.

Coley, R. & Enger, Penelope K. (1997). Computers and classrooms: The status of technology in US. schools policy and information report. Educational Testing Service. 71.

Cronin, B. (1998). Information professionals in the digital age. International Information & Librarian Review. 30. pp. 37-50.

Daniel, J. O. (1996) "Virtual communities?: Public spheres and public intellectuals on the internet". http://www.altx.com/ebr/ebr2/2daniel.htm.

Donath, J. S. (1998). "Identity and deception in the virtual community". in P. Kollock & M. Smith (eds.). Communities in cyberspace. London: Routledge.

Drucker, P.(2003). 이재구 역. 자본주의 이후의 사회. 매일경제신문사.

Eco, U. (1995). Il secondo diario minimo. 이승욱 역. 『세상의 바보들에게 웃으면서 화내는 방법』. 서울: 열린책들.

Edwards, R. (1997). Changing places?: Flexibility, lifelong learning and a learning society. London and New York: Routledge.

Egan, Kieran. (1997). The educated mind : How cognitive tools shape our understanding. Chicago : University of Chicago Press.

Featherstone, M. (1995). Undoing culture. London: Sage.

Felski, R. (1989). Beyond feminist aesthetics: Feminist literature and social change. Cambridge: Havard University Press.

Fenwick, T. J. (2004). Toward a critical HRD in theory and practice. AEQ 193-209.

Ferguson, J. (1976). Open university from within. New York: New York University Press.50(1) 24-37.

Field, J. (1996). "Open learning and consumer culture". Open Learning, 9(2).

Finger, M. (1989). "New social movements and their implications for adult education". Adult Education Quarterly, 40(1). pp. 15-22.

Fjuk, J. (1998). Computer support for destributed collaborative learning. Ph.D. dissertation. Department of Informatics, University of Oslo.

Foucault, M. (1990). The history of sexuality: The will to knowledge. 이규현 역. 『성의 역사: 앎의 의지』. 서울: 나남.

Fraser, N. (2009). Scales of Justice: Reimagining Political Space in a Globalizing World. NY: Columbia University Press.

Friedman, M. (1992). "Feminism and modern friendship". in S. Avinaeri & De Shalt. Communitarianism and individualism, Oxford: Oxford University Press.

Friere, P. (1975). Pedagogy of the oppressed. 성찬성 역. 『페다고지』. 서울: 한마당.

Gadamer, H. (2005). Schmerz. 공병혜 역. 『고통』. 서울: 철학과 현실사.

Garrison, D. R. (1985). Three generations of technological innovation in distance education. Distance Education(6). 235-241.

Garrison, D. R. (1989). Understanding distance education: A framework for the future. New York: Rouledge.

Garrison, D. R., Anderson, T. & Archer, W. (2001). "Critical thinking, cognitive presence and computer conferencing in distance education". The American Journal of Distance Education, 15(1).

Gaziano, C. 1982. The knowledge gap: An analytical review of media effect". Conference of the Association for Education in Journalism. Athens.

Giddens, A. (1991). The consequences of modernity. 이윤희 · 이현희 역. 『포스트모더니티』. 서울: 민영사.

Giddens, A(1997), Modernity and Self-identity. 권기돈(역), 현대성과 자아정체성, 서울: 새물결.

Giddens, A. (1997). Modernity and self-identity. 권기돈 역. 『현대성과 자아정체성-후기현대의 자아와 사회』. 서울: 새물결.

Giddens, A. Beck, U. & Lash, S. (1994). Reflexive modernization. 임현진 · 정일준 역. 『성찰적 근대화』. 서울: 한울.

Gill, SJ. (2003). Myths and reality of e-learning. Educational Technology Jan-Feb. 20-23.

Giroux, H. (1993). "Literacy and the politics of difference". in C. Lankshear & P. L. McLaren (eds.). Critical literacy. Albany: SUNY Press.

Giroux, H. (1994). Disturbing pleasures : learning popular culture. New York : Routledge.

Goldhaber, M. (1983). "Microelectronic Networks: a New Workers Culture in Formation?" The Critical Communication Review, 1.

Gross, M.(1997). Pilot study on the prevalence of imposed queries in a school library media center. School Library Media Quarterly 25(3). 157-166.

Grow, G. O. (1991). "Teaching learners to be self-directed". Adult Education Quarterly, 41(3).

Gutmann, A. (1999). Democratic education. New Jersey: Princeton University Press.

Habermas, J. (1995). Theorie des kommunikativen Handelns Bd. 1. 서규환 외 역. 『소통행위이론 1』. 서울: 의암.

Habermas, J. (1996). Die philosophische Diskurse der Moderne. 이진우 역. 『현대성의 철학적 담론』. 서울: 문예출판사.

Hall, E. T. (1999). Beyond culture. 최효선. 『문화를 넘어서』. 서울: 한길사.

Harada. V. H. (2003). From instruction to construction. Fitzgerald, M. et. al. (2003). Educational Media and Technology Yearbook 28. London: Libraries Unlimited.

Harris, D. (1987). Openness and closure in distance education. London, New York and Philadelphia: The Falmer Press.

Harvey, D. (1994). The condition of postmodernity. 구동회-박영민 역. 포스트모더니티의 조건. 한울.

Heim, M. (1993). The metaphysics of virtual reality. New York & Oxford: Oxford University Press.

Hillery, G. A. (1955). "Definitions of community: Areas of agreemint". Rural Sociology, 20.

Hirsch, S. G. (1997) How do children find information in different tasks? Children's use of the science catalog. Library Trends 43(4). 725-745.

Hlynka, D. The cultural discourses of educational technology: A Canadian perspective. Educational Technology. 2003(3).

Hoffman, K., Novak, T. and Schlosser, A. (2000). The evolution of the digital divide: How gaps in internet access nay impact electronic commerce. Journal of Computer Mediated Communication 5. (Online)

Holmberg, B. (1993). "Key issues in distance education: an academic viewpoint". Harry, K., John, M. and Keegan, D. (eds.) (1993). Distance education: new perspectives. London ; New York : Routledge.

Hummel, H. G. K. (1993). "Distance education and situated learning : Paradox or partnership?" Educational Technology. 1993 December.

Illich, I. (1984). Deschooling society. 김광환 역. 『탈학교사회』. 서울: 한마당.

Jaggar, A. M. (1996). "Love and knowledge: Emotion in feminist epistemology". in A. Garry & M. Pearsall (ed.). Woman, knowledge, and reality. London: Routledge.

Jansen, T. & van der Veen, V. (1996). "Adult education in the risk society" in P. R. Raggatt, R. Edwards and N. Small. The learning society. London & New York: Routledge.

Jarvis, P. (1992). Paradoxes of learning: On becoming and individual in society. San Francisco: Jossey-Bass Publishers.

Johnson, D. W. & Johnson, R. T. (1991). Learning together and alone. New Jersey: Prentice Hall.

Kaifai, Y. & Bates, M. J. (1997). Internet Web-searching instruction in the elementary classroon building a foundation for information literacy. School Library Media Quarterly. 25(2). 103-111. Kaufman, D. (1989). "Third generation course design in distance education". in R. Sweet. Post-secondary distance education in Canada: Policies, Practices and priorities. Athabasca: Atabasca University Society of Studies in Education.

Keegan, D. (1983). "On defining destance education" in D. Sewart et.al.(ed.). Distance education : International Perspectives. London: Croom Helm,

Keegan, D. (1994). "A typology of distance teaching systems". K. Harry, M. John & D. Keegan(eds.). Distance education: New perspectives. London: Routledge.

Kendall. L. (1998). "Are you male of female?" in J. O'Brien & T. H. Howard(eds.). Everyday inequalities. London: Basil Blackwell.

Kling, R (2000). Learning about information technologies and social change. The Information Society 16(3). 217-232.

Koselleck, R. (1985). Futures past: On the semantics of historical time. Cambridge: The MIT Press.

Kramarae, C. & Tayler, H. (1992). "Women and men on electronic network: A conversation or a monologue?" http://gertrude.art.uiuc.edu/wits/publication.html.

Kundera, M. (1995). La lenteur. 김병욱 역. 『느림』. 서울: 민음사.

Lauzen, A. G. & Moore, G. A. (1989). A Fourth Generation distance education system: Integrating computer-assisted learning and computer conferencing. The American Journal of Distance Education(1).

Lave, J. (1991). "Situating learning in communinities of practice" in L. B. Resnick, J. M. Levine, and S. D. Teasley. Socially shared cognition. Washington D. C.: American Psychological Association.

Levinson, D. J. (1998). The seasons of a woman's life. 김애순 역. 『여자가 겪는 인생의 사계절』. 세종연구원.

Manen, M. (1991). The tact of teaching: The meaning of pedagogical thoughtfulness. NY: SUNY.

Maturana, H. R. & Varela, F. J. (1998). The tree of knowledge: The biological roots of human understanding. 2nd Edition. Boston: Shambhala.

Maxwell, L. "Integrating open learning and distance education". Educational Technology. 1995. Nov.

Mayfield-Stewart, C. Moore, P, Sharp, D., Brophy, S., Hasselbring, T., Goldman, S., and Bransford, J. et al. (1994) Evaluation of multimedia instruction on learning and transfer. Paper presented at the annual conference of the American Educational Research Association. New Orleans, LA.

McLellan. (1997). "Creating virtual communication via web". in B. H. Khan.

Web-based instruction. New jersey: Edcuational Technology Publication.

McLuhan, M. & Fiore, Q. (2005). Medium is the massage. NY: Ginko Press.

Means, B. & Olson, K.(1994) The link between technology and authentic learning. Educational Leadership 51(7). 11-18.

Melucchi, A. (1980). "The new social movements: A theoretial approach". Social Science Information, 19(2). pp. 199-226. "새로운 사회운동에 대한 이론적 접근". 정수복 편역(1993). 『새로운 사회운동과 참여민주주의』. 서울: 문학과 지성사.

Mezirow, J. (1991). The transformative learning. San Francisco & Oxford: Jossey-Bass Publishers.

Mocker, D. & Spear, G. (1982) "Lifelong learning: Formal, nonformal, informal and self directed". ERIC Document Reproduction Service No. ED 220 723.

Mouffe, C. ed. (1992). Dimension of radical democracy: Pluralism, citizenship, and community. London: Verso.

Nakagawa, Y.(2000). Eastern philosophy and holistic education. Doctoral Thesis. University of Ontario.

Negt, O. and Kluge A. (1993) Public sphere and experience: Toward and analysis of the bourgeois and proletarian public sphere. Tr. Labanyi. Daniel, J. O. and Oksiloff, A. Minneapolis: University of Minnesota Press.

Newitz, A. (1995). Surplus identity online. http: www.usc.edu/dep/annenberg/issue2/ newitz.html.

NTIA (2000). Falling through th Net: Toward digital Inclusion. Washington DC: US Dep. Commerce.

O'Brien, J. O. (1999). "Writing in the body: Gender (re)production in online interaction" in M. A. Smith & P. Kollock. (eds.) Communities in cyberspace. London: Loutledge.

OECD(1996). "Lifelong Learning for All", Meeting of the Education Committee at Ministerial Level, 16-17 January. Paris: OECD.

Offe, C. (1984). Contradictions of the welfare state. Cambridge: MIT Press.

Offe, C. (1985). "New social movements: Challinging the boundries of institutional politics". Social Research, 52(1). pp. 817-868.

Ogata, H. & Yano, Y. (2004). Context-Aware Support for Computer-Supported

Ubiquitous Learning, 2nd IEEE International Workshop on Wireless and Mobile Technologies in Education.

Oliver, L. P. (1987). Study circles. Maryland: Seven Locks Press.

Ong, W. J. (1982). Orality and literacy: The technologizing of the word. 이기우 · 임명진 역. 『구술문화와 문자문화』. 서울: 문예출판사.

Palloff, R. M. & Pratt, K. (2000). Building and learning communities in cyberspace. 강인애 역. 『감성적 사이버 학습전략』. 서울: 성우.

Patterson, R. & Wilson, E. J. (2000). New IT and social inequality: Resetting the research and policy agenda. Information Society. 16. 77-86.

Peers, R. (1958). Adult education: A comparative study. London: Routledge & Kegan Paul.

Peters, O. (1999). Learning and teaching in distance education. 김재웅 · 박명숙 역. 『원격교육학개론』. 서울: 교육과학사.

Poster, M. (1994). The mode of information: Poststructualism and social context. 김성기 역. 『뉴미디어의 철학』. 서울: 민음사.

Poster, M. (1999). "Cyberdemocracy: Internet and the public sphere". 김근서 역. "사이버민주주의: 인터넷과 공적 영역". 『현대사상』, (7). 서울: 민음사.

Resnick, L. (1996). "Situated learning". in E. de Corte & F. E. Weinert (eds.). International encyclopedia of developmental and instructional psychology. Oxford: Pergamon.

Richards, M. C. (1992). Centering in pottery, poetry and the person. Bolin, J. Goddesses in everywoman. 조주현 · 조명덕 역. 『우리 속에 있는 여신들』. 서울: 또하나의 문화.

Riel, M. (1993). "Global education through learning circles". in L. M. Harasim. Global network: Computer and communication Cambridge: The MIT Press

digital age. 유영만 역. 이러닝. 물푸레.

Rogers, C. R. (1993). "The interpersonal relationship in facilitation of learning". in M. Thorpe et al.. Culture and process of adult learning. London and New York: Loutledge. pp. 228-243.

Rose, A. D. (1996). "Group learning in adult education: Its historical roots". in S. Imel (ed.). Learning in groups: Exploring fundamental principles, new uses and emerging opportunities. San Francisco: Jossey-Bass.

Rosenberg, M. J. (2001). e-Learning. 유영만 역. 『e-Learning』. 서울: 물푸레.

Ryan S. et al. (2000). The virtual university : The internet and resource-based learning. London : Kagan Page.

Saga Hiroo. (1999) Digital transformation of words in learning process: A critical view. Educational Media International 36(3). 195-202.

Schön, D. A. (1988). Educating the reflective practitioner. San Francisco: Jossey-Bass.

Schrage, M. (1990). Shared minds: The new technologies of collaboration. New York: Random House.

Shuramm, W. (1977). Big media, small media. London: Sage.

Sloman, M. (2003). The e-learning revolution. AMACOM.

Smith, M. & Kollock, P. (ed.). (1998). Communities in cyberspace. London: Routledge.

Spaulding, S. (1974). "Lifelong education: A modest model for planning and research". Comparative Research, 10(2).

Spear G. & Mocker, D. W. (1984). "The organizing circunstance: Environmental determinants in self-directed learning". Adult Education Quarterly, 35(1). pp. 1-10.

Spencer, B. (1995). "Old and new social movement as learning sites: Greening labor union and unionizing the greens". Adult Education Quarterly, 46(1). pp. 31-42.

Spitzer, D. R. (1998). Rediscovering the social context of distance learning. Educational Technology. March -April. pp. 52-56.

Steiner, G.(1979). "On reading Marshall McLuhan", Language and silence. Harmondsworth: Peregrine Books.

Strain, M. (1998). "Towards and economy of lifelong learning: Reconceptualising relations between learning and life". British Journal of Educational Studies, 46(3).

Tennant, M. (1997). Learning and changes in the adult years : A developmental perspective. 황원철 회 역. 성인학습과 삶의 변화. 경남대학교 출판부.

Thrope, M(2009). Technology-mediated learning contexts, R, Edwards, et al.(2009) Rethinking Centexts for Learuing and Teaching. London: Rowtledgl.

Toffler, A. (1993). Power shift. 『권력이동』. 이규행 감역. 한국경제신문사.

Touraine, A. (1995). Critique de la Modernité. 정수복. 이기현 역. 『현대성 비판』. 서울: 문예출판사.

Turkle, S. (1995), Life on the Screen: Identity in the Age of the Internet, Simon & Schuster.

Turkle, S. (1995). Life on the screen: Identity in the age of Internet. New York: Simon & Schuster.

Usher, R. S. & Edwards, R. (1994). Postmodernism and education. London & New York: Routledge.

Usher, R. S., Bryant, I. & Johnston, R. (1997). Adult education and the postmodern challenge. London and New York: Routledge.

Verduin, J. R. & Clark, T. A. (1991). Distance education: The foundations of effective practice. San Francisco: Jossey-Bass.

Walzer, M. (1992). "Membership". in S. Avinaeri & De Shalt. Communitarianism and individualism. Oxford: Oxford University Press.

Wellman, B. & Gulia, M. (1999). "Virtual communities as communities". in M. A. Smith & P. Kollock. (eds.) Communities in cyberspace. London: Loutledge.

Welton, M. (1993). "Social revolutionary learning: The new social movement as learning sites". Adult Education Quarterly, 43(3). pp. 152-164.

Welton, M. (ed.). (1995). In defense of the lifeworld: Critical perspectives on adult learning. Albany: State University of New York Press.

Wertsch, J. V. (1995). Vygosky, 비고츠키: 마음의 사회적 형성. 한양대 사회인지발달연구모임. 정민사.

Wilson, A. L. (1993). "The promise of situated cognition". in S. B. Merriam (ed.). An update on adult learning theory. San Francisco: Jossey-Bass Publishers.

Wood, J. T.(1992) Spinning the symbolic web: Human communication and symbolic interaction. Norwood. NY: Ablex.

Wright, K.(1993) The challenge of technology: Action strategies for the school library media specialist. Chicago: American Library Association.

Zee, H. (1996). "The learning society". in P. Raggatt et al. (eds). The learning society: Challenges and trends. London and New York: Routledge.

찾아보기

▶▶ 인명

▶▶ 주제

저자소개

* **정민승**(鄭玟承)

연세대학교 신문방송학과를 졸업하고, 서울대학교에서 교육학으로 석·박사를 취득했으며, 현재 한국방송통신대학교 교육학과 교수로 재직중이다.

저서로는 평생교육학, 학습사회의 교육학, 생애발달과 교육, 여성교육개론 등이 있다.

인터넷, 평생학습으로 읽기

2010년 2월 20일 1판 1쇄 인쇄
2010년 2월 25일 1판 1쇄 발행

저　자 : 정　민　승
발행인 : 김　동　규
발행처 : 교육과학사

경기도 파주시 교하읍 문발리
파주출판문화정보산업단지 514-5
전화 (031) 955-6956~8 / 팩스 (031) 955-6037
Home-page : www.kyoyookbook.co.kr
E-mail : kyoyook@chol.com
등록 : 1970년 5월 18일 제2-73호

낙장 · 파본은 교환해 드립니다.　정가 15,000 원
Printed in Korea.
ISBN 978-89-254-0351-9
ISBN 978-89-254-0350-2(세트)